TRICOLORE Total 4

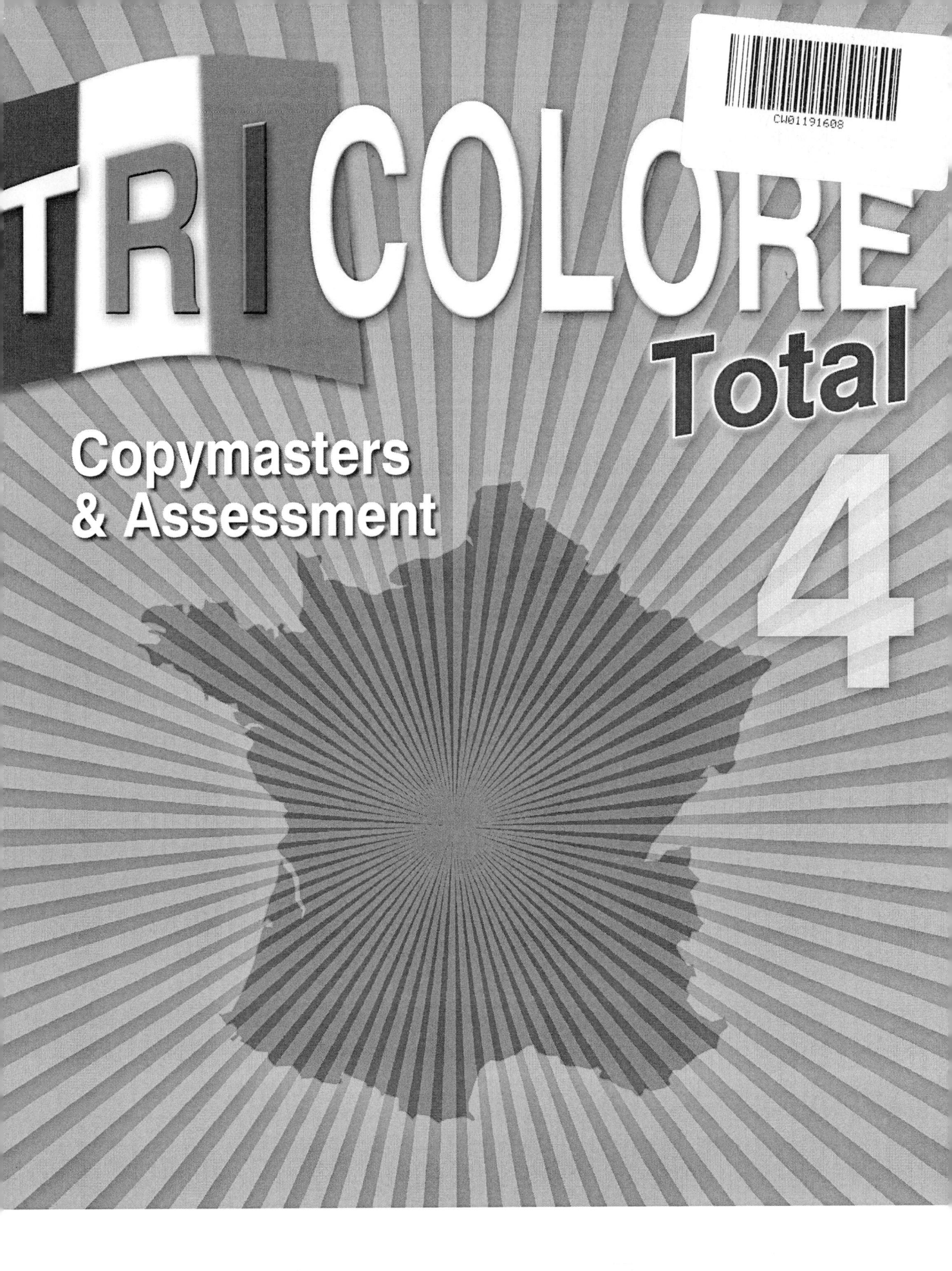

Copymasters & Assessment

Heather Mascie-Taylor
Sylvia Honnor
Michael Spencer

OXFORD
UNIVERSITY PRESS

Table des matières

Comment ça se dit?

		page
G/1	Comment ça se dit? (1) L'alphabet, les accents et la prononciation	4
G/2	Comment ça se dit? (2) Les voyelles (vowel sounds)	5
G/3	Comment ça se dit? (3) Les consonnes (consonants)	6

General language-learning skills

G/4	Rubrics and instructions	7
G/5	Lexique informatique	8
G/6	Prefixes and suffixes	9
G/7	English and French spelling patterns (1) – Reference	10
G/8	English and French spelling patterns (2) – Practice tasks	11
G/9	C'est masculin ou féminin?	12
G/10	On écrit des messages et des lettres	13
G/11	Tips for tests (1) General notes	14
G/12	Tips for tests (2) Listening and Reading	15
G/13	Tips for tests (3) Speaking	16
G/14	Tips for tests (4) Writing	17

Unité 1

1/1	On fait des interviews	18
1/2	Les pays et les continents	19
1/3	Jeux de mots	20
1/4	Quatre profils	21
1/5	L'avis des jeunes	22
1/6	La vie quotidienne	23
1/7	Les événements de famille	24
1/8	Nos vacances	25
1/9	Tu comprends?	26
1/10	Épreuve 1 Écouter – Partie A	27
1/11	Épreuve 1 Écouter – Partie B	28
1/12	Épreuve 1 Lire – Partie A	29
1/13	Épreuve 1 Lire – Partie B (1)	30
1/14	Épreuve 1 Lire – Partie B (2)	31
1/15	Épreuve 1 Grammaire	32

Unité 2

2/1	Mots croisés – en ville	33
2/2	Le jeu des bâtiments	34
2/3	L'esprit négatif	35
2/4	La vie à la campagne	36
2/5	Un emploi pour les vacances	37
2/6	Des touristes à Paris	38
2/7	Vol à la banque	39
2/8	Accident de rivière	40
2/9	Tu comprends?	41
2/10	Épreuve 2 Écouter – Partie A	42
2/11	Épreuve 2 Écouter – Partie B	43
2/12	Épreuve 2 Lire – Partie A	44
2/13	Épreuve 2 Lire – Partie B (1)	45
2/14	Épreuve 2 Lire – Partie B (2)	46
2/15	Épreuve 2 Grammaire	47

Unité 3

		page
3/1	Des projets d'avenir	48
3/2	Un échange	49
3/3	Infos-langue	50
3/4	À la gare	51
3/5	Voyager en avion	52
3/6	Des voyages récents	53
3/7	À la maison	54
3/8	Au travail	55
3/9	Travailler au pair	56
3/10	Chez une famille	57
3/11	Tu comprends?	58
3/12	Épreuve 3 Écouter – Partie A	59
3/13	Épreuve 3 Écouter – Partie B	60
3/14	Épreuve 3 Lire – Partie A	61
3/15	Épreuve 3 Lire – Partie B (1)	62
3/16	Épreuve 3 Lire – Partie B (2)	63
3/17	Épreuve 3 Grammaire	64

Unité 4

4/1	Mots croisés – au collège	65
4/2	Une semaine au collège	66
4/3	Vendredi soir	67
4/4	Le Petit Nicolas (1)	68
4/5	Le Petit Nicolas (2)	69
4/6	Le shopping	70
4/7	Aux magasins	71
4/8	Des objets perdus et retrouvés	72
4/9	Tu comprends?	73
4/10	Épreuve 4 Écouter – Partie A	74
4/11	Épreuve 4 Écouter – Partie B	75
4/12	Épreuve 4 Lire – Partie A	76
4/13	Épreuve 4 Lire – Partie B (1)	77
4/14	Épreuve 4 Lire – Partie B (2)	78
4/15	Épreuve 4 Grammaire	79

Unité 5

5/1	Les repas et moi	80
5/2	Un repas de fête	81
5/3	C'est bon à manger!	82
5/4	Hier, avez-vous bien mangé?	83
5/5	Jeux de mots – les magasins	84
5/6	On achète des provisions	85
5/7	Chez le charcutier	86
5/8	Jeux de mots – au café	87
5/9	Les pronoms sont utiles	88
5/10	La Patate	89
5/11	Mots croisés – au restaurant	90
5/12	Un peu d'histoire	91
5/13	Un restaurant pas comme les autres	92
5/14	Tu comprends?	93
5/15	Épreuve 5 Écouter – Partie A	94
5/16	Épreuve 5 Écouter – Partie B	95
5/17	Épreuve 5 Lire – Partie A	96
5/18	Épreuve 5 Lire – Partie B (1)	97
5/19	Épreuve 5 Lire – Partie B (2)	98
5/20	Épreuve 5 Grammaire	99

Table des matières

		page
Unité 6		
6/1	Mots croisés – les loisirs	100
6/2	Faire – un verbe utile	101
6/3	Le Tour de France	102
6/4	Je le sais!	103
6/5	Inventez des conversations	104
6/6	C'est le meilleur!	105
6/7	On parle des films	106
6/8	Un désastre	107
6/9	Un week-end récent	108
6/10	Tu comprends?	109
6/11	Épreuve 6 Écouter – Partie A	110
6/12	Épreuve 6 Écouter – Partie B	111
6/13	Épreuve 6 Lire – Partie A (1)	112
6/14	Épreuve 6 Lire – Partie A (2)	113
6/15	Épreuve 6 Lire – Partie B (1)	114
6/16	Épreuve 6 Lire – Partie B (2)	115
Unité 7		
7/1	Jeux de vocabulaire – les vacances	116
7/2	À l'hôtel	117
7/3	À Amboise	118
7/4	Des vacances jeunes	119
7/5	Vive les vacances!	120
7/6	Les Alpes	121
7/7	Avez-vous passé de bonnes vacances?	122
7/8	Mots croisés – les vacances	123
7/9	Tu comprends?	124
7/10	Épreuve 7 Écouter – Partie A	125
7/11	Épreuve 7 Écouter – Partie B	126
7/12	Épreuve 7 Lire – Partie A (1)	127
7/13	Épreuve 7 Lire – Partie A (2)	128
7/14	Épreuve 7 Lire – Partie B (1)	129
7/15	Épreuve 7 Lire – Partie B (2)	130
Unité 8		
8/1	Jeux de vocabulaire	131
8/2	Le corps humain	132
8/3	Sur l'ordinateur	133
8/4	Un accident	134
8/5	Comment cesser de fumer?	135
8/6	Tu comprends?	136
8/7	Épreuve 8 Écouter – Partie A	137
8/8	Épreuve 8 Écouter – Partie B	138
8/9	Épreuve 8 Lire – Partie A	139
8/10	Épreuve 8 Lire – Partie B (1)	140
8/11	Épreuve 8 Lire – Partie B (2)	141

		page
Unité 9		
9/1	Deux verbes dans une phrase (1)	142
9/2	Deux verbes dans une phrase (2)	143
9/3	Deux verbes dans une phrase (3)	144
9/4	Des métiers	145
9/5	Jeux de mots – les métiers	146
9/6	On cherche des renseignements	147
9/7	Les 7 piliers du CV	148
9/8	Tu comprends?	149
9/9	Épreuve 9 Écouter – Partie A	150
9/10	Épreuve 9 Écouter – Partie B	151
9/11	Épreuve 9 Lire – Partie A (1)	152
9/12	Épreuve 9 Lire – Partie A (2)	153
9/13	Épreuve 9 Lire – Partie B (1)	154
9/14	Épreuve 9 Lire – Partie B (2)	155
Unité 10		
10/1	Le monde	156
10/2	Trois acrostiches	157
10/3	Le journal: Faits divers	158
10/4	En route en France	159
10/5	Des jeux de vocabulaire	160
10/6	Un plan pour les transports	161
10/7	Mots croisés – l'environnement	162
10/8	Tu comprends?	163
10/9	Épreuve 10 Écouter – Partie A	164
10/10	Épreuve 10 Écouter – Partie B	165
10/11	Épreuve 10 Lire – Partie A	166
10/12	Épreuve 10 Lire – Partie B (1)	167
10/13	Épreuve 10 Lire – Partie B (2)	168

G/1 Comment ça se dit? (1)

L'alphabet, les accents et la prononciation

Listen to the recording as you work through this section.

❶ L'alphabet

Écoutez.

A B C D
E F G H
I J K L M
N O P Q
R S T U
V W X Y Z

❷ Les accents

Écoutez.

à, é, è, ê, î, ô, ù, ç

cédille grave aigue circonflexe

❸ Et après?

Écrivez 1-8. Écoutez la lettre, puis dites et écrivez la lettre qui suit dans l'alphabet.

Ex. 1 *b*

1. a
2. d
3. j
4. j
5. r
6. h
7. w
8. t

❹ Les sites Internet

Écoutez et complétez les détails.

1. L'éléctricité de France: **Ex.** www.edf.fr
2. une chaîne de télé: www. tf1.fr
3. une station de radio: www. rtl.fr
4. les trains français: www. sncf.fr
5. une librairie: www. fnac.fr
6. une chaîne de cinémas: www. ugc
7. les transports à Paris: www. ratp.fr

❺ Un peu de géographie

Écoutez et écrivez les six noms. Décidez si c'est une ville (v), un fleuve (f), des montagnes (m) ou un pays (p).

river

1. **Ex.** L'Allemagne (p)
2. LES PYRÉNÉES (m) aigue
3. LA GRÈCE (p) grave
4. LE RHÔNE (F) circonflexe
5. EDIMBOURG (v)
6. LONDRES (v)

❻ La liaison

You rarely hear a consonant if it is the last letter of a French word, e.g.

petit, très, grand, deux

But if the following word begins with a vowel or a silent h, the consonant is often pronounced with the vowel of the next word, for example:

**un petit‿accident, très‿important,
un grand‿événement, deux‿oranges**

This is called a liaison. The two words are pronounced together without a break, like a single word.

Écoutez les paires de phrases. Cochez (✓) la case si on fait la liaison, faites une croix (✗) si on ne la fait pas.

		a		b	
1	Ex.	a	✓	b	✗
2		a	✗	b	✓
3		a	✓	b	✗
4		a	✓	b	✗
5		a	✓	b	✗
6		a	✗	b	✓

❼ Stress

There are many words which look the same (or almost the same) in English and in French and have the same meaning: *accident, impossible, gymnastique.*

However, in French, each syllable of a word is normally stressed equally, whereas in English, there is often a stronger emphasis on one syllable.

Écoutez les paires de mots. Décidez si le mot est prononcé en anglais (A) ou en français (F).

		a		b	
1	Ex.	a	F	b	A
2		a	A	b	F
3		a	F	b	A
4		a	A	b	F
5		a	F	b	A
6		a	A	b	F

G/2 Comment ça se dit? (2)

Les voyelles (vowel sounds)

Écoutez et répétez les exemples. Puis écoutez, répétez et complétez les phrases.

	Equivalent sound in English	French spellings	Examples
1	**a** as in cat	**a**, **emm**	**a**mi, **a**voir, f**emm**e, chev**a**l
	Ma femme, son Ex. c h a t et son lapin adorent la salade au jardin.		
2	**a** as in father	**â**	**â**ge, g**â**teau, p**â**té, ch**â**teau
	On vend des pâtes, du pâté et du _ _ _ _ _ _ au château.		
3	**e** as in set	**é**, **ée**, **ez**, **-er** (at end of word, exception: cher), **ed**, **ef**, **es**, **et**	**é**té, employ**ée**, all**ez**, jou**er**, pi**ed**, cl**ef**, l**es**, **et**
	Mémé a fermé le café à _ _ _ _ _ et est allée à pied chez le boulanger.		
4	**e** as in the	**e**	j**e**, m**e**, l**e**, pr**e**mier
	Si je te le dis, ce ne sera pas un _ _ _ _ _ _ .		
5	**e** as in bear	**è**, **ê**, **aî**, **ais**	fr**è**re, **ê**tre, cha**î**ne, pal**ais**
	La reine et son _ _ _ _ _ _ préfèrent les desserts de mon père.		
6	**ee** as in feet	**i**, **î**, **y** (alone or before consonant)	**i**mage, r**i**che, **î**le, **i**l **y** a
	Qui dit qu'ici il y a un cybercafé où il est possible de _ _ _ _ _ ?		
7	**y** as in yes	**i** or **y** (before a vowel), **ill** (exceptions: mille, ville)	p**i**ano, **y**eux, l**i**eu, f**ill**e
	La gentille fille aux _ _ _ _ qui brillent travaille avec Gilles au piano.		
8	**o** as in hope	**o**, **ô**, **au**, **eau**, **aux**	eur**o**, ch**o**se, c**ô**té, **au**, **eau**
	Le héros avec beaucoup d'émotion tourne le _ _ _ et regarde l'océan.		
9	**o** as in hot	**o** (before a pronounced consonant)	p**o**rte, r**o**be, c**o**mme, p**o**ste
	En octobre, un octopus a porté un _ _ _ _ _ orange dans le dortoir.		
10	**oo** as in cool	**ou**	v**ou**s, r**ou**ge, t**ou**riste, t**ou**jours
	En août, tout le groupe joue aux _ _ _ _ _ _ _ sur la pelouse à Toulouse.		
11	**w** as in wacky or weep	**ou** (before a vowel), **oi**, **oy**	**ou**i, **oi**seau, L**ou**is, v**oi**là
	Oui, les _ _ _ _ _ oiseaux boivent de l'eau.		
12	no equivalent in English	**u**	nat**u**re, b**u**reau, r**u**e, s**u**r
	Dans la _ _ _ , Hercule a vu la statue d'une tortue.		
13	no equivalent in English	**eu** (exception: eu – past participle of 'avoir')	f**eu**, p**eu**, curi**eu**x, génér**eu**x
	Mathieu, très heureux, a fait la queue pour le _ _ _ _ des œufs.		
14	no equivalent in English	**eu**, **eur**, **œur**	l**eu**r, c**œur**, n**eu**f, pl**eur**er
	Leur _ _ _ _ _ _ pleure pendant des heures.		
15	no equivalent in English	**ui**	l**ui**, h**ui**t, c**ui**sine, h**ui**le
	Une _ _ _ _ , huit cuisiniers comptent les cuillères.		

Nasal vowels

When a vowel (a, e, i, o, u) is followed by m or n, the vowel is pronounced slightly differently. These are called 'nasal vowels' and there are four of them. *Écoutez et répétez les exemples. Puis écoutez, répétez et complétez les phrases.*

	Nasal vowels	Examples	Phrase
1	**-am**, **-an**, **-em**, **-en**	c**am**ping, bl**an**c, **em**ploi, **en**fant	C**en**t _ _ _ _ _ _ _ _ ch**an**tent **en** même t**em**ps.
2	**-on**, **-om**	mel**on**, m**on**tre, l**on**g, coch**on**	Le coch**on** de m**on** **on**cle Lé**on** adore le _ _ _ _ _ .
3	**-im**, **-in**, **-aim**, **-ain**	**im**per, **in**génieur, f**aim**, m**ain**	C**in**q tr**ain**s américa**in**s apportent du _ _ _ au magas**in**.
4	**-um**, **-un**	**un**, br**un**, parf**um**, l**un**di	J'adore le parf**um** _ _ _ _ de Verd**un**.

G/3 Comment ça se dit? (3)

Les consonnes (consonants)

General points
You rarely hear a consonant if it is the last letter of a French word:
l'art, un camp, content, le riz, le sport.

If you do hear a consonant, then it is probably followed by the letter *e*:
la classe, une liste, la salade, la tente.

You rarely hear the final 's' in a plural word:
des melons, des sandwichs, des tables, des trains.

But if the following word begins with a vowel, there may be a 'z' sound. This is called a liaison.
mes amis, les enfants, des oiseaux, ses insectes.

Écoutez et répétez les exemples. Puis écoutez, répétez et complétez les phrases.

	Equivalent sound in English	French spellings	Examples
1	**c** as in car	**c** (before a, o, u), **qu**, **k**	é**c**ole, **c**ar, **qu**atorze, **k**ilo
	Quinze **c**urés **qu**ittent le **qu**artier et **c**omptent les _ _ _ _ _ _ _ dans un **c**oin.		
2	**sh** as in she	**ch**	**ch**âteau, **ch**ocolat, **ch**eval, **ch**at
	Charles **ch**erche le _ _ _ _ _ dans la **ch**ambre du **ch**âteau.		
3	**g** as in gate	**g** (before a, o, u)	**g**arage, **g**orge, **g**uichet, va**g**ue
	Le **g**arçon du **g**uichet **g**agne un **g**âteau à la _ _ _ _ pour le **g**oûter.		
4	**s** as in treasure (like j)	**g** (before e, i, y); **j**	**g**enou, **g**irafe, **j**ambe, pa**g**e
	Un _ _ _ _ **g**énial, le **g**énéral a fait de la **g**ymnastique dans le **g**îte.		
5	**ni** as in onion	**gn**	bai**gn**er, oi**gn**on, monta**gn**e, a**gn**eau
	Un espa**gn**ol ga**gn**e cinquante _ _ _ _ _ _ _ et un a**gn**eau en Espa**gn**e.		
6	silent **h**	**h** (not pronounced)	**h**omme, **h**ockey, **h**eureux, **h**ôtel
	Henri, le **h**éros **h**eureux, arrive à l'_ _ _ _ _ _ _ à **h**uit **h**eures.		
7	**r** pronounced differently from English	**r**	**r**aisin, **r**ègle, **r**oute, ouv**r**i**r**
	Roland le **r**at **r**efuse de **r**endre la _ _ _ _ **r**ouge.		
8	**s** as in safe	**s** (at beginning of word), **ss**, **c** (before e, i), **ç**, **sc**, **ti** (in words ending in -tion)	**s**ouris, boi**ss**on, **c**itron, **ç**a, **sc**iences, solu**ti**on
	Sous un **c**iel **s**en**s**a**ti**onnel, **c**ent _ _ _ _ _ _ _ dan**s**ent dans l'o**c**éan.		
9	**t** as in tea	**t**, **th**	**t**ante, **th**éâtre, **t**ourner, **t**élé
	Thierry prend du _ _ _ et parle au **th**éâtre de ses **th**éories.		
10	**gs** as in eggs **ks** as in kicks	**x** (before a vowel) **x** (before a consonant)	e**x**amen, e**x**emple e**x**cuser, e**x**pliquer
	Il écrit des e**x**ercices dans l'_ _ _ _ _ _ _, puis s'e**x**cuse et s'en va en e**x**cursion.		
11	**z** as in zoo	**z**, **s** (between two vowels)	ga**z**, chai**s**e, cho**s**e, rai**s**on
	Il y a **z**éro cho**s**e dans la _ _ _ _ piétonne.		

6

G/4 General language-learning skills

Rubrics and instructions

Les instructions

Arrangez ...
　les mots correctement

Arrange ...
　the words correctly

Changez ...
　les mots en couleurs/soulignés
　de partenaire
　de rôle

Change ...
　the words in colour/underlined
　partner
　roles

Choisissez ...
　les bonnes phrases
　la bonne réponse dans la liste
　les bons mots pour finir la phrase

　parmi les mots dans la case

Choose ...
　the right sentences
　the right answer in the list
　the right words to finish the
　　sentence
　from the words in the box

Cochez ...
　la bonne phrase
　la case

Tick ...
　the right sentence
　the box

Complétez ...
　avec la forme correcte du verbe
　avec les mots de la case
　la grille
　le tableau
　les phrases
　en français

Complete ...
　with the correct part of the verb
　with the words in the box
　the grid
　the table
　the sentences
　in French

Corrigez ...
　les erreurs/les fautes
　les phrases fausses

Correct ...
　the mistakes
　the wrong sentences

Décrivez ...
Dites ...
　pourquoi
Donnez ...
　les renseignements
　des conseils
　votre avis/opinion

Describe ...
Say ...
　why
Give ...
　the information
　some advice
　your opinion

Écoutez ...
　la conversation
　l'exemple
Écrivez ...
　le mot qui ne va pas avec
　　les autres
　une phrase
　la bonne lettre
　les numéros qui correspondent
　les détails
　une petite description
　un article
　une lettre
　une carte postale
　un e-mail
　une réponse
　dans le bon ordre
　environ ... mots
　votre avis avec des raisons
Expliquez ...
　comment
　pourquoi

Listen ...
　to the conversation
　to the example
Write ...
　the word which doesn't go with
　　the others
　a sentence
　the right letter
　the numbers which correspond
　the details
　a short description
　an article
　a letter
　a postcard
　an e-mail
　a reply
　in the correct order
　about ... words
　your opinion with reasons
Explain ...
　how
　why

Faites correspondre ...
Faites ...
　une description
　une liste
　un résumé
Finissez ...
　les phrases

Match up ...
Write/Make up
　a description
　a list
　a summary
Finish ...
　the sentences

Identifiez ...
　les phrases correctes

Identify ...
　the correct sentences

Indiquez ...
　si les phrases sont
　　vraies (V) ou fausses (F)
　　ou pas mentionnées (PM)

Indicate ...
　if the sentences are
　　true or false
　　or not mentioned

Lisez ...
　l'histoire
　la lettre
　les phrases suivantes
　le texte

Read ...
　the story
　the letter
　the following sentences
　the text

Mentionnez ...
Mettez ...
　les mots/les images dans le
　　bon ordre
　la bonne lettre dans la case

Mention ...
Put ...
　the words/the pictures in the
　　right order
　the right letter in the box

Notez ...
　les différences
　deux/trois détails
　les numéros qui correspondent

Note ...
　the differences
　two/three details
　the numbers which correspond

Posez ... des questions
Préparez ... un dépliant

Ask ... some questions
Prepare ... a leaflet

Qui est-ce?
Qui dit quoi?

Who is it?
Who says what?

Racontez ...
　ce que vous avez fait
　les choses que vous avez faites
　vos impressions
Regardez ...
　cette publicité
　les images
　la carte
Remplissez ...
　la grille/les blancs
　en français
Répondez ...
　à ce questionnaire
　à la lettre
　à toutes les questions

Talk about ...
　what you did
　the things that you did
　your impressions
Look at ...
　this publicity
　the pictures
　the map
Fill in ...
　the grid/the blanks
　in French
Answer ...
　this questionnaire
　the letter
　all the questions

Soulignez ...
　la bonne réponse

Underline ...
　the right answer

Travaillez à deux
Trouvez ...
　la bonne réponse à chaque
　　question
　les erreurs
　les paires
　la phrase qui correspond à
　　chaque image
　le titre qui correspond à chaque
　　texte

Work in pairs
Find ...
　the right answer to each
　　question
　the mistakes
　the pairs
　the sentence which goes with
　　each picture
　the title which goes with each
　　text

Utilisez ...
　les mots dans la case/
　　la liste ci-dessous

Use ...
　the words in the box/
　　list below

Vérifiez ...
　les réponses
Vrai ou faux

Check ...
　the answers
True or false

D'autres expressions

À deux	In pairs
Chasse à l'intrus	Find the odd one out
Mots mêlés	Word search
Pour vous aider ...	To help you ...
Qu'est-ce que ça veut dire?	What does that mean?

G/5 General language-learning skills

Lexique informatique

When working on the computer

la barre d'espacement	the space bar
une base de données	database
le clavier numérique	the number keypad
le curseur	the cursor
un fichier	a file
une image	a picture
le menu	the menu
un tableur	spreadsheet
le texteur	the word processor
la touche entrée	the enter key
la touche de retour	the return key
la touche bi-fonction	the alt key
la touche contrôle	the control key
la touche d'effacement	the delete key
la touche de majuscule	the shift key
le tabulateur	the tab key
un virus	virus

Using the internet

Tu as l'internet?	Do you have the internet?
visiter un site web	to look at a website
surfer le net	to surf the net
une page web	web page
autonome	offline
un lien	link
en ligne	online
un moteur de recherche	search engine
un navigateur	browser
une recherche	search
faire une recherche pour …	to do a search for …
haut de la page	top of the page
un coup de cœur/un favori	favourite
un forum	discussion group
télécharger	to download
une liaison active	hot link

Problems

Ça ne marche pas.	It isn't working.
(L'imprimante) ne marche pas.	(The printer) isn't working.
On est tombé en panne.	It's crashed.
Je ne trouve pas mon fichier.	I can't find my file.
Il n'y a pas de papier.	There's no paper.
Le papier est coincé.	The paper has jammed.
Comment déplacer le curseur?	How do you move the cursor?

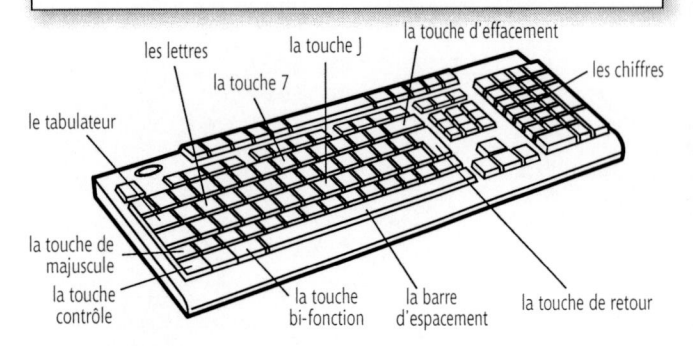

Parts of the computer and accessories

un ordinateur (portable)	a (laptop) computer
l'écran (m)	the screen
l'imprimante (f)	the printer
le clavier	the keyboard
les touches (f pl)	the keys
la souris	the mouse
un scanner	a scanner
le réseau	network

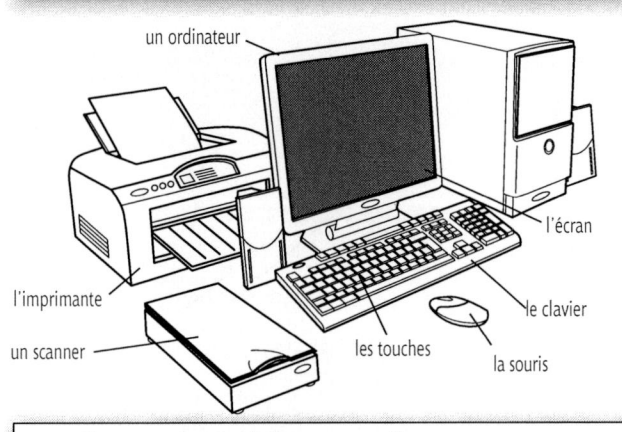

Sending and receiving e-mail messages

As-tu une adresse e-mail/ électronique?	Have you got e-mail?
Quelle est ton adresse e-mail?	What's your e-mail address?
Je regarde mes messages électroniques/e-mails.	I look at/I'm looking at my e-mails.
J'écris des e-mails.	I write /I'm writing e-mails.
Je tape des messages.	I type /I'm typing messages.
un attachement/une pièce jointe	attachment

Useful verbs for using the computer

allumer l'ordinateur	to switch on the computer
appuyer sur la touche 'X'	to press the 'X' key
cliquer sur la souris	to click on the mouse
couper et coller	to cut and paste
déplacer le curseur	to move the cursor
effacer (un mot)	to delete (a word)
fermer une fenêtre	to close a window
fermer un fichier	to close a file
imprimer	to print
ouvrir une fenêtre	to open a window
ouvrir un fichier	to open a file
ouvrir le texteur	to open the word processor
regarder le clavier	to look at the keyboard
regarder l'écran	to look at the screen
retourner au menu	to return to the menu
sauvegarder le fichier	to save the file
se connecter	to log on
se déconnecter	to log off
surligner le texte	to highlight the text
taper le texte	to type the text
vérifier l'orthographe	to spell check

G/6 General language-learning skills

Prefixes and suffixes

Prefixes (at the beginning of a word) and suffixes (at the end of a word) often give useful clues to the meaning of a word.

Prefixes (at the beginning of a word)

1. **re-** added to a verb gives the idea of 'again':
   commencer (to begin) → **re**commencer (to begin again)

2. **in-/im-** added to an adjective gives the idea of 'not' or makes the adjective opposite in meaning:
   connu (well known) → **in**connu (unknown)
   prévu (planned) → **im**prévu (unplanned, unexpected)

3. **dé-/dés-** is similar to the English prefix 'dis' and has the effect of changing the word into its opposite.
   obéir (to obey) → **dés**obéir (to disobey)

4. **sou-** or **sous-** often means 'under', 'below' or 'less':
   une soucoupe (saucer); *le **sous**-titre* (sub-title)

5. **para-/pare-** gives the idea of 'against':
   parapluie (umbrella – protection against rain);
   pare-choc (car bumper)

6. **pré-** is sometimes found at the beginning of a word and gives the sense of looking ahead or something that comes before:
   *les **pré**visions météorologiques* (weather forecast);
   *un **pré**nom* (first name or name before surname)

Suffixes (at the end of a word)

1. **-aine** added to numbers gives the idea of approximately or about.
   *une quinz**aine*** (about 15 days, a fortnight)
   *une douz**aine*** (a dozen); *des cent**aine**s* (hundreds)

2. **-eur/-euse** added to a verb instead of the final -e or -er gives the idea of a person doing the action.
   chanter (to sing) → *un chant**eur**/une chant**euse*** (singer)
   vendre (to sell) → *un vend**eur**/une vend**euse*** (sales assistant)

3. **-ier/ière** and **-er/-ère** added to a noun in place of -e or -erie gives the idea of a person doing a particular job.
   une ferme (farm) → *un ferm**ier**/une ferm**ière*** (farmer)
   une boulangerie (bakery) → *un boulang**er**/une boulang**ère*** (baker)

4. **-able** is sometimes added to the stem of a verb to give an adjective.
   laver (to wash) → *lav**able*** (washable)
   porter (to carry) → *(un) port**able*** (portable, mobile (phone))

5. **-té** is sometimes added to adjectives to make a noun.
   beau (fine, beautiful) → *la beau**té*** (beauty)

6. **-ion/-ation** are often added to the stem of a verb to make a noun.
   réparer (to repair) → *une répar**ation*** (repair)
   expliquer (to explain) → *une explic**ation*** (explanation)

❶ Beginnings

Complete the list.

English	French
to do	faire
....	refaire
polite	poli
....	impoli
....	utile
useless	....
forgettable	oubliable
unforgettable	....
agreement	un accord
....	un désaccord
....	voir
to foresee	....

❷ Endings

Complete the list.

English	French
about	une vingtaine
....	une cinquantaine
....	jouer
a	un joueur
chemist's	une pharmacie
....	le pharmacien
....	manger
....	mangeable
to break	casser
....	incassable
good	bon
....	la bonté
to continue	continuer
continuation	la ....

G/7 General language-learning skills

English and French spelling patterns (1) – Reference

Cognates and false friends
Many words are written in the same way and have the same meaning as English words, although they may be pronounced differently. Here are some common ones:

une invention, la police, le bus, une ambulance

Other words are only slightly different and can easily be guessed, e.g.:

danser, le téléphone, l'âge, une difficulté

However, there are a few words which look as if they mean the same as in English, but don't, e.g. *des chips* (crisps). These are known as **false friends** (*les faux amis*).

Comparing English and French spellings – Reference

The following table sets out the main patterns that occur in English and French spelling.

English	French
Word ends in **-a** propagand**a**	ends in **-e** la propagand**e**
Word ends in **-al** individu**al**	ends in **-el** individu**el**
Word ends in **-ar, -ary** popul**ar** summ**ary**	ends in **-aire** popul**aire** le somm**aire**
Verb ends in **-ate** to calcul**ate**	ends in **-er** calcul**er**
Word ends in **-c, -ck, -ch, -k, -cal** electroni**c** atta**ck** epo**ch** ris**k** physi**cal** (education)	ends in **-que** électroni**que** une atta**que** une épo**que** un ris**que** (l'éducation) physi**que**
Word contains **d** (in) a**d**vance	**d** omitted (en) avance
Word begins with **dis-** **dis**courage **dis**agreement	begins with **dé-** or **dés-** **dé**courager un **dés**accord
Word ends in **-e** futur**e**	final **e** omitted le futur
Word has no final **-e** tent	ends in **-e** une tent**e**
Word ends in **-er** memb**er**	ends in **-e** or **-re** un memb**re**
Word ends in **-ing** interest**ing**	ends in **-ant** intéress**ant**
Present participles ending in **-ing** while watch**ing**	ends in **-ant** en regard**ant**

English	French
Word includes **-oun-** pron**oun**ce	includes **-on-** pron**on**ce
Word ends in **-our, -or, -er** (with) vig**our** radiat**or** football**er**	ends in **-eur** (avec) vig**ueur** un radiat**eur** un football**eur**
Word ends in **-ous** enorm**ous** seri**ous**	ends in **-e** or **-eux** énorm**e** séri**eux**
Word includes **-o-, -u-** g**o**vernment b**u**ddhist	includes **-ou-** le g**ou**vernement b**ou**ddhiste
Word includes **s** intere**s**t ho**s**pital	includes circumflex accent l'intér**ê**t l'h**ô**pital
Word includes **s** **s**chool **s**pace	includes **-é-** or **-es-** une **é**cole l'**es**pace
Word includes **-u-** f**u**nction	includes **-o-** une f**o**nction
Word ends in **-ve** positi**ve**	ends in **-f** positi**f**
Adverbs ending in **-ly** normal**ly**	ends in **-ment** normale**ment**
Word (noun) ends in **-y** quantit**y** entr**y**	ends in **-é, -ée, -e** la quantit**é** l'entr**ée**
Word (noun) ends in **-y** comed**y** (political) part**y**	ends in **-ie, -i** une coméd**ie** le part**i** (politique)
verb infinitive to arrive to confirm	adds **-r, -er** arrive**r** confirme**r**

G/8 General language-learning skills

English and French spelling patterns (2) – Practice tasks

Pour vous aider à faire ces activités, consultez feuille G/7 English and French spelling patterns (1).

❶ C'est pareil en français

a *Écrivez le français.*

1 une ....
2 un ....
3 une ....
4 le ....
5 un ....
6 un ....

b *Trouvez deux mots dans chaque catégorie qui sont les mêmes en français qu'en anglais.*

1 Des sports ....
....
2 Des moyens de transport ....
....
3 Des fruits ....
....

❷ Des faux amis

Trouvez les paires.

1 une librairie   a big
2 une bibliothèque   b bookshop
3 une pièce   c car
4 un morceau   d coach
5 assister à   e coin, play, room
6 aider à   f library
7 un car   g piece
8 une voiture   h to attend
9 large   i to help
10 gros   j wide

❸ Comment ça s'écrit, en français?

Anglais	Français
a drama	un ....
orchestra	l' ....
official	....
to decorate	déc ....
to hesitate	hés ....
anniversary	l' ....
documentary	un ....
music	la ....
fantastic	....
adventure	une ....
disgusting	.... goûtant

❹ Complétez les listes

Anglais	Français
....	blond
chocolate	du ....
uniform	un ....
....	le dentiste
list	une ....
order	un ....
amusing	....
while working	en ....

❺ C'est quoi en anglais?

Anglais	Français
....	il annonce
....	une erreur
....	un acteur
....	précieux
....	un mouvement
....	la forêt
....	une éponge
....	étrange
....	la prononciation

❻ Complétez les listes

Anglais	Français
active	....
....	exactement
rapidly	....
....	l'armée
quality	la ....
....	l'économie
geography	la ....
Italy	l' ....
to	réserver
to invite	....

G/9 General language-learning skills

C'est masculin ou féminin?

C'est masculin

Endings normally masculine			Exceptions
-age	e.g.	from**age**, patin**age**, vis**age**	une cage, une image, une page, la plage
-eau	e.g.	cad**eau**, cout**eau**, morc**eau**	l'eau
-ement	e.g.	un vêt**ement**	
-in	e.g.	le lap**in**, le mat**in**, le tra**in**	la fin
-isme	e.g.	le cycl**isme**	
-o	e.g.	le pian**o**, le vél**o**	la météo, une radio
-oir	e.g.	un esp**oir**	
Names of days, months, seasons		e.g. le samedi, le printemps	
Names of languages		e.g. le français, le latin, le grec	
Names of metals		e.g. le fer	
Names of trees		e.g. le sapin	

C'est féminin

Endings normally feminine			Exceptions
-ade	e.g.	une promen**ade**, une limon**ade**	
-aine	e.g.	une quinz**aine**, une douz**aine**	
-aison	e.g.	la s**aison**, une r**aison**	
-ande	e.g.	une b**ande**, la comm**ande**	
-ée	e.g.	une journ**ée**, une ann**ée**	un lycée
-esse	e.g.	une adr**esse**, la vit**esse**	
-ette	e.g.	une assi**ette**, une fourch**ette**	un squelette
-ille	e.g.	une v**ille**, la ta**ille**	
-ise	e.g.	une val**ise**, une fra**ise**	
-tion	e.g.	une na**tion**, une conversa**tion**	
-te	e.g.	une tan**te**, une car**te**	
-ure	e.g.	la nat**ure**, la confit**ure**	

❶ À vous de décider

Soulignez le bon mot.

1. Tu as (un/une) couteau?
2. Tu aimes (le/la) natation?
3. Qu'est-ce que tu vas faire l'année (prochain/prochaine)?
4. Tu veux (du/de la) fromage?
5. Je suis allé au cinéma, samedi (dernier/dernière).
6. Ces fraises sont (bons/bonnes).
7. J'ai perdu (mon/ma) chaussette.
8. (Le/La) matin, je me lève tôt, normalement.
9. Vous aimez faire (du/de la) cyclisme?
10. Il va apporter (son/sa) tente.
11. J'apprends (le/la) français depuis quatre ans.
12. Je vais acheter (du/de la) salade pour le déjeuner.

❷ Trouvez le mot féminin

Dans chaque groupe, soulignez le mot féminin.

1. appartement, bateau, chaussure, dessin
2. cadeau, circulation, embouteillage, lendemain,
3. coin, dortoir, piano, tomate
4. oreille, rideau, stage, vandalisme
5. chômage, drapeau, raison, tourisme
6. frigo, jardin, nourriture, soir

❸ Trouvez le mot masculin

Dans chaque groupe, soulignez le mot masculin.

1. addition, bureau, confiture, pastille
2. château, cravate, équitation, pointure
3. boîte, éducation, serviette, trottoir
4. route, semaine, stylo, viande
5. chauffage, récréation, vanille, valise
6. côte, raisin, réservation, veste

G/10 General language-learning skills

On écrit des messages et des lettres

❶ Writing a message to a friend

> Salut!
> Merci pour la fête chez toi. Je me suis très bien amusé.
> C'était vraiment génial. J'attache une photo.
> @+
> Dominique

The above e-mail contains useful expressions:
J'attache … if you want to send an attachment such as a document or photo.
@+ is a shortened version of *à plus tard* – see you later.
For ideas on content, read the notes on writing a letter.

❷ Writing a first letter to a friend

Write your address in English and the date in French.
Cher/Chère …

(1 Toi et ta famille)
Je me présente. Je m'appelle … J'ai …
J'habite à … avec … (ta famille).
Nous avons (tes animaux domestiques, etc.).

(2 Ta vie et tes préférences)
J'aime/ je n'aime pas tellement … Je m'intéresse à (passe-temps, musique, sports, etc.) …

(3 Au collège)
Mes matières préférées sont … Je n'aime pas beaucoup le …, etc.

(4 Ask one or two questions)
As-tu …?
Qu'est-ce que tu aimes comme …?
Ton anniversaire, c'est quand?

(5 Sign off)
Réponds-moi vite!
À bientôt!

Beginning your letter
(Mon) cher …/(Ma) chère …
Chers amis/Chères amies
Salut!

Expressing thanks
Merci (beaucoup) de ta/votre lettre.
J'ai bien reçu ta/votre lettre.
Ta/Votre lettre m'a fait très plaisir.

Rounding off your letter
Maintenant, je dois …
terminer ma lettre/faire mes devoirs/sortir.
Écris-moi/Réponds-moi bientôt.

Signing off
General: *(Meilleures) amitiés/À bientôt!*
More affectionate: *Affectueusement/Je t'embrasse*

❸ Replying to a message or letter

- Structure your message or letter in a logical way, e.g.
  1 Merci.
  2 Moi – beaucoup de choses à faire/en vacances
  3 Réponses aux questions
  4 Posez des questions
- Use your friend's letter to help you.
- Answer any questions and use the same tense as the question:
  Aimes-tu …? J'aime …
  As-tu vu …? Oui, j'ai vu …
- Link your letter together and set it out in paragraphs.
- Check what you have written.

Here is an example of a letter, followed by some ideas for a reply.

> *Salut!*
>
> *Merci de ta lettre. La description de tes animaux était très amusante. Si tu veux, je vais t'envoyer une photo de mes chats – ils sont mignons! Tu aimes les chats, toi?*
>
> *Alors, samedi dernier, c'était ton anniversaire – j'espère que tu as reçu mon petit cadeau. Qu'est-ce que tu as fait? Qu'est-ce que tu as reçu comme cadeaux? Raconte-moi tout!*
>
> *Qu'est-ce que tu vas faire pendant les vacances? Nous allons chez mon oncle en Dordogne. Il a une ferme et mon frère et moi, on va l'aider un peu – c'est toujours intéressant!*
>
> *As-tu déjà passé des vacances à l'étranger? Mon rêve est d'aller au Canada ou en Australie. Est-ce qu'il y a un pays que tu voudrais visiter?*
>
> *Écris-moi bientôt!*
>
> *Alex*

Writing your reply

1 Thank your friend for the letter and reply to the questions about animals.

2 Write about your birthday:
Mon anniversaire était …
Write about your presents (*mes cadeaux d'anniversaire*) and say what you did and with whom (e.g. *un repas spécial/avec mes amis/mes grands-parents*)
Say thank you for the present.

3 Reply to the questions about holidays:
Oui, nous allons partir … On va …
Cette année, on ne part pas en vacances, parce que …
Moi aussi, je voudrais visiter…/Mon rêve est d'aller en …

4 Ask a few questions and sign off.

G/11 General language-learning skills

Tips for tests (1) General notes

Preparation and revision

Before the exam, find out as much as possible about the specific requirements of the exam you will be taking.

Revise vocabulary by making lists under topics. These could be organised alphabetically or in a visual format.

You could type these in different files and make an electronic phrase book on a computer.

Use word shapes and spider diagrams to help you visualise words, e.g. write out weather words as though they are rays of the sun; write clothing words as though they are being worn by a stick figure.

Write masculine words in one colour and feminine words in a different colour.

Copy out a list of words in a different order, e.g. starting in the middle – often we learn words at the beginning and end of lists more easily but tend to forget the ones in the middle.

Type irregular verbs in an electronic verb table. Blank out parts of the verb and then see if you can remember the missing parts later.

Learn irregular adjectives and verbs in a phrase – the more ridiculous the better!

Use memory aids, e.g. Mrs Van de Tramp (each letter stands for a different verb that takes *être* in the perfect tense). You could design a picture to help you remember these.

Strategies for understanding French (Listening and Reading)

Look out for cognates, e.g. *l'électricité, le gaz*, but remember that there are a few **faux amis**, e.g.
- *le car* (coach)
- *le pain* (bread)
- *la veste* (jacket)
- *sensible* (sensitive)

Use words that you know to guess meanings, e.g. *vendre* (to sell) helps with *un vendeur/une vendeuse* (sales assistant), *la cuisine* (kitchen) helps with *cuire* (to cook), *bien cuit* (well-cooked), *une cuisinière* (cooker).

Use your knowledge of grammar.

Nouns – look out for *un, une, des, le, la, l', les* in front of the word.

Is it plural? Does the word end in -*s* or -*x*? Can you spot *les, des, mes*, etc. in front?

Verbs – look out for the endings. Note the tense.

Perfect tense – two parts: *avoir/être* + past participle.

Future tense – look for 'r' before endings (...*rai*, ...*ras*, ...*ra*, ...*rons*, ...*rez*, ...*ront*).

Negatives can change the meaning completely.

French	English
ne ... pas (encore)	not (yet)
ne ... plus	no more, no longer
ne ... jamais	never
ne ... rien	nothing, not anything
ne ... personne	no one, nobody

Prefixes (at the beginning of a word)

1. **re-** added to a verb gives the idea of 'again':
commencer (to begin) → *recommencer* (to begin again)

2. **in-/im-** added to an adjective gives the idea of 'not' or makes the adjective opposite in meaning:
connu (well known) → *inconnu* (unknown)
prévu (planned) → *imprévu* (unplanned, unexpected)

3. **dé-/dés-** is similar to the English prefix 'dis' and has the effect of changing the word into its opposite:
obéir (to obey) → *désobéir* (to disobey)

4. **sou-** or **sous-** often means 'under', 'below' or 'less':
une soucoupe (saucer); *le sous-titre* (subtitle)

5. **para-/pare-** gives the idea of 'against':
parapluie (umbrella – protection against rain);
pare-choc (car bumper)

6. **pré-** is sometimes found at the beginning of a word and gives the sense of looking ahead or something that comes before:
les prévisions météorologiques (weather forecast);
un prénom (first name or name before surname)

Suffixes (at the end of a word)

1. **-aine** added to numbers gives the idea of approximately or about:
une quinzaine (about 15 days, a fortnight)
une douzaine (a dozen); *des centaines* (hundreds)

2. **-eur/-euse** added to a verb instead of the final -*e* or -*er* gives the idea of a person doing the action:
chanter (to sing) → *un chanteur/une chanteuse* (singer)
vendre (to sell) → *un vendeur/une vendeuse* (sales assistant)

3. **-ier/-ière** and **-er/-ère** added to a noun in place of -*e* or -*erie* gives the idea of a person doing a particular job:
une ferme (farm) → *un fermier/une fermière* (farmer)
une boulangerie (bakery) → *un boulanger/une boulangère* (baker)

4. **-able** is sometimes added to the stem of a verb to give an adjective:
laver (to wash) → *lavable* (washable)
porter (to carry) → *(un) portable* (portable, mobile (phone))

5. **-té** is sometimes added to adjectives to make a noun:
beau (fine, beautiful) → *la beauté* (beauty)

6. **-ion** or **-ation** is often added to the stem of a verb to make a noun:
réparer (to repair) → *une réparation* (repair)
expliquer (to explain) → *une explication* (explanation)

Look out for common French and English spelling patterns.

French	English
-ment (lentement)	-ly (slowly)
-té (une spécialité)	-y (speciality)
-ie (la biologie)	-y (biology)
-eur/-euse (un chanteur)	-er (singer)
-ant (intéressant)	-ing (interesting)
-eux (délicieux)	-ous (delicious)
-que (électronique)	-ic (electronic)

G/12 General language-learning skills
Tips for tests (2) Listening and Reading

Listening

Preparation

Listen to as much French as possible, e.g. French radio stations, French websites, French films (with subtitles), language-learning programmes offered by TV companies (TV5, BBC, Channel 4, etc.). This will help you to get used to French sounds and will improve your pronunciation. Start with easy items to give you confidence and work upwards.

Check you know French numbers, percentages (*dix pour cent*), time and the 24-hour clock, dates and years, the French alphabet and key expressions of time (*hier, aujourd'hui, demain*, etc.).

Words which are spelt the same in French and English are often pronounced differently. Check that you know how the following should be pronounced in French: *accident, ticket, portion, ambulance, cousin, instrument*.

The listening exam

This will include a range of items, some very short, others longer, in different contexts, with formal and informal language, and a range of speakers. There will probably be some unfamiliar language, but you don't need to understand every word.

There will be a range of different types of task, e.g. questions in English, multiple-choice questions with pictures or text, completing a grid with numbers or letters, matching tasks, etc. The example should guide you in how to give your answer.

Questions on longer passages are usually in the same sequence as the recording.

In the exam

You may have some reading time before the recording is played. Use this to look at the title and any pictures on the paper and to think of the language linked to them. Note any proper names of people or places which may be used in the recording. Look at the questions and think of the French vocabulary which might be used. Make sure you understand what you are listening for: specific details, general impressions, opinions, attitudes or feelings.

Try to get the main points at the first hearing. Look quickly at the questions to see which you can't answer yet, then listen carefully for this information the next time round.

Be careful about taking notes while listening to the recording, as you could miss important information. Just jot down a key word or two, or perhaps a number or date.

Look at the mark scheme. This will help you work out how much information to give. If there are two marks, you usually need to give two details. Don't tick more boxes than required; you may lose marks.

If you don't understand a word, don't panic. You often don't need to understand every word. Listen to the whole phrase and see if you can work out its meaning. It may be that you are hearing initials, e.g. *un TGV, la SNCF*, etc.

If you can't immediately recognise a number, write down the French words and work it out in English later and give your answer as a figure, e.g. 45 (for *quarante-cinq*).

Try to answer questions by a process of deduction, but as a last resort make a guess so that you complete all the questions.

Reading

Preparation

Read as much French as possible and try to read different types of material, e.g. French magazines, websites, articles, brochures, adverts, posters, etc. This will help to broaden your vocabulary and enable you to practise the communication strategies for understanding French. Get into the habit of skimming and scanning to get a general idea of the overall content of an item.

The reading exam

This will include a range of texts, some short, others longer, covering different topics. There will be some unfamiliar language, but you will probably only be tested on this if it is reasonable to expect that you could deduce the meaning by using a standard communication strategy.

There will be a range of different types of task, e.g. questions in English, multiple-choice questions with pictures or text, completing a grid with numbers or letters, matching tasks, etc. The example should guide you in how to give your answer.

Questions are usually in the same sequence as the text.

At the higher level, the texts will include more complex language and some unfamiliar vocabulary in a range of registers or styles (informal, official, etc.). You will need to be able to:

- understand reference to past, present and future events
- recognise opinions, ideas, attitudes and personal feelings
- use context and clues to make deductions
- draw conclusions.

In the exam

Plan how you use your time. Look through the whole paper first and think about the time you will need for each question. Allow enough time at the end to check all your answers.

For each question or section, read the instructions carefully.

If you get stuck on a question, move on and come back to it later. Sometimes the easiest questions are at the beginning of the paper; sometimes they are scattered throughout the paper, so don't stop if you get to a question that you can't do.

For multiple-choice questions, read through all the options first. Sometimes there are only subtle differences and you need to choose the one that gives the best answer.

For matching tasks, there may be more options than required, so choose carefully and try to work out the correct answer rather than just using a process of elimination.

If you have to write a letter in a box, make sure that your handwriting is absolutely clear and that you have given an answer for each box, if required.

If you come across a word you don't know, consider whether you need to know the meaning. Often the same thing may be said in a different way a bit later in the text. If you do need to understand it, use the context and language strategies to help you work out the meaning.

Check the number of marks awarded for each question: two marks usually mean that two details are required.

Don't forget to check through the complete paper at the end and make sure that you have answered every question.

G/13 General language-learning skills

Tips for tests (3) Speaking

Speaking

Preparation

Use every opportunity you can to talk to French people.

Practise reading French aloud to improve your pronunciation. You could practise conversations with a friend, recording some of these so you can listen back and pick out areas for improvement.

Make sure you are familiar with standard question forms and how to respond to them by using the correct tense, etc.

Check that you know some phrases for expressing and justifying opinions, e.g. *à mon avis, moi je pense que, je crois que, selon moi, avant je pensais que ... mais maintenant je pense que ..., je dirais que ...* , etc.

The speaking assessment

The requirements for the speaking assessment vary, so find out exactly what is required. In most cases, there are two tasks, which may include:

- a structured conversation on a topic of your choice
- a presentation followed by discussion
- a discussion based on a picture.

You will have time in advance to prepare the tasks and you will probably be allowed to take some notes with you when you are doing the assessment. Each task will last for about 4–6 minutes and may be recorded. The assessment criteria will include some or all of the following:

- **Communication, content and response**

The most important thing is to communicate your message and to respond fully and appropriately to questions. It's a good idea to say more than the minimum by developing your answers in a relevant way, e.g. *Tu aimes la natation? Oui, j'adore la natation. Tous les samedis je vais à la piscine en ville avec mes amis.*

- **Range and quality of language**

You will be given credit for using a wide range of vocabulary, different tenses, and by including some longer and more complex sentences.

- **Grammatical accuracy**

Communication is more effective if your grammar is correct.

- **Pronunciation and intonation**

It's important that your spoken French is understandable and you will be given credit for a good accent.

- **Interaction and fluency**

Try to engage fully in the conversation, making appropriate eye contact and showing interest. Speak confidently, without hesitating – you don't need to speak fast.

Structured conversation

This is usually a conversation between you and a teacher, which follows a structure prepared beforehand. It may be informal, such as a conversation between friends, where you would use the *tu* form; or it may be formal, such as an interview for a work placement in France, where you would use the *vous* form. Although most of the conversation will follow a clearly-defined structure, there will also be some unpredictable questions, so think in advance about what these may be.

Presentation

This is intended to give you an opportunity to speak freely on a subject of your choice. The actual presentation is usually limited to about three minutes, so there is time for discussion and questions afterwards. Think about what questions may be asked and try to prepare some answers in advance.

Discussion based on a picture

This may be based on a picture or photo of your choice or you may be able to select one from a range offered. Be prepared to answer questions such as:

- *C'est quoi, la photo?*
- *Elle a été prise où?*
- *Décrivez ...*

During the assessment

It is important that you demonstrate the full range of your speaking ability. Try to use a wide range of vocabulary, structures and tenses to refer to past, present and future.

Give and justify opinions, express feelings, use negatives, and use some longer and more complex sentences.

Speak loudly, confidently and clearly and say as much as possible, with little hesitation. Try to really sound French.

Listen carefully to the examiner's questions to find out exactly what you are being asked, and which tense is being used. You nearly always use the same tense in the answer as in the question. Avoid one-word answers and expand your answer as much as possible. This is an opportunity for you to show what you know.

Sometimes you can introduce different tenses into your answer, but this needs to sound natural, e.g. *Comme loisirs, j'aime le cinéma et la musique, par exemple l'autre jour, j'ai vu un film très intéressant au cinéma.* You might then be asked to describe it, so be prepared!

Try to give and justify opinions, where appropriate, e.g. *J'aime bien habiter ici, mais, à mon avis, c'est un peu trop loin de Londres, par exemple, il faut trois heures pour y aller en train et ça coûte cher.*

When talking about TV, avoid simply giving the names of programmes, but talk about the kinds of programmes you like and why. If you are describing a film, try to say what you think made it successful (good acting, music, photography, etc.).

You will gain marks not only for communicating well, but for accuracy, quality of language, good pronunciation and maintaining pace.

G/14 General language-learning skills

Tips for tests (4) Writing

Writing

Preparation

Practise writing messages and sending e-mails and text messages in French to friends. When learning vocabulary, practise writing out words and including them in a sentence.

Check that you know some useful phrases for describing events and expressing opinions and also some linking words and expressions.

As grammatical accuracy is more important in this part of the exam, look through the grammar reference section and check in particular:

- verbs: subject/verb agreement; tenses: present, perfect (verbs which take *être*, irregular past participles, etc.) and future
- adjective agreement
- connectives
- expressions of time
- prepositions
- pronouns

The writing assessment

The requirements for the writing assessment vary, so find out exactly what is required. In most cases, you will need to do two separate writing tasks. For a grade C–A* you should aim to write 400–600 words over the two tasks (200–300 words per task).

You will have time in advance to prepare the tasks and you will probably be allowed to take some notes with you when you're doing the assessment.

Plan your writing task carefully, starting with an introduction, then allocating one paragraph for each part of the task and finish with a conclusion.

You may be allowed to use a dictionary, but be careful; you might waste time trying to say complicated new things and end up making mistakes. You can rarely copy words straight out of a dictionary; you often need to adapt them first, using the rules of grammar.

The assessment criteria will include some or all of the following:

- Communication and content
- Knowledge and application of language
- Quality and accuracy of language

Quality of language refers to range and variety of language, e.g. vocabulary, structures, range of tenses, prepositions, using adjectives and adverbs, writing longer and more complex sentences, giving opinions and justifying them, etc. and using very little repetition.

Accuracy covers subject/verb agreement, accurate use of tenses, correct use of gender, adjective agreement, plural forms, prepositions, spellings, etc.

During the assessment

To gain high marks, you need to use a variety of language, e.g. different tenses to refer to past, present and future, more complex sentences giving reasons for your opinions, using adjectives and comparisons, using linking words, etc.

Allow time at the end to check what you have written. It is a good idea to have a set procedure for this and to check for one thing at a time, e.g.

- Check verb endings.
- With the perfect tense, check that you have used the correct auxiliary verb (*avoir* or *être*); check the past participles, especially irregular ones. With verbs taking *être*, check that the past participle agrees (has an extra *e* or *s*) with feminine or plural subjects.
- Check that any adjectives used agree with the words described.
- Check that any plural words have a final *-s* or *-x*, if needed, e.g. *des livres, les cheveux*.

Common mistakes

Candidates regularly make mistakes with the following:

- using the wrong auxiliary verb (*j'ai* and *je suis*) + past participle, or leaving the auxiliary verb out altogether. Remember it is: *j'ai visité*, but *je suis allé(e)*.
- using present tense instead of the perfect tense
- confusing *son/sa/ses* (his, her, its) and *leur/leurs* (their)
- translating I am + verb. In French, there is just one present tense: *je travaille* = I work/am working/do work.
- not using the future tense after *quand*, when the meaning is in the future. The correct use is: *Quand je verrai mon ami je lui rendrai son DVD*.
- not making adjectives agree
- confusing *depuis* (for, since) and *pendant* (for, during), e.g. *J'apprends le français depuis cinq ans*. I have been learning French for five years.
Je l'ai attendu pendant une heure. I waited for him for an hour.
- mistakes with gender
- omitting accents, especially on past participles. Remember that *-er* verbs form a past participle ending in *é*, e.g. *j'ai regardé, on a joué*.
- missing out the final *s* on plurals – you don't sound this, but you need to write it, e.g. *les magasins, des livres*
- using *être* to say you are cold, hot, hungry, thirsty – it should be *avoir*: *j'ai froid/chaud/faim/soif*, but for 'tired' it is *je suis fatigué(e)*.
- misspelling of common words, e.g. *beaucoup, campagne, collège, dernière, gagner, rencontrer, semaine, vingt*

1/1 Unité 1

On fait des interviews

Personne A

Travaillez à deux.
Voici des renseignements sur deux jeunes. Votre partenaire regarde des renseignements sur deux autres jeunes. Posez des questions et répondez à tour de rôle. Notez les renseignements dans la grille.

Exemple:
- **A:** Ta première personne – qui est-ce?
- **B:** C'est Corinne Trudeau.
- **A:** Comment ça s'écrit?
- **B:** C-O-R-I-N-N-E T-R-U-D-E-A-U.
- **A:** Quel âge a-t-elle? …

A	prénom	nom	âge	nationalité	domicile	loisirs	rêve
1	Jean	Boulez	17	français	Toulouse	le football le cinéma jouer de la guitare	jouer dans l'équipe de France
2	Alice	Schwarzkopf	18	belge	Bruxelles	la peinture la lecture le théâtre	être actrice
	Corinne						

On fait des interviews

Personne B

Travaillez à deux.
Voici des renseignements sur deux jeunes. Votre partenaire regarde des renseignements sur deux autres jeunes. Posez des questions et répondez à tour de rôle. Notez les renseignements dans la grille.

Exemple:
- **B:** Ta première personne – qui est-ce?
- **A:** C'est Jean Boulez.
- **B:** Comment ça s'écrit?
- **A:** J-E-A-N B-O-U-L-E-Z.
- **B:** De quelle nationalité est-il? …

B	prénom	nom	âge	nationalité	domicile	loisirs	rêve
1	Corinne	Trudeau	16	canadienne	Montréal	les animaux la natation l'informatique	aller au Kenya
2	René	Courbet	18	suisse	Genève	le roller jouer de la batterie	visiter l'Amazonie
	Jean						

Unité 1

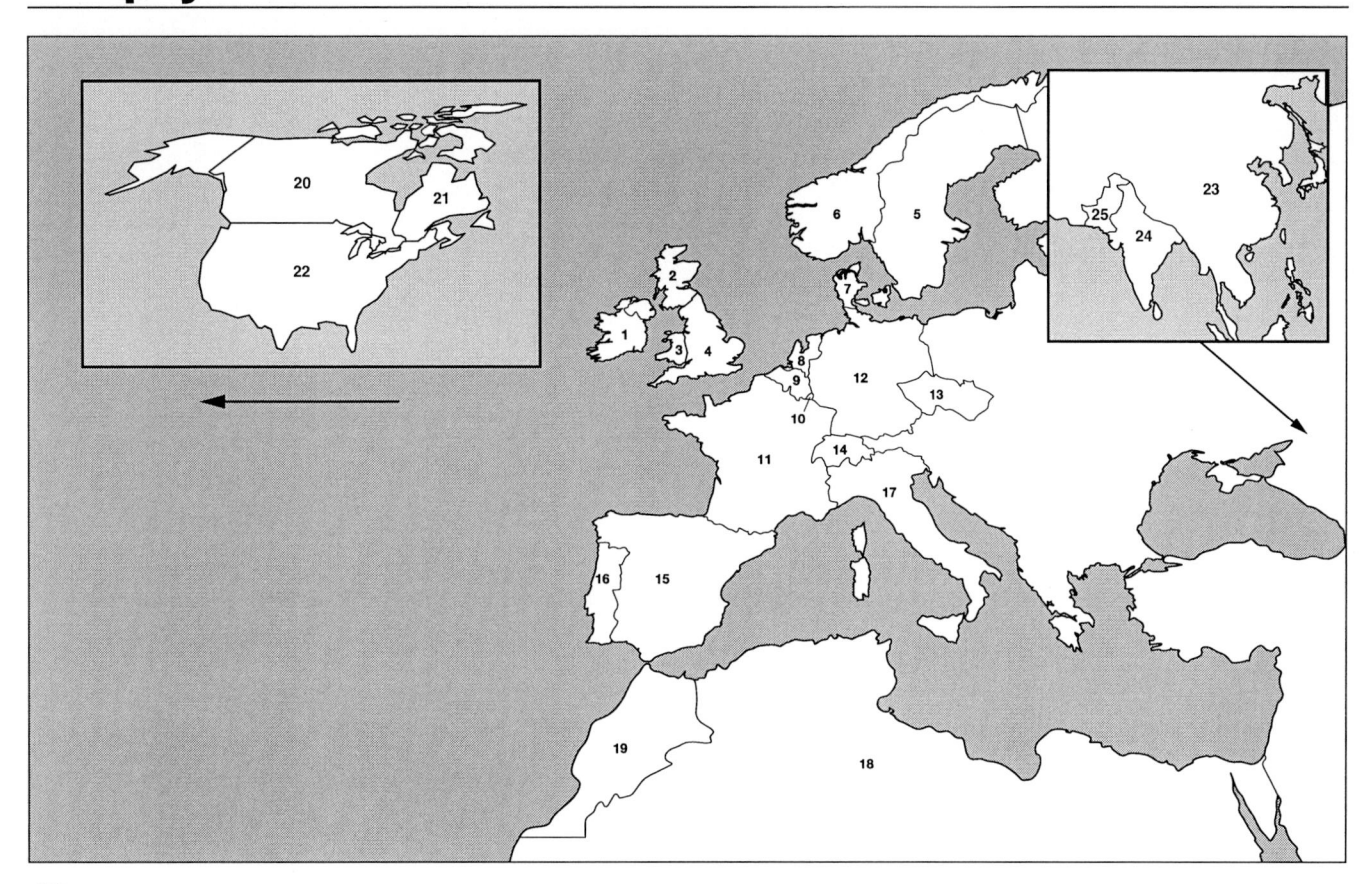

Les pays et les continents

❶ Les pays et les continents

Écrivez le numéro correct.

Ex. l'Afrique ...18...

l'Afrique	l'Écosse	le Luxembourg	la République tchèque
l'Allemagne	l'Espagne	le Maroc	....
l'Angleterre	les États-Unis	la Norvège	le Québec ....
l'Asie	la France	le Portugal	la Suède ....
la Belgique	l'Inde	le Pakistan	la Suisse ....
le Canada	l'Irlande	les Pays-Bas	
le Danemark	l'Italie	le pays de Galles	

❷ De quelle nationalité sont-ils?

Exemple: 1 *Il est grec.*

1 Adonis est né à Athènes. ....
2 Boris est né à Berlin. ....
3 Marco est né à Rome. ....
4 Lucie est née à Genève. ....
5 Daniel et Hélène sont nés à Bruxelles. ....
6 Inès et Carmen sont nées à Madrid. ....

❸ Les plaques de nationalité

Quand on part à l'étranger avec sa voiture, il faut mettre une plaque de nationalité sur la voiture. Décrivez ces voitures.

Exemple: *C'est une voiture allemande.*

1 D   4 GB
2 IRL   5 USA
3 F   6 E

1/3 Unité 1

Jeux de mots

❶ Ma famille

David parle de sa famille. Complétez les phrases
Exemple: 1 *tante*

1. La sœur de ma mère est ma ....
2. Le mari de ma tante est mon ....
3. J'ai une seule tante et elle a une sœur. C'est ma ....
4. Le père de mon père est mon ....
5. La femme de mon grand-père est ma ....
6. Le fils de ma sœur et de mon beau-frère est mon ....
7. Mes deux sœurs ont la même date de naissance. Elles sont ....
8. C'est le fils de mon père et il n'a pas de frères. C'est ....

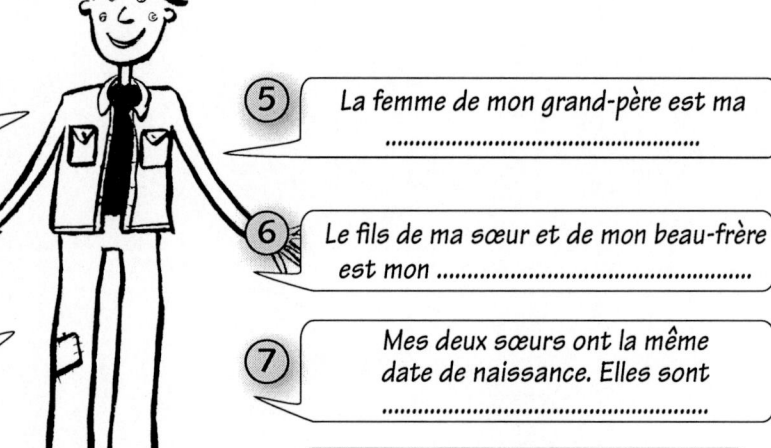

❷ Chasse à l'intrus

Soulignez le mot qui ne va pas avec les autres.
Exemple: 1 *fille, homme, <u>ami</u>, femme*

1. fille, homme, ami, femme
2. fille, enfant, fils, cousin
3. oncle, tante, père, frère
4. la France, l'Europe, l'Allemagne, l'Italie
5. chien, gerbille, perroquet, chat
6. pays, anglais, français, allemand
7. nièce, belle-sœur, grand-mère, beau-frère
8. le pays de Galles, l'Écosse, l'Angleterre, la Belgique

❸ Les animaux domestiques

Écrivez les noms français de ces animaux. Trouvez les noms de ces animaux dans la case.

1 .... 2 .... 3 ....
4 .... 5 .... 6 ....
7 .... 8 .... 9 ....

S	E	R	P	E	N	T	Y
S	C	H	E	V	A	L	E
O	H	A	M	S	T	E	R
U	I	Q	R	N	O	H	T
R	E	E	M	I	R	J	A
I	N	G	S	P	T	U	H
S	X	E	Y	A	U	S	C
Z	A	T	V	L	E	Q	O
U	P	O	I	S	S	O	N

❹ Trouvez les voyelles

Complétez les mots et écrivez l'anglais.
Exemple: 1 *une femme*   woman/wife

1. _n_ f_mm_ ....
2. _n fr_r_ ....
3. _n_ n__c_ ....
4. _n c__s_n_ ....
5. _n m_r_ ....
6. _n b_ll_-f_ll_ ....
7. l_s b___x-p_r_nts ....
8. _n_ d_m_-s___r ....
9. _n n_v__ ....
10. _n f__nc_ ....

20

1/4 Unité 1
Quatre profils

1 C'est qui?
Écrivez les initiales.
Exemple: 1 *FS*

1 Il aime le sport. ....
2 Il parle trois langues. ....
3 Elle travaille tout le temps. ....
4 Il s'intéresse aux voitures. ....
5 Il voudrait travailler à l'étranger. ....
6 Ses frères sont plus jeunes que lui. ....
7 Il a une femme et des enfants. ....
8 Elle habite au Canada. ....
9 Il n'habite pas dans le pays où il est né. ....
10 Elle travaille avec les plantes. ....

2 Quatre personnes différentes
Répondez aux questions.
Exemple: 1 *Il a 19 ans.*

1 Frédéric a quel âge? ....
2 Il est né pendant quel mois? ....
3 Et Rachel, elle a quel âge? ....
4 Combien de frères et sœurs a-t-elle? ....
5 De quelle nationalité sont les deux jeunes? ....
6 Ils habitent dans quel pays? ....
7 Quelle est la couleur la plus populaire? ....
8 Juliette est mariée depuis quand? ....
9 Augustin fait quoi comme passe-temps? ....
10 Juliette, pourquoi est-ce qu'elle n'a pas de loisirs? ....

1
Nom Frédéric Sérey
Âge 19 ans
Anniversaire 17 avril
Famille aîné; 2 frères, Michel et Eric, 1 sœur, Isabelle
Nationalité français
Domicile Lyon
Loisirs le rugby, la natation
Aime les chiens
Couleur favorite le rouge et le vert
Métier travaille dans un garage
Rêve de conduire une voiture de course

2
Nom Rachel Bussière
Âge 18 ans
Anniversaire 31 juillet
Famille enfant unique
Nationalité française
Domicile Saint-Tropez
Loisirs la musique, le jardinage
Animal préféré le chat
Couleur favorite le pourpre
Métier étudiante (en botanique et biologie)
Rêve de travailler pour la protection de l'environnement

3
Nom Augustin Forestier
Âge 27 ans
Anniversaire 1 juin
Famille marié; deux fils, Albert et Olivier; femme, Marie-Laure
Nationalité suisse (parle français, allemand et italien)
Domicile Paris (habite à Paris depuis 3 ans)
Loisirs jouer aux échecs, faire la cuisine
Animal préféré les serpents
Couleur favorite le vert
Métier scientifique
Rêve de travailler aux États-Unis

4
Nom Juliette Gonfreville
Âge 30 ans
Anniversaire 24 octobre
Famille depuis 5 ans, mariée avec Christian, jumelles, Béatrice et Pétronille;
Nationalité canadienne
Domicile Montréal
Loisirs pas de loisirs! aime dîner au restaurant
Aime tous les animaux
Couleur favorite le jaune
Métier vétérinaire
Rêve d'avoir du temps libre

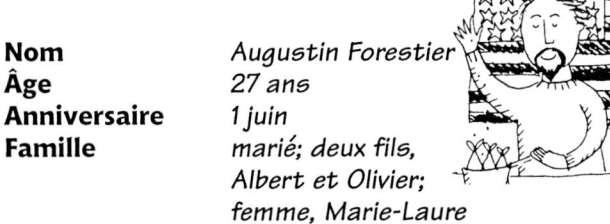

1/5 Unité 1
L'avis des jeunes

1 La famille

a *Écoutez cinq descriptions et complétez la grille.*

Qui?	On se ressemble?	On s'entend bien?	Autres détails (de la personne décrite)
1 Ex. *père*			
2			
3			
4			
5			

b *Complétez les phrases.*

1 Mon père est très patient et il ne .... jamais. (s'énerver)

2 Ma sœur et moi, nous .... bien. (s'entendre)

3 Je suis assez studieuse et je .... si je n'ai pas de bonnes notes. (s'inquiéter)

4 Ma sœur .... beaucoup aux arts plastiques. (s'intéresser)

5 Je ne .... pas bien avec ma mère. (s'entendre)

6 On dit que nous .... physiquement, mais nous sommes très différentes de caractère. (se ressembler)

Unité 1
La vie quotidienne

❶ Des conversations

Complétez ces phrases.

A

1 – Vous **Ex.** *habitez* près d'ici? (habiter)
2 – Oui, nous .... à Sèvres, pas loin de Paris. (habiter)
3 – Nous .... nos vacances ici. (passer)
4 – Tu .... qu'on mange bien en France? (trouver)
5 – Oui, j'................ beaucoup la cuisine française. (aimer)
6 – Est-ce que tu .... français depuis longtemps ? (parler)
7 – Oui, ça fait cinq ans que je l'................ . (apprendre)
8 – Ton frère m'a dit qu'il .... ici en ce moment. (travailler)
9 – Oui, il travaille ici tout le mois de juillet et comme ça, il .... assez d'argent pour payer ses vacances. (gagner)

B

1 – Vous allez en ville? **Ex.** *Attends* -moi, je viens tout de suite. (attendre)
2 – Tu es prêt? Sinon on ne t'................ plus! (attendre)
3 – Oui, ça y est! On .... l'autobus? (prendre)
4 – D'accord, mais nous .... à la bibliothèque. (descendre)
5 – Moi aussi. Je .... ces deux livres. (rendre)

C

1 – Regarde les affiches et **Ex.** *choisis* le film que tu veux voir. (choisir)
2 – Celui-ci, je .... toujours par choisir une comédie. (finir)
3 – Mais ce film a déjà commencé: il .... à quelle heure? (finir)
4 – Regardez, il y a deux ou trois films qui .... (finir) dans un quart d'heure. Si nous .... un de ceux-là, on va bientôt entrer. (choisir)

❷ Mots croisés

Horizontalement
1 Nous tr... beaucoup en classe. (11)
6 Je te r... le DVD ce soir. (5)
7 Mes copines ... au café vendredi soir. (4)
9 Et toi, ... habites à Paris? (2)
10 Vous s... le mot pour 'laptop' en français? (5)
13 On d... que le stage est très intéressant. (3)
14 Vous f... à quelle heure? (8)
15 Mon frère adore la musique – ... joue de la clarinette. (2)
16 Les autres j... aux cartes. (6)

Verticalement
1 Tu t... que c'est bien ici? (7)
2 Mon frère v... plus tard. (5)
3 Qu'est-ce qu'ils l... comme livres? (6)
4 Ils o... un ordinateur au café. (3)
5 Je ... de nationalité allemande. (4)
8 Elle ch... une carte d'anniversaire. (7)
11 Vous v... souvent en France? (5)
12 Tu en ... sûr? (2)

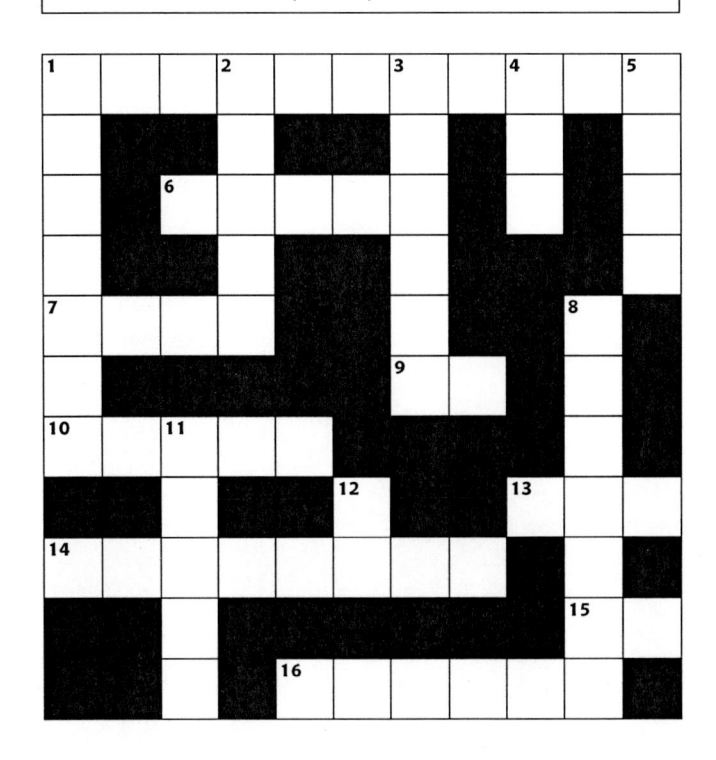

Unité 1

Les événements de famille

Lisez ces annonces, puis faites les activités en dessous.

Le carnet du jour

Naissances

Sophie, la fille de M. et Mme André MASSON
est fière d'annoncer l'arrivée de son petit frère
Kévin
le 7 août.

M. et Mme Robert Michelin
ont la joie d'annoncer que leur première petite-fille
Mélanie
a mis ses petits pieds sur terre le 27 juillet chez Jean-Luc Michelin et Isabelle, née Guillaume. Toute la famille est aux anges!

Fiançailles

On nous prie d'annoncer les fiançailles de
Mlle Julie Barrière
fille de M. Jacques Barrière et de Mme, née Monique Platon, avec
M. Arnaud Debreu
fils du Docteur Henri Debreu et de Mme, née Chantal Houlon.

Mariages

M. et Mme Henri LEGRAND
Le colonel et Mme MARTIAL
sont heureux de vous faire part du mariage de leurs enfants
Agnès et Bernard
qui sera célébré le 29 août, à 16 heures en l'église Saint-Ambroise à Paris.

Deuils

Mme Gérard Vincent, son épouse
Mlle Collette Vincent, sa fille
M. Jean Vincent, son fils
M. et Mme Pierre Le Verger et leurs enfants, sœur et beau-frère, neveux et nièces et toute la famille
ont la douleur de vous faire part du décès de
M. Gérard Vincent
survenu le 20 août
Les obsèques auront lieu le 24 août au cimetière du Père-Lachaise.

❶ Comprenez-vous le carnet du jour?

Lisez les phrases et écrivez V (vrai) F (faux) ou PM (pas mentionné).
Exemple: 1 *V*

1 Les Masson ont deux enfants. ......
2 Avant son mariage, la mère de Julie s'appellait Monique Platon. ......
3 Le frère de Robert Michelin s'appelle Christophe. ......
4 Isabelle Michelin est la grand-mère de Mélanie. ......
5 Kévin Masson est l'aîné de la famille. ......
6 La sœur de Gérard Vincent est mariée. ......
7 Gérard Vincent est mort le 24 août. ......
8 Julie Barrière a un frère qui s'appelle Richard. ......
9 Mélanie Michelin est plus âgée que Kévin Masson. ......
10 Gérard Vincent était veuf. ......

❷ Cartes de vœux

Pour qui sont ces cartes? **Exemple: a** *M. et Mme Masson*

a Félicitations pour la naissance de votre deuxième enfant!

b Félicitations à votre fils! (Nous avons vu l'annonce de ses fiançailles dans le journal ce soir.)

c Félicitations à toi et à ton mari pour la naissance de votre fille.

d Nos condoléances après la mort de votre cher mari, Gérard.

e Une petite-fille! Quelle joie! Mais tu sembles trop jeune pour être grand-mère!

f Tous nos vœux de bonheur à toi et à ton fiancé pour votre mariage, le 29.

Unité 1

Nos vacances

❶ On fait sa valise

Thomas, Louise et Daniel partent en vacances.
a Complétez la bulle de Thomas avec **mon/ma/mes**.
Exemple: 1 *ma*

> Dans (**1**) m...... valise, il y a
> (**2**) m...... t-shirts, (**3**) m...... jean,
> (**4**) ...... maillot de bain et (**5**) ...... chemise –
> et UNE chaussette blanche. Mais où est
> (**6**) ...... autre chaussette blanche?

b Complétez la bulle de la mère de Louise avec **ton/ta/tes**.
Exemple: 7 *ta*

> Dans (**7**) t...... valise, il y a
> (**8**) t...... t-shirts, (**9**) t...... jean,
> (**10**) ...... maillot de bain et
> (**11**) ...... chemisier – et UNE chaussette fleurie.
> Mais où est (**12**) ...... autre chaussette fleurie?

c Complétez le texte avec **son/sa/ses**.
Exemple: 13 *sa*

> Voici la valise de Daniel.
> Dans (**13**) s...... valise, il y a
> (**14**) s...... t-shirts, (**15**) s...... jean, (**16**) ...... maillot
> de bain et (**17**) ...... chemise – et UNE chaussette
> noire. Mais où est (**18**) ...... autre chaussette noire?

> Après tout, ils ne vont pas partir sans leurs chaussettes!

Voici Minou, le chat de la famille.
Elle déteste les vacances!

❷ Un message

Complétez le texte avec **notre/nos** ou **votre/vos**.
Exemple: 1 *nos*

> Salut tout le monde!
> Nous passons (**1**) n......... vacances sur l'île d'Or avec (**2**) n.........
> famille et (**3**) n......... cousins. (**4**) N......... village de vacances est
> fantastique et nous passons beaucoup de temps dans (**5**) n.........
> piscine avec (**6**) n......... nouveaux amis.
> Est-ce que vous passez de bonnes vacances dans
> (**7**) v......... camping? Qui prépare tous (**8**) v......... repas? Est-ce
> que (**9**) v......... excursions sont intéressantes? Faites beaucoup
> de photos de (**10**) v......... amis!
>
> À bientôt,
> Louise, Thomas et Daniel

❸ On fait des photos

Thomas aime faire des photos.
a Complétez les phrases avec **leur** ou **leurs**.
Exemple: 1 *leur maison*

1 Il prend une photo de .... maison.

2 Il prend une photo de .... chien.

3 Il prend une photo de .... enfants.

4 Il prend une photo de .... chats.

b Décrivez les photos de Thomas.
Exemple: 1 *Voici leur chien.*

1 Voici ....

2 Voilà ....

3 Ça, c'est ....

4 Vous voyez ....

1/9 Unité 1

Tu comprends?

❶ Comment ça s'écrit?

Écoutez et completez les phrases.

Exemple: Ma correspondante s'appelle ...... *Vanessa* ....

1 Son nom de famille est ....
2 Sa sœur s'appelle ....
3 Son frère s'appelle ....
4 Ils habitent à ....
    en ....
5 Son numéro de téléphone est ....

❷ C'est quelle image?

Écoutez et écrivez la bonne lettre (A–G).

A B C D E F G

Exemple: B 1 ☐ 2 ☐ 3 ☐ 4 ☐ 5 ☐

❸ Mes préférences

Écoutez ces jeunes et complétez la grille.

	Vêtement	Couleur	Activité
Ex. Christelle	A	bleu	I
1 Djamel			
2 Jasmine			
3 Jean-Marc			

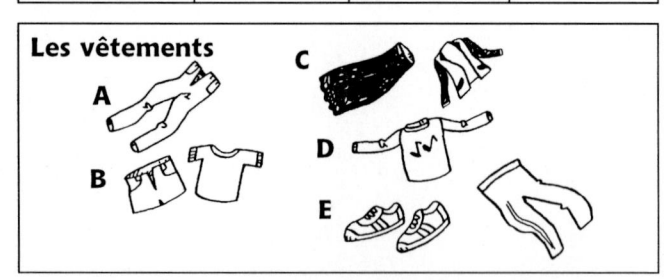

Les vêtements

A B C D E

Les couleurs

rouge vert bleu gris violet noir et blanc

Les activités

F G H
I J K
L M

❹ Des conversations

Écoutez les conversations et cochez (✔) les bonnes cases. Il y a deux conversations.

Conversation 1: Toi et ta famille

Exemple: – Quel âge as-tu, Thomas?
– J'ai **A** ☐ 15 **B** ✔ 16 **C** ☐ 17 ans.

1 – C'est quand, ton anniversaire?
   – C'est le **A** ☐ 19 **B** ☐ 17 **C** ☐ 18 janvier.
2 – Tu as des frères et sœurs?
   – J'ai **A** ☐ un frère **B** ☐ une sœur
     C ☐ une sœur et un frère.
3 – Tu t'entends bien avec ta famille?
   – Je m'entends bien avec **A** ☐ mes parents
     B ☐ ma sœur **C** ☐ mon frère,
     mais pas tellement avec **A** ☐ mes parents
     B ☐ ma sœur **C** ☐ mon frère. On se dispute
     assez souvent.
4 – Est-ce que tu as un animal à la maison?
   – Oui, j'ai un **A** ☐ chat **B** ☐ lapin **C** ☐ chien.
     Il s'appelle Dodu.
5 – Tes animaux préférés sont quoi?
   – Mes animaux préférés sont **A** ☐ les chats
     B ☐ les chiens **C** ☐ les lapins.

Conversation 2: Tes passe-temps

   – Salut, Sophie, je peux te poser des questions?
   – Bien sûr!
1 – Qu'est-ce que tu fais comme sports?
   – Je **A** ☐ joue au tennis **B** ☐ fais de la natation
     C ☐ regarde le football à la télévision, j'aime bien
     ça.
2 – Quels sont tes loisirs favoris?
   – J'aime **A** ☐ jouer à l'ordinateur **B** ☐ écouter de
     la musique **C** ☐ faire du dessin et de la peinture
     et je joue du violon dans un orchestre.
3 – Quel est ton jour préféré?
   – C'est le **A** ☐ samedi **B** ☐ dimanche
     C ☐ mercredi.
4 – Le week-end, qu'est-ce que tu fais, normalement?
   – Le samedi, je **A** ☐ vais en ville avec mes amis
     B ☐ regarde la télé **C** ☐ vais à la piscine.
     Le dimanche je **A** ☐ me repose
     B ☐ vais à l'église **C** ☐ fais du sport.
5 – Le week-end dernier, qu'est-ce que tu as fait avec
     tes amis ou ta famille?
   – Le samedi, je suis allée **A** ☐ au cinéma
     B ☐ au match **C** ☐ en ville avec ma meilleure amie.
6 – Le dimanche, je suis **A** ☐ restée à la maison
     B ☐ allée chez mes grands-parents
     C ☐ sortie avec mes cousins.

1/10 Unité 1

Épreuve 1: Écouter   Partie A

❶ Les animaux

Listen and write the correct letter for each speaker.

Example: a 1 ☐ 2 ☐ 3 ☐ 4 ☐

A — (dog)
B — (cat)
C — (horse)
D — (rabbit)
E — (mouse)
F — (bird)
G — (snake)
H — (fish)

/4

❷ On parle des photos

You will hear some statements in French. Complete the sentences below, filling the gaps in English or with figures.

Example: Lucas is asked about photos taken on **Easter Sunday**..................

1 There are ...... photos of the party in all.
2 The boy with blond, ... hair is Christophe's older brother.
3 He is wearing a .... and black jumper.
4 His sister is quite tall with .... eyes.
5 He gets on well with his ....
6 He finds it more difficult to get on with his ....

/6

❸ Des interviews

Écoutez et complétez la grille.

prénom	nom	âge	anniversaire	frères et sœurs	passe-temps
Patrick	Ex. F A R D E A U				
Angèle	M A L L A ... ... N				

/10

PARTIE A TOTAL

/20

Tricolore Total 4 © Mascie-Taylor, Honnor, Spencer, Nelson Thornes 2010   27

1/11 Unité 1

Épreuve 1: Écouter Partie B

1 Que fait-on sur Internet?

Some French teenagers are talking about how they use the internet. Listen and put a tick in the correct boxes.

	e-mail	shopping	music	schoolwork	blogs	discussion forums	films	games	phone calls
Charlotte				Ex. ✓					
Rémi									
Fatima									
Hugo									
Amélie									
Mathieu									

[5]

2 Mon anniversaire

Frédéric is talking about his birthday. Listen to the conversation and reply to the questions **in English**.

Example: What is the date of his birthday? _23rd August_

1 What is the disadvantage of having a birthday then? ....

2 Give two examples of what he normally does. (2) ....

3 Who is coming to stay this year and what nationality is he? (2) ....

4 What does Frédéric plan to do for his birthday? Two details. (2) ....

[7]

3 La famille et les amis

Listen to the discussion between Alain, Sandrine and Magali about friends and family. Answer the questions **in English**.

Example: How important are friends for Alain? _quite important_

1 How does Alain get on with his family? ....

2 Who does he often go out with? ....

3 Sandrine mentions two things she discusses with her friends. What are they? Tick the correct answers. (2)
   a music ☐ **b** problems ☐ **c** football ☐ **d** events at school ☐ **e** TV programmes ☐

4 Why does Magali say she needs a good and loyal friend? ....

5 Which statement most closely represents the view of each person? Write the correct letter. (3)
   Alain ☐ Sandrine ☐ Magali ☐

> **a** Friends come and go and some friends let you down.
> **b** For me, friends are quite important, but my family is very important.
> **c** My family is really difficult so I need a friend to help me.
> **d** It's important to have at least one really good, loyal friend, who can be like a member of the family.
> **e** The main thing is to have many friends, with whom you can discuss lots of things including problems.

[8]

PARTIE B TOTAL [20]

Unité 1

Épreuve 1: Lire – Partie A

❶ J'ai de bons amis

Read the contributions to a website about friendship. Choose a word from the list to complete the sentences and write the letter in the gap.

> **a** amuse **b** cheveux **c** copain
> **d** différents **e** ensemble **f** lapins
> **g** meilleure **h** rions **i** sportif

> Je connais mon ami depuis l'âge de 11 ans. On joue souvent au foot **Ex.** ..*e*... et on s'amuse bien. Je m'entends bien avec lui, mais nous sommes assez **1** .... Il s'intéresse beaucoup à l'informatique, mais moi, je suis plutôt **2** .... .
> – Raj

> Ma **3** ..... amie, qui s'appelle Amélie, a de longs **4** ..... châtains, souvent en queue de cheval. Elle adore les animaux et elle a un chat, deux **5** ..... et un hamster. Nous avons le même sens de l'humour et nous **6** ..... beaucoup.
> – Léa

❷ La technologie et moi

Read the sentences Alex has written about using technology. Find the missing words in the list below and write the correct letter in each gap.

Example: À la maison, nous avons un ..*f*... dans la salle de séjour.

1. Quand je me ... , je regarde d'abord mes e-mails.
2. J'aime bien avoir une conversation en ... avec mon copain qui habite en Australie.
3. Notre ordinateur a un cam alors nous pouvons nous ... en même temps.
4. Quelquefois, je ... des chansons.
5. Pour mes devoirs scolaires, je fais des ... sur Internet.
6. Je ne mets pas trop de renseignements personnels sur les ... publics.

> **a** appareil **b** connecte
> **c** imprimante **d** Internet
> **e** ligne **f** ordinateur
> **g** recherches **h** sites
> **i** télécharge **j** voir

❸ Qui a dit ça?

Read what Laurent and Émilie have written about themselves. Then read sentences 1–8 and decide whether they apply to Laurent or Émilie or both.

Laurent	Émilie
Je suis belge et j'habite dans un village près de Bruxelles. Je suis fils unique mais j'ai un chien – un labrador noir qui s'appelle Noiraud. J'aime le sport. Je joue au football et au basket au collège. J'aime aussi la technologie. Quelquefois je télécharge les chansons de mon groupe préféré. J'ai un blog où j'écris mes réflexions sur des films ou des livres et où je mets des photos de temps en temps. Je vais assez souvent au cinéma avec mes copains.	Je suis née à Genève en Suisse. Je suis l'aînée. J'ai un frère et une sœur. Je les aime bien mais quelquefois ils m'énervent. On dit que je suis dynamique et il est vrai que j'aime être active. J'adore le sport, surtout le ski, le snowboard et le patinage. J'aime bien apprendre les langues étrangères et rencontrer des jeunes d'autres pays. Je parle allemand et anglais. Mon rêve est de faire le tour du monde.

		Laurent	Émilie	both
Ex.	I like sport.			✓
1	I'm an only child.			
2	I have a pet.			
3	I'm the oldest.			
4	I speak French, but I'm not French.			
5	I like languages.			
6	I like using the computer.			
7	Brothers and sisters can be annoying.			
8	I like films and photography.			

Unité 1

Épreuve 1: Lire – Partie B (1)

1 Profil d'un jeune chanteur

Read the article about a singer living in Canada. Choose the right option to complete each statement below.

FICHE D'IDENTITÉ
Nom: Luc Daniel
Date et lieu de naissance: Paris, le 17 janvier 1990
Famille: Ses parents sont divorcés et sa mère a épousé un Canadien, chanteur, lui aussi. Depuis l'âge de dix ans, il habite près de Montréal avec sa mère et son demi-frère Mathieu, huit ans. Sa sœur aînée, Isabelle, est mariée et habite aussi au Québec. Il s'entend bien avec son père, qui est ingénieur, mais comme celui-ci travaille toujours en France, il ne le voit pas très souvent.
Passe-temps: Il aime faire de l'équitation en été, du ski en hiver et écouter tous les nouveaux albums.
Carrière: À l'âge de seize ans, il a enregistré la chanson, *La vie m'attend*, écrite exprès pour lui par son beau-père. Un producteur québécois l'a remarqué et maintenant, il prépare son troisième album, *Vive la vie!*
Rêve: Retourner à Paris et chanter un jour au Stade de France.

Exemple: Luc Daniel est né …
- **a** en France ✓
- **b** au Canada ☐
- **c** au Québec ☐

1 Son anniversaire tombe …
- **a** en automne ☐
- **b** en hiver ☐
- **c** en été ☐

2 Sa sœur habite …
- **a** au Canada ☐
- **b** en France ☐
- **c** à Paris ☐

3 Le deuxième mari de sa mère est …
- **a** ingénieur ☐
- **b** producteur ☐
- **c** chanteur ☐

4 Luc ne voit pas souvent son père …
- **a** parce qu'ils ne s'entendent pas très bien ☐
- **b** parce que son père habite à Montréal ☐
- **c** parce que son père n'habite pas au Canada ☐

5 Luc est …
- **a** plus âgé que sa sœur ☐
- **b** moins âgé que sa sœur ☐
- **c** plus jeune que son demi-frère ☐

6 Comme loisirs, il aime …
- **a** écrire des chansons ☐
- **b** se promener à cheval ☐
- **c** aller à la piscine ☐

7 Comme sports, il aime …
- **a** faire de la natation ☐
- **b** jouer au baseball ☐
- **c** faire des sports d'hiver ☐

8 Le beau-père de Luc a écrit …
- **a** une chanson pour lui ☐
- **b** un article sur la musique ☐
- **c** une lettre de recommandation ☐

9 Le troisième album de Luc Daniel …
- **a** va bientôt sortir ☐
- **b** est sorti récemment ☐
- **c** a eu un grand succès ☐

10 Son ambition est …
- **a** de regarder un match au Stade de France ☐
- **b** de donner un concert en France ☐
- **c** d'enregistrer un troisième album ☐

Unité 1

Épreuve 1: Lire – Partie B (2)

2 Christophe apprend à conduire

Read the message from Christophe about learning to drive. Then answer the questions in English.

> le 25 mai
>
> Salut!
>
> Ça y est! J'apprends à conduire! En France, il y a la conduite accompagnée depuis l'âge de seize ans. Donc, depuis mon anniversaire il y a deux semaines, je conduis la petite voiture de ma mère, aussi fréquemment que possible.
>
> Il y a, quand même, quelques inconvénients! D'abord, les autres membres de la famille manquent d'enthousiasme quand il s'agit de m'accompagner! En plus, mon père s'énerve très vite; il dit que je suis obstiné et que je conduis trop vite. Ma mère essaie de m'aider, mais elle a tellement peur que ça me fait peur, à moi aussi. Quant à mon frère, d'abord, il ne veut pas faire l'effort de sortir et, deuxièmement, il se prend pour le meilleur conducteur du monde. Ma sœur Brigitte est la meilleure, elle ne s'excite pas et elle n'est pas impatiente. Cependant, elle rentre tellement tard de son travail à Paris qu'elle ne peut pas m'accompagner très souvent.
>
> L'autre inconvénient, c'est qu'on n'a pas le droit de passer le permis avant ses dix-huit ans, pas dix-sept ans, comme chez toi, donc, encore presque deux ans à attendre!
>
> Je te quitte maintenant, j'ai promis de laver la voiture!
>
> À bientôt!
>
> Christophe

Example: How old is Christophe now? ...*16*......

1 His birthday is in which month? ....

2 How old do you have to be to take the driving test in France? ....

3 What is the general attitude of Christophe's family towards his driving practice?
   ....

4 Use one or two words to describe each member of his family.

   a his father .... (1)

   b his mother .... (1)

   c his brother .... (2)

   d his sister .... (1)

5 Why does his sister not accompany him very often?
   ....

6 What does Christophe intend to do after sending the message?
   ....

PARTIE B TOTAL 10/20

1/15 Unité 1

Épreuve 1: **Grammaire**

❶ Question words

Write the correct question word to complete each question.
Exemple: ....*Quel*.... est ton sport préféré?

1 Ton anniversaire, c'est .... ?
2 .... vient au cinéma avec nous?
3 Il y a .... de personnes dans ta famille?
4 .... habitent tes grands-parents?
5 .... âge (m) as-tu?

/5

❷ Adjectives

Write the French adjective in the correct form to complete each phrase. (½ mark for each)

a General adjectives

	français	anglais
Ex.	de ...*bons*......... amis	good friends
1	des cheveux	short hair
2	.... Noël	Happy Christmas
3	une fête	a religious festival
4	un .... portable	a new mobile phone
5	une .... expérience	a bad experience

b Possessive adjectives (mon, ma, mes, son, sa, ses, leur, leurs)

	français	anglais
Ex.	...*mon*.... père	my father
1	.... meilleure amie	my best friend
2	.... parents	my parents
3	.... sœur	his sister
4	.... copains	their friends
5	.... ordinateur	his computer

/5

❸ Verbs

Complete Alex's message by writing the verbs in the present tense.
Exemple: J' ...*ai*............... deux bons amis. (*avoir*)

1 Thomas .... dans la même classe que moi. (*être*)
2 Il .... beaucoup de sport. (*faire*)
3 Nous .... au tennis ensemble. (*jouer*)
4 Je .... bien avec Sophie. (*s'entendre*)
5 Elle .... les animaux. (*adorer*)
6 Quelquefois, on .... au parc avec son chien. (*aller*)
7 Le dimanche, je .... assez tard. (*se lever*)
8 Je .... mes vêtements préférés: un jean et un sweat. (*mettre*)
9 Nous .... un ordinateur dans le salon. (*avoir*)
10 J'..................... souvent des messages à mes amis. (*écrire*)

/10

GRAMMAIRE TOTAL

/20

32

Tricolore Total 4 © Mascie-Taylor, Honnor, Spencer, Nelson Thornes 2010

2/1 Unité 2

Mots croisés – en ville

Horizontalement
1. Pour contacter la police, allez au … (12)
5. C'est dans un grand b… au coin de la rue. (8)
8. Pour aller … stade, s'il vous plaît? (2)
9. C'… assez loin. (3)
11. Il n'y a pas grand chose à faire ici, ni cinéma, … café. (2)
14. On va … théâtre ce soir. (2)
15. Est-ce qu'… y a un supermarché en ville? (2)
16. Une … est entourée d'eau. (3)
17. On a planté des arbres … des fleurs au centre-ville. (2)
18. Mes amis habitent dans c… quartier. (2)
20. Est-ce que tu habites au centre-ville ou dans la b…? (8)
21. Dans ce bâtiment, on peut emprunter des livres, des CD et des DVD. (12)
23. Il y a quatre … importants en France: la Loire, la Seine, la Garonne et le Rhône. (7)
27. Tu as visité le musée? Non, … est fermé en ce moment. (2)
29. Si vous aimez l'histoire, … manquez pas de visiter le château. (2)
30. On va ici pour nager. (7)
31. Dans la … principale, il y a beaucoup de magasins et de restaurants. (3)

Verticalement
1. Nice et Cannes se trouvent sur la … d'Azur. (4)
2. Au centre commercial, il y a beaucoup de …. C'est excellent pour le shopping. (8)
3. La ville de Strasbourg est s… dans l'est de la France. (6)
4. Pour voir le marché aux poissons, il faut se lever …, vers six heures du matin. (3)
6. C'est un autre mot pour l'hôtel de ville. (6)
7. Est-ce qu'il y avait du monde en ville? Oui, et on a … du mal à trouver une place au parking. (2)
9. … été, il y a toujours beaucoup de touristes ici. (2)
10. Dans la zone …, il n'y a pas de voitures. (8)
12. Pour faire du patinage, allez à la … (9)
13. Si vous êtes à vélo, prenez la piste … (8)
19. … vais vous retrouver sur la place principale. (2)
22. Comme industrie, il y a une u… où on fabrique du verre. (5)
24. C'est un grand espace d'eau où on peut faire de la planche à voile et du ski nautique. (3)
25. J'habite à Paris maintenant, mais je préfère la v… à la campagne. (3)
26. Chaque vendredi, il y a un marché … la grande place devant la cathédrale. (3)
28. … centre sportif se trouve près du parc, à l'autre côté de la ville. (2)

2/2 Unité 2

Le jeu des bâtiments

Personne A
Travaillez à deux. Regardez le plan.
Demandez où se trouvent les bâtiments dans la liste et notez les noms sur le plan. Votre partenaire a un plan complet.

Exemple:
A: *L'hôpital, c'est où exactement?*
B: *C'est au coin de la rue, à côté du supermarché.*

- a l'hôpital
- b la boulangerie
- c le commissariat
- d la poste
- e la banque
- f le cinéma
- g l'office de tourisme
- h la pharmacie

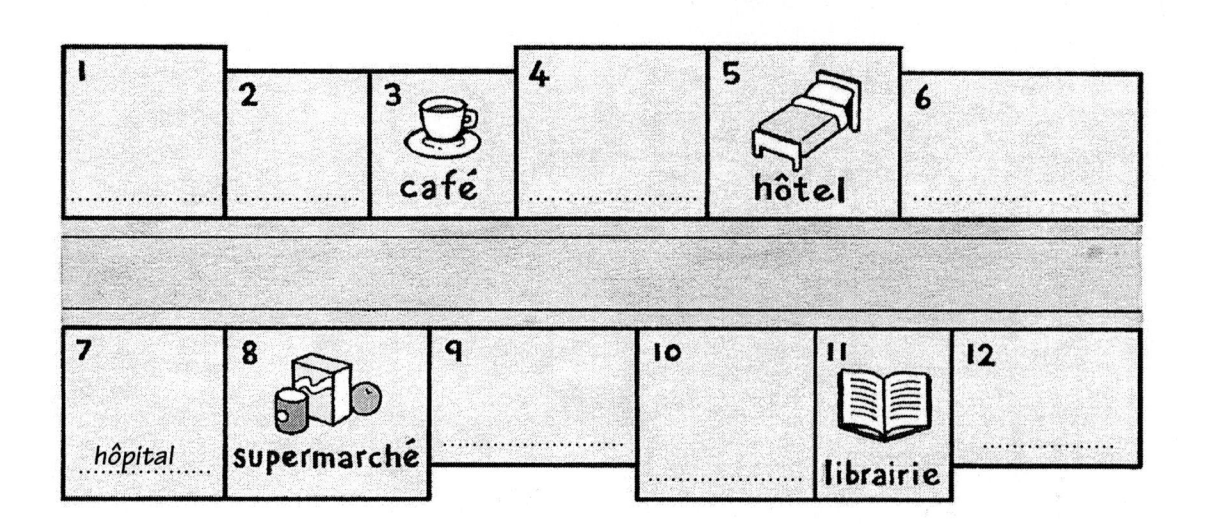

| 1 | 2 | 3 café | 4 | 5 hôtel | 6 |

| 7 hôpital | 8 supermarché | 9 | 10 | 11 librairie | 12 |

Le jeu des bâtiments

Personne B
Travaillez à deux.
Votre partenaire va vous demander où se trouvent des bâtiments dans la rue. Seulement les bâtiments 3, 5, 8 et 11 sont marqués sur son plan. Vous avez un plan complet. Expliquez-lui où se trouve chaque bâtiment.

Exemple:
A: *L'hôpital, c'est où exactement?*
B: *C'est au coin de la rue, à côté du supermarché.*

| 1 cinéma | 2 poste | 3 café | 4 banque | 5 hôtel | 6 office de tourisme |

| 7 hôpital | 8 supermarché | 9 commissariat | 10 pharmacie | 11 librairie | 12 boulangerie |

2/3 Unité 2
L'esprit négatif

1 Un acrostiche

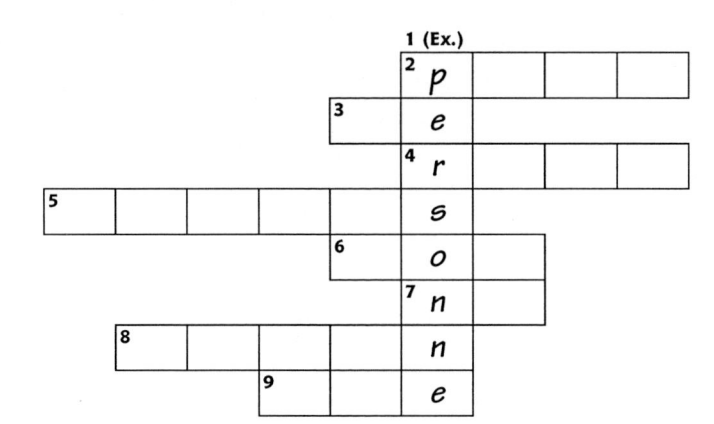

Clues
1. La maison est vide. Il n'y a ... ici.
2. – Il reste du chocolat?
   – Désolé, il n'y en a ... .
3. Ce n'est pas grave: ... vous inquiétez pas.
4. Je ne veux pas y aller. Ça ne me dit ... .
5. Je déteste le sport. Je ne vais ... au stade.
6. – Ta sœur vient ce soir?
   – Je crois que ... .
7. C'est la vraie campagne: il n'y a ni café, ... cinéma.
8. Pour le shopping, c'est nul. Il n'y a ... magasin près de chez moi.
9. – Tu as de l'argent?
   – Moi, je n'ai ... deux euros.

2 Les vacances de Claudine

Lisez le message de Claudine et les phrases.
a *Écrivez vrai (V) ou faux (F).*
b *Corrigez les phrases fausses.*

Chère Lucie,
Je ne m'amuse pas beaucoup ici. Je ne connais personne. Il n'y a rien à faire – aucun cinéma, aucune piscine.
En plus, il n'est pas facile d'aller en ville – je n'ai ni voiture ni vélo et il n'y a qu'un bus par jour.
Décidément, la vie à la campagne, ce n'est pas pour moi!
Claudine

1. [F] Claudine est contente. *Claudine n'est pas contente.*
2. [ ] Elle passe des vacances à la montagne.
3. [ ] Elle connaît tous les gens du village.
4. [ ] Il y a beaucoup de choses à faire.
5. [ ] Il n'y a ni cinéma, ni piscine.
6. [ ] Il est difficile d'aller en ville.
7. [ ] Il n'y a qu'un bus.
8. [ ] Elle n'a pas de voiture.
9. [ ] Mais elle peut aller en ville à vélo.
10. [ ] Elle aime bien la tranquillité de la campagne.

3 Français–anglais

Trouvez les paires. **Exemple: 1** *b*

1 ..... 2 ..... 3 ..... 4 ..... 5 ..... 6 ..... 7 ..... 8 ..... 9 ..... 10 .....

1. Je ne connais personne ici.
2. Elle n'aime que le poulet.
3. Il ne reste que ça.
4. Ça n'a aucune importance.
5. Ça ne fait rien.
6. Ni l'un ni l'autre.
7. Rien de plus facile.
8. Elle n'aime ni les chiens, ni les chats.
9. Je n'en ai aucune idée.
10. Moi non plus.

a *Nothing simpler.*
b *I don't know anyone here.*
c *It's of no importance.*
d *She doesn't like dogs or cats.*
e *That's all that's left.*
f *She only likes chicken.*
g *It doesn't matter.*
h *I've no idea.*
i *Nor me.*
j *Neither one nor the other.*

2/4 Unité 2
La vie à la campagne

1 Jeu des définitions: les animaux de la ferme

Identifiez chaque animal.

A B C D E F G H

1	D	C'est un animal blanc qui nous donne la laine.	un mouton
2		Cet animal, qui peut être brun, noir ou blanc, nous donne le lait.	
3		On achète quelquefois le lait de cet animal, mais le plus souvent, le lait est transformé en fromage. Son nom commence par un c.	
4		On voit souvent ce grand animal à la ferme, mais on le voit ailleurs aussi, par exemple, aux courses et même au cirque.	
5		Cet animal, de couleur rose, beige ou blanche, n'est pas très joli. Malheureusement pour lui, on se sert de son nom pour insulter quelqu'un!	
6		On mange très souvent les œufs de cet oiseau, qu'on trouve dans presque toutes les fermes.	
7		Cet oiseau ne vole pas souvent. Il passe la plupart de son temps dans l'eau.	

2 Un acrostiche

1 On y cultive des céréales et on y voit des tracteurs.
2 C'est comme un fleuve, mais en moins grand.
3 Il est fatigant de marcher quand on doit monter une …
4 Dans les champs et dans les bois, on voit souvent des … sauvages.
5 Ça pousse dans les champs et dans les prairies. Les vaches et les moutons la mangent.
6 On y voit des arbres et des buissons. C'est comme un bois, mais en plus grand.
7 C'est un autre nom pour un fermier.

3 On parle de la campagne

A Thomas et Céline
Écoutez les conversations. Complétez les phrases de Céline.

1 J'ai passé beaucoup de mon enfance là-bas, car mes ……………………………………… y habitent.
2 J'aime bien le ……………………………… , faire des grandes promenades en ………………………………
3 Je trouve ça ……………………………… c'est naturel.
4 J'aime bien marcher ou même faire des randonnées à ……………………………… en VTT.

B Hélène et Damien
Answer in English.
Summer holidays
1 Why does Hélène spend all her holidays in the country?
……………………………………………………………
2 Where does her uncle work?
……………………………………………………………
3 The three boys work in the fields, but what does Hélène do?
……………………………………………………………
4 What does Damien do, when he's staying in the country?
……………………………………………………………

Town and country
5 Where does Damien prefer living? ………………………
6 What advantages does he give a) of the town?
……………………………………………………………
b) of the country?
……………………………………………………………
7 What does Hélène suggest as an ideal solution?
……………………………………………………………

2/5 Unité 2

Un emploi pour les vacances

❶ Vendeur de glaces

Completes les phrases avec un mot de la case. **Exemple 1** *décidé*

> aimé   choisi   commencé
> décidé   gagné   goûté   préféré
> trouvé   vendu   répondu

1 L'été dernier, j'ai ....décidé.... de chercher un emploi pour les vacances.
2 J'ai ...répondu... à des offres d'emploi dans le journal.
3 Enfin, j'ai ....choisi/trouvé.... un emploi comme vendeur de glaces.
4 Le lendemain, j'ai ...commencé... mon travail à 14 heures.
5 J'ai ...vendu... beaucoup de glaces l'après-midi.
6 La plupart des enfants ont ...préféré... des glaces à la fraise.
7 Les adultes ont ...goûté... des glaces à la vanille.
8 Moi, j'ai ...aimé/goûté... à tous les parfums.
9 Je n'ai pas ...gagné... beaucoup d'argent,
10 mais j'ai bien ...aimé... mon travail.

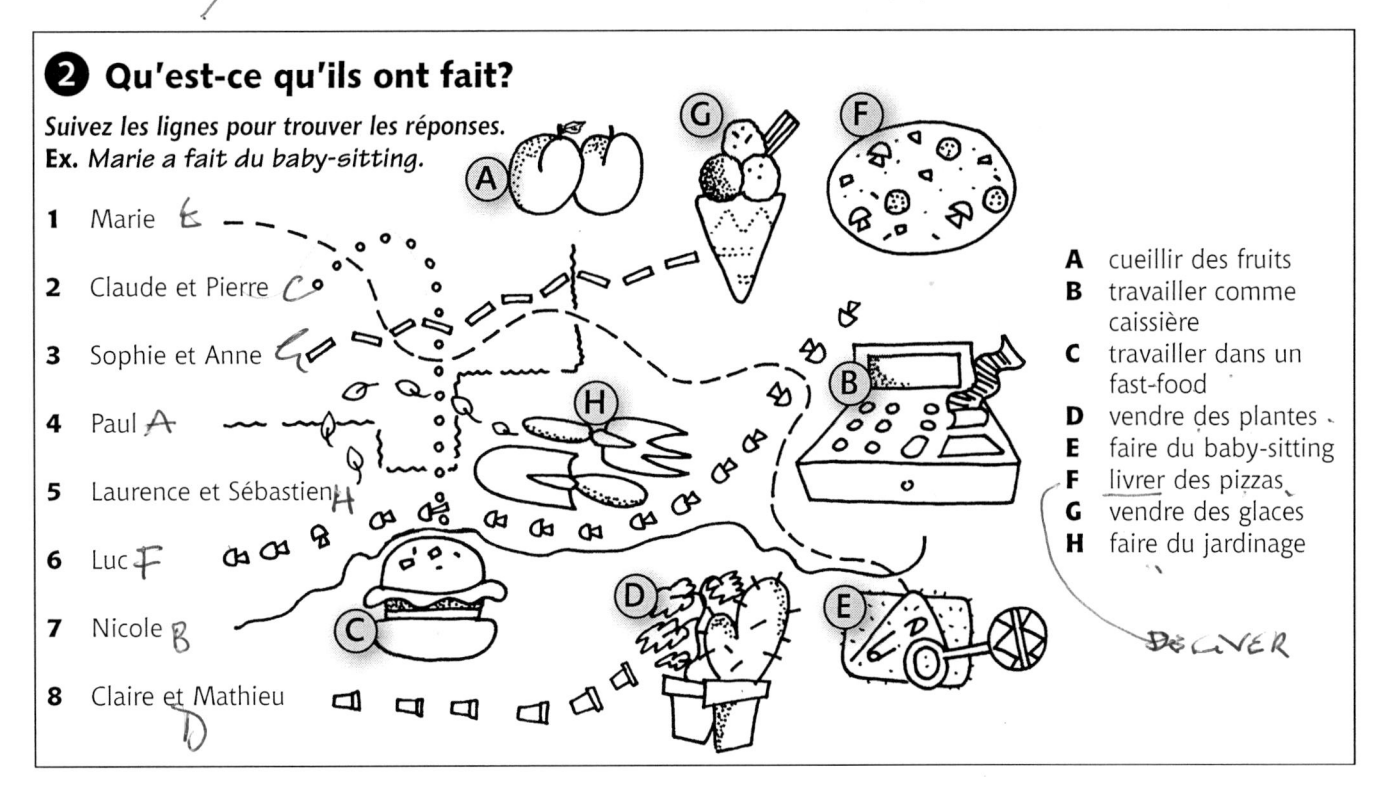

❷ Qu'est-ce qu'ils ont fait?

Suivez les lignes pour trouver les réponses.
Ex. *Marie a fait du baby-sitting.*

1 Marie E
2 Claude et Pierre C
3 Sophie et Anne G
4 Paul A
5 Laurence et Sébastien H
6 Luc F
7 Nicole B
8 Claire et Mathieu D

A cueillir des fruits
B travailler comme caissière
C travailler dans un fast-food
D vendre des plantes
E faire du baby-sitting
F livrer des pizzas
G vendre des glaces
H faire du jardinage

❸ Conversations au téléphone

Complétez ces conversations. Le passé composé de tous les verbes se forme avec avoir, mais faites attention aux verbes irréguliers!

1 – Qu'est-ce que tu ...as fait... samedi soir? (faire)
– Rien de spécial. J' ...ai regardé... la télévision, j' ...ai écouté... le concert à la radio et j' ...ai lu... un peu. (regarder, écouter, lire)
– Est-ce que tu ...as vu... le film à la télé? (voir)
– Non, je ne l' ...ai... pas ...vu... (voir)

2 – Alors, vous ...avez dîné... au restaurant hier soir? (dîner)
– Oui, c'était excellent. Moi, j' ...ai pris... de l'agneau et mon mari a ...choisi... un steak au poivre. (prendre, choisir)
– Vous ...avez bu... du vin? (boire)
– Bien sûr, on ...a choisi... un bon vin de la région. (choisir)

3 – Est-ce que les Duval ...ont réussi... à louer un appartement à Paris? (réussir)
– Non, ils ...ont eu... beaucoup de difficultés. (avoir)
– Ils ...ont écrit... à deux agences à Paris, mais ils n' ...ai... rien ...reçu... (écrire, recevoir)

4 – Allô.
– Bonjour, Dominique. Tu es là enfin! J' ...ai essayé... de te téléphoner au moins cinq fois aujourd'hui. (essayer)
– J' ...ai dû... aller chez maman. J' ...ai vu... mon frère en ville et il m' ...a dit... que maman n'allait pas bien. (devoir, voir, dire)

2/6 Unité 2

Des touristes à Paris

Ces touristes logent à l'hôtel Central à Paris. Complétez les descriptions de leur journée à Paris. Puis décidez dans quel ordre ils sont rentrés à l'hôtel.

❶ Karl Beckbauer

Exemple: 1 *Samedi dernier, Karl est allé au Centre Pompidou.*

1. Samedi dernier, Karl est (allé/allée/allés) au Centre Pompidou.
2. Il est (partis/partie/parti) de l'hôtel à deux heures et il est (allée/allé/allées) à l'arrêt d'autobus.
3. Après cinq minutes, le bus est (arrivée/arrivés/arrivé) et Karl est (monté/montée/montées).
4. Quand le bus est (arrivée/arrivé/arrivés) près de l'hôtel de ville, Karl est (descendu/descendue/descendus).
5. Il _est entré_ dans le Centre Pompidou à trois heures. (entrer)
6. Il _est resté_ au musée d'art moderne tout l'après-midi. (rester)
7. Il _est sorti_ à six heures et il _est rentré_ à l'hôtel trente minutes plus tard. (sortir, rentrer)

❷ Christine Ford

Exemple: 1 *Christine est allée à la tour Eiffel.*

1. Christine est (allé/allée/allés) à la tour Eiffel.
2. Elle est (parti/partie/partis) de l'hôtel à neuf heures et quart.
3. Elle _est allée_ à la station de métro la plus proche. (aller)
4. Elle _est montée_ dans le métro et elle _est descendue_ à Bir Hakeim. (monter, descendre)
5. Heureusement, il faisait beau, Christine a acheté un billet et elle _est montée_ au deuxième étage de la tour Eiffel à pied. (monter)
6. Elle _est restée_ en haut pendant une heure. (rester)
7. Puis, elle _est redescendue_ et elle _est entrée_ dans un café. (redescendre, entrer)
8. L'après-midi, elle _est allée_ aux magasins. (aller)
9. Elle _est rentrée_ à l'hôtel à seize heures. (rentrer)

❸ M. et Mme Murray

Exemple: 1 *M. et Mme Murray sont allés à Versailles.*

1. M. et Mme Murray sont (allé/allée/allés) à Versailles.
2. Ils sont (parti/partie/partis) de leur hôtel à dix heures et demie.
3. Ils _sont allés_ à la station de métro. (aller)
4. Ils _sont montés_ dans le métro et ils _sont descendus_ à Pont de Sèvres. (monter, descendre)
5. Ils _sont sortis_ du métro et ils _sont allés_ à l'arrêt d'autobus. (sortir, aller)
6. Au bout de dix minutes, le bus est _arrivé_ et M. et Mme Murray _sont montés_ dans le bus. (arriver, monter)
7. Ils _sont descendus_ à Versailles. (descendre)
8. Ils ont visité tout le château, ils ont pris beaucoup de photos. Ils y _sont restés_ toute la journée. (rester)
9. Enfin, à seize heures ils _sont sortis_ et, après une heure de voyage, ils _sont rentrés_ à leur hôtel. (sortir, rentrer)

❹ Et vous?

Vous aussi, vous logez à l'hôtel Central à Paris.
Décrivez votre journée à Paris.
Où êtes-vous allé(e)?
Avez-vous pris le métro/le bus?
Combien de temps y êtes-vous resté(e)?
Quand êtes-vous rentré(e)?

Unité 2
Vol à la banque

❶ Le vol

Read the article and answer in English.
1. When did the robbery take place? (day and time)
   ....
2. What kind of building was it?
   ....
3. What was unusual about the robbery?
   ....
4. Where were the robbers hidden?
   ....
5. Who pursued them?
   ....
6. What was found later?
   ....

Surprise pour les gendarmes appelés samedi soir à onze heures à se rendre à une banque aux Champs Élysées: le voleur n'était qu'un robot armé d'une perceuse. Les vrais voleurs étaient cachés dans une camionnette d'où ils manœuvraient le robot. Ils sont partis en camionnette, poursuivis par les gendarmes. Les voleurs se sont échappés, mais on a trouvé la camionnette abandonnée plus tard.

❷ Au commissariat

Dans la camionnette, par terre, on a trouvé un reçu du restaurant 'Le Lapin Vert' et un billet du cinéma Gaumont. Au commissariat, on a interrogé trois personnes: Luc Dupont, Monique Laroche et Pierre Roland.
Écoutez les interviews et complétez les fiches. Puis décidez si chaque personne est innocente ou suspecte.

1 Nom:	*Luc Dupont*
2 À quelle heure est-il/elle sorti(e)?	....
3 Où est-il/elle allé(e)?	....
4 Il/elle est resté(e) là jusqu'à quand?	....
5 Ensuite, est-il/elle allé(e) autre part?	....
6 À quelle heure est-il/elle rentré(e)?	....

1 Nom:	*Monique Laroche*
2 À quelle heure est-il/elle sorti(e)?	....
3 Où est-il/elle allé(e)?	....
4 Il/elle est resté(e) là jusqu'à quand?	....
5 Ensuite, est-il/elle allé(e) autre part?	....
6 À quelle heure est-il/elle rentré(e)?	....

1 Nom:	*Pierre Roland*
2 À quelle heure est-il/elle sorti(e)?	....
3 Où est-il/elle allé(e)?	....
4 Il/elle est resté(e) là jusqu'à quand?	....
5 Ensuite, est-il/elle allé(e) autre part?	....
6 À quelle heure est-il/elle rentré(e)?	....

❸ La conclusion

Complétez le texte avec les mots dans la case. Puis écoutez pour vérifier.

> accusés   billet   camionnette   deux
> garçon   l'heure   reçu

Dans la camionnette, on a trouvé deux indices importants: le **1** .... du restaurant 'Le Lapin Vert' et aussi le **2** .... du cinéma Gaumont. Personne n'est allé au restaurant et au cinéma ce soir-là, donc il y avait probablement **3** .... voleurs.

Le détective a téléphoné au cinéma Gaumont pour demander **4** .... des séances du film 'Le Monde des Robots'. Il a découvert que la séance de 20h05 a fini à 22h05. Quand on a posé des questions au **5** .... de café au Lapin Vert, il a dit qu'en sortant du restaurant, Luc Dupont est monté dans une **6** ...., conduite par une jeune femme. Selon la description, c'était Monique Laroche. C'est pourquoi Luc Dupont et Monique Laroche ont été **7** .... du délit*.

*délit (m) = offence

Unité 2

Accident de rivière

Sophie Dupont, jeune fille de quinze ans, doit souvent s'occuper de son petit frère Claude pendant les vacances.
Complétez cette petite histoire, où Sophie raconte ce qui s'est passé l'autre jour.

1 *Complétez les phrases avec la bonne forme d'**avoir** ou **être**.*

L'autre jour, ma mère **1** *est* allée au bureau.
Mon frère et moi, nous **2** *avons sommes* restés à la maison à regarder la télé. L'émission était intéressante, mais soudain Claude **3** *a* crié: 'J'en ai assez; je veux aller à la pêche! Allons à la pêche!' Et il **4** *a* éteint la télé.
Très en colère, j' **5** *ai* préparé des sandwichs,
j' **6** *ai* mis de la limonade dans mon sac,
j' **7** *ai* emporté quelques affaires, et nous
8 *sommes* allés au bord de la rivière, qui se trouve près de chez nous.

2 *Complétez les phrases avec le participe passé.*

Quand nous y sommes **1** *arrivés* (arriver), Claude a
2 *pris* (prendre) son ballon et a **3** *crié* (crier):
'Je veux jouer au ballon. Sophie, joue avec moi!' J'ai **4** *pensé* (penser): 'Oh là là, il est vraiment insupportable.' Mais pour être tranquille, j'ai **5** *joué* (jouer) au ballon avec lui. Puis nous avons **6** *mangé* (manger). Enfin, Claude a **7** *mangé* (manger)!
Moi, j'ai **8** *pris* (prendre) un sandwich et un peu de limonade. Ensuite, Claude a **9** *commencé* (commencer) à pêcher et moi, j'ai **10** *pu* (pouvoir) lire mon journal.

3 *Complétez les phrases avec la bonne forme du verbe au passé composé.*

1 Soudain, j' *ai entendu* un cri et un grand 'Plouf'. (entendre)
2 C'était Claude! Il *est tombé* à l'eau! C'était la troisième fois en une semaine! (tomber)
3 Je n' *ai* pas *fait* attention et j' *ai continué* à lire. (faire, continuer)
4 Deux pêcheurs *sont arrivés* en courant. (arriver)
5 Ils *ont sauté* dans l'eau pour aller chercher Claude. (sauter)
6 Mais Claude, qui a l'habitude, *est sorti* tout seul. (sortir)
7 Les deux pêcheurs *sont repartis* pas très contents. (repartir)
8 Quand Claude *est revenu*, il *a dit* 'Brrr! Il ne fait pas chaud. Rentrons à la maison.' (revenir, dire)
9 Alors, nous *sommes rentrés* à la maison. (rentrer)
10 À la télé, il y avait une émission sur la pêche, mais Claude, qui n'aime plus ça, (il) *est parti* se coucher. (partir)

Unité 2
Tu comprends?

① En ville

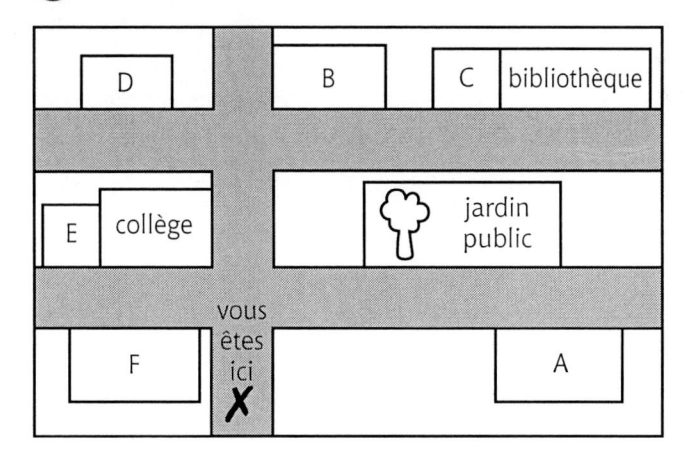

D		B	C bibliothèque
E collège		jardin public	
	vous êtes ici ✗		
F			A

Écoutez et écrivez la bonne lettre (A–F).

Exemple: E 🛒

1. 🏊
2. 👥
3. **P**
4. ⛸
5. **M**

② Comment voyager?

Listen to each dialogue and answer the questions.
Example: How is the person advised to travel? *on foot*

1. Which line of the RER goes straight to Disneyland?
   ....
2. Which means of transport is recommended for the journey to the hotel, and why?
   ....
3. Which two times are given for a coach to Calais?
   ....
4. How did Jean-Pierre travel? ....
5. What is in the garage? ....

③ Un voyage scolaire

Listen and tick the correct answer each time.

Example: Where was the school trip to?
- A Germany ☐
- B France ✓
- C Belgium ☐

1. How did the group travel?
   - A by plane ☐
   - B by coach and boat ☐
   - C by train ☐
2. How long did the journey take?
   - A 8 hours ☐
   - B 10 hours ☐
   - C 12 hours ☐
3. What did they do?
   - A excursions ☐
   - B walks ☐
   - C water sports ☐
4. What was the return journey like?
   - A long and boring ☐
   - B the vehicle broke down ☐
   - C there were long traffic jams ☐
5. What did the speaker think of the trip?
   - A it was great ☐
   - B it was interesting ☐
   - C it was boring ☐

④ Un parc d'attractions

Écoutez la conversation et cochez (✓) les bonnes cases.
Exemple: – Tu as visité un parc d'attractions?
– Oui, l'année dernière, j'ai visité le parc Astérix en **A** ☐ juin **B** ✓ juillet **C** ☐ août.

1. – Comment avez-vous voyagé?
   – Nous sommes allés au parc **A** ☐ en car **B** ☐ en voiture **C** ☐ en train et en bus.
2. – Et qu'est-ce que vous avez fait?
   – **A** ☐ Nous avons fait beaucoup d'attractions.
   B ☐ On a vu des spectacles.
   C ☐ On a participé aux jeux.
3. – Et à midi, pour manger, qu'est-ce que vous avez fait?
   – **A** ☐ On est allés au restaurant.
   B ☐ On a emporté un pique-nique.
   C ☐ On a mangé dans un fast-food.
4. – Est-ce que tu as acheté un souvenir?
   – **A** ☐ Oui, j'ai acheté un poster.
   B ☐ Oui, j'ai acheté un T-shirt.
   C ☐ Non, je n'ai rien acheté.
5. – Vous êtes restés longtemps au parc?
   – Nous sommes partis **A** ☐ vers six heures et demie
   B ☐ vers cinq heures et demie
   C ☐ vers sept heures et demie.
6. – Comment as-tu trouvé ça?
   – **A** ☐ C'était intéressant.
   B ☐ C'était amusant.
   C ☐ C'était fatigant.

Unité 2

Épreuve 2: Écouter — Partie A

1 Dans la rue

Listen: which place in town does each tourist mention? Write the correct letter.

Example: [J] 1 ☐ 2 ☐ 3 ☐ 4 ☐ 5 ☐ 6 ☐

A B C D E F G H I J K

2 Des renseignements

Listen to the information given and choose the correct item to complete each sentence.

Example: The tourist office is …
- a straight ahead and on the right ✓
- b straight ahead and on the left ☐
- c in the next road on the right ☐

1 The church is …
- a quite far ☐
- b about 5 minutes away ☐
- c 15 minutes away ☐

2 The theatre is …
- a near the library ☐
- b in the next road ☐
- c in the main square ☐

3 The metro station is …
- a on the left ☐
- b at the corner of the street ☐
- c in the next street ☐

4 The man explains …
- a where the station is ☐
- b where the bus stop is ☐
- c where the market is ☐

5 The tourist asks about …
- a a shopping centre ☐
- b the town hall ☐
- c the coach station ☐

6 The sports centre is …
- a near the castle ☐
- b near the park ☐
- c near the river ☐

3 Un parc d'attractions

Listen to Sarah talking about her visit to Futuroscope and answer the questions in English.

Example: When did Sarah and her friend visit the theme park? ......*last year*......

1 In which part of France is it situated? (north, south, east, west) ....

2 How did Sarah travel? ....

3 Give one reason she mentions for choosing this means of transport. ....

4 Which other means of transport is mentioned? ....

5 Where did they have lunch? ....

6 What time did they arrive there? ....

7 What did they see in the evening before leaving? ....

8 Why didn't Sarah buy anything in the souvenir shop? ....

PARTIE A TOTAL /20

Unité 2

Épreuve 2: Écouter — Partie B

1 Une ville en France

Listen to the tour guide and complete the grid below, using letters to stand for the words in the list.

Town	Annecy
Location	**Ex.** *a*
Situation	by a (**1**) .... surrounded by (**2**) ....
Attraction in old town	(**3**) ....
Main attraction to visit	(**4**) ....
Activities in the area	(**5**) .... and boat trips

a south-east **b** north-east
c lake **d** forest
e hills **f** mountains
g castle **h** cathedral
i fishing **j** skiing
k science museum

2 La ville ou la campagne?

Listen to the discussion about living in the town or the country, and tick the correct boxes for each person.

	habite		préfère		pas de préférence
	en ville	à la campagne	la ville	la campagne	
Ex. Jean-Luc		✓		✓	
1 Magali					
2 Vivienne					
3 Fabien					

3 On parle de la maison

Michel and Caroline are talking about their homes.

A Tick the statements which are **true**. In the Example, one statement has been ticked: there are **four** more true statements.

a	Michel likes the location of his new house.	**Ex:** ✓
b	There is a bus stop and cinema near Michel's house.	
c	Michel's house isn't very large.	
d	Caroline's house is in the town centre.	
e	There is a bus to Caroline's house, but the service is not frequent.	
f	There aren't any shops near Caroline's house.	
g	Caroline's house is larger than Michel's house.	
h	Caroline doesn't like her house.	

B Listen again and answer the questions **in English**.

1 Mention one advantage of Michel's house, in his opinion, and one disadvantage. (*2*)

....

....

2 How many people live in Caroline's house?

....

3 What especially annoys Michel about sharing a room with his brother?

....

4 How does Caroline describe her room?

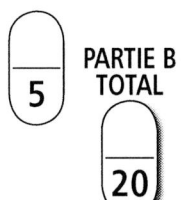

....

PARTIE B TOTAL

2/12 Unité 2

Épreuve 2: Lire – Partie A

1 Un village intéressant

Look at the pictures and write the correct letter for the places listed below.

Village de Saint-Pierre
Visitez:

Ex: son jardin public — B
1 ses vieilles maisons
2 son église
3 ses ruines romaines
4 son pont historique
5 son château

2 La France

Read the sentences about France. Choose a word from the list on the right to fill each gap.
Exemple: La Loire est un grand ..b.. qui divise le nord du sud de la France.

a côte b fleuve c frontière d île e lac f mer g montagnes h pays i plages

1 Les Alpes sont les plus hautes ..... de France (et d'Europe).
2 Il y a de belles ..... sur la Côte d'Azur.
3 Annecy est une très jolie ville située au bord d'un ..... et entourée de montagnes.
4 La Corse est une ..... située dans la mer Méditerranée.
5 Strasbourg se trouve dans l'est de la France, près de la ..... allemande.

3 Le transport en ville

Read the statements, look at the signs or pictures and write the correct letter.
Exemple: Si on veut changer de ligne de métro, il faut suivre ce panneau. — E

A PISTE CYCLABLE B (feux) C P D (autoroute)
E CORRESPONDANCE
F GARE ROUTIÈRE G (vélo interdit) H SORTIE

1 Les feux sont des signaux qui contrôlent la circulation aux carrefours.
2 Les personnes à vélo peuvent circuler ici.
3 Si on veut quitter le métro il faut suivre ce panneau.
4 Les automobilistes le cherchent s'ils veulent stationner.
5 On la cherche si on veut prendre le car ou le bus.

4 Un jeu de définitions

Read the definitions about places in a town and write the letter by the correct place.

a la banque b l'auberge de jeunesse c le camping d un centre commercial
e le commissariat f la poste g le stade h l'hôpital

Exemple: Si on a un accident ou si on est très malade, on risque de passer du temps ici. — h

1 Ici, on peut acheter des timbres et envoyer des paquets.
2 Beaucoup de jeunes passent quelques nuits ici en vacances – c'est moins cher qu'un hôtel.
3 Ici, on trouve beaucoup de magasins différents – c'est très pratique.
4 Si on veut parler à la police, il faut aller ici.
5 Ici, on peut regarder des matchs ou, quelquefois, assister à des spectacles.

PARTIE A TOTAL 20

Unité 2

Épreuve 2: Lire – Partie B (1)

1 Une visite au Futuroscope

Read the e-mail from Elise about her visit to Futuroscope.

A *Tick the correct box.*

Exemple: Le Futuroscope est …
- **a** un cinéma. ☐
- **b** un parc d'attractions. ☑
- **c** un film. ☐

1 Le Futuroscope est …
- **a** au centre de Poitiers. ☐
- **b** loin de Poitiers. ☐
- **c** près de Poitiers. ☐

2 Élise et sa famille sont allés au parc …
- **a** en train. ☐
- **b** en voiture. ☐
- **c** en bateau. ☐

3 Quand ils sont arrivés au parc, le temps était …
- **a** assez mauvais. ☐
- **b** ensoleillé. ☐
- **c** fantastique. ☐

4 Christelle …
- **a** a aimé le Tapis Magique. ☐
- **b** n'a pas aimé le Tapis Magique. ☐
- **c** a acheté le Tapis Magique. ☐

5 La visite a duré …
- **a** un jour entier. ☐
- **b** tout l'après-midi. ☐
- **c** quatre heures. ☐

Chère Hélène,

Samedi dernier, nous avons visité le Futuroscope qui est un parc d'attractions pas loin de Poitiers. Nous y sommes allés en voiture, c'était facile parce que le parc est très près de l'autoroute.

Comme il pleuvait à notre arrivée, on a commencé par les attractions à l'intérieur. Ma sœur, Christelle, a trouvé le Tapis Magique excellent. Il y a deux écrans énormes, dont un sous vos pieds, et on a vraiment l'impression de voler!

Moi, j'ai adoré le cinéma dynamique, c'est vraiment fantastique! On regarde des films sur un écran géant, mais, en même temps, les sièges où on est assis simulent le mouvement des événements du film – au début, ça fait peur!

Plus tard, il y avait du soleil, donc nous avons essayé des attractions en plein air, des vélos sur l'eau pour commencer. On a fait une promenade en bateau pour voir des panoramas d'Égypte. Avant de partir, j'ai acheté un poster comme souvenir.

Nous avons passé toute la journée au parc. C'était très amusant. Si tu aimes le cinéma, il faut absolument y aller!

À bientôt,
Élise

B *Answer the questions in English.*

6 Why was the *Cinéma dynamique* a bit frightening?

....

7 Which was the first outdoor attraction that Élise and her sister tried?

....

8 What did they see on the boat trip?

....

9 What did Élise buy as a souvenir of the visit?

....

10 What was Élise's overall impression of the visit to Futuroscope?

....

Unité 2

Épreuve 2: Lire – Partie B (2)

❷ La Vienne

A Read the comments below, consult the leaflet and choose a suitable place for each person. Write the correct letter in the box. You can use each letter more than once.

Ex.	Moi, je m'intéresse à l'histoire et j'adore visiter les monuments.	A
1	Je m'intéresse beaucoup aux reptiles.	
2	J'aime beaucoup le monde naturel, mais pas tellement les serpents.	
3	Toutes ces vieilles églises m'ennuient beaucoup, je préférerais aller au cinéma!	
4	Pour moi, l'important, c'est de protéger l'environnement, mais je n'aime pas les animaux en captivité.	
5	Pour mon dossier d'histoire, je voudrais faire des photos de vieilles églises.	
6	Moi, j'adore les films aux effets spéciaux et j'aime bien les parcs d'attractions aussi.	

/6

La Vienne
Spécial Tourisme

A **Visitez Poitiers**
Ville d'art et d'histoire, Poitiers est un musée à ciel ouvert avec une rare concentration de monuments d'exception: l'église Notre-Dame-la-Grande, joyau de l'art roman, le Palais de Justice, la cathédrale Saint-Pierre. Poitiers et sa région peuvent être fiers d'un passé immensément riche, mais aussi du Futuroscope, Parc européen de l'image.

B **Visitez L'Île aux Serpents**
Découvrez des animaux souvent mal connus tels que les serpents, varans, iguanes, alligators et autres reptiles. L'Île aux Serpents vous fait découvrir en toute sécurité le monde secret et étonnant des serpents et d'autres reptiles.

C Pas trop loin de la vieille cité de Châtellerault s'étend **le Pinail**, une réserve naturelle au paysage lunaire. La richesse de la faune (oiseaux, cerfs, sangliers...) et de la flore (plantes carnivores, orchidées, gentianes...) est la preuve d'un environnement préservé.

D **Le Futuroscope**
Le Parc du Futuroscope, parc d'attractions sur le thème du cinéma, accueille chaque année plus d'un million de visiteurs. Au Futuroscope, on innove constamment autour des technologies de l'image, de l'interactivité et de la robotique.

B Read the questions and tick the correct answer.

Example: Why do you think Poitiers is described as *un musée à ciel ouvert*?
  a there are lots of outdoor art galleries ☐
  b there are lots of historic buildings which can be admired from the outside ✓
  c there are lots of museums including two on astronomy ☐

1 What is mentioned as part of the general appeal of the region?
  a historical buildings and modern attractions ☐
  b historical buildings dating from the Romans ☐
  c environmental projects ☐

2 Why might people want to visit *l'Île aux Serpents*?
  a because entry is free ☐
  b because it's a zoo which also has attractions for children ☐
  c because most people don't know much about reptiles and it's unusual to see them close up ☐

3 The nature reserve is located:
  a a long way from Châtellerault ☐
  b not far from Châtellerault ☐
  c in the old quarter of Châtellerault ☐

4 One of the features mentioned about *Futuroscope* is that:
  a it is open all year round ☐
  b it is not busy during the week ☐
  c they regularly update attractions using new technology ☐

PARTIE B TOTAL /4 /20

Unité 2
Épreuve 2: Grammaire

❶ Using the negative
Complete the phrases using a verb and a negative form. 1–3 use the present tense. 4–6 use the perfect tense.

français	anglais
Ex. Je *ne connais personne* ici.	I don't know anyone here.
1 Ce .... juste.	It's not fair.
2 Il .... de lait.	There's no more milk.
3 Il .... cinéma ici.	There's no cinema here.
4 Je .... Paris.	I've never visited Paris.
5 Je	I understood nothing.
6 Je .... mes devoirs.	I haven't finished my homework.

/6

❷ Places
Complete the questions below with the correct form of à (au, à l', à la, aux).
Then complete the replies, using y and a verb. (½ mark for each)

Ex. Vous êtes *à l'* hôtel du château?	**Ex.** Oui, nous *y sommes arrivés* hier.
1 Pour aller .... plage, c'est loin?	**1** Oui, mais vous pouvez .... en bus.
2 Qu'est-ce qu'on peut voir .... musée?	**2** On peut .... des peintures et des sculptures.
3 Quand est-ce que nous allons .... magasins?	**3** On .... vendredi.
4 Comment vas-tu .... stade?	**4** J'................ à vélo.

/4

❸ Verbs in the perfect tense

A *Complete Sophie's message using verbs in the perfect tense (with avoir).*

Exemple: J' *ai passé* les vacances chez mes grands-parents. (*passer*)

1 Un jour, nous .... la ville de Saint-Malo. (*visiter*)

2 À midi, on .... des crêpes dans un café près du port. (*manger*)

3 J' .... une crêpe au jambon. (*choisir*)

4 On .... l'après-midi sur la plage. (*passer*)

5 J' .... un t-shirt et des cartes postales. (*acheter*)

/5

B *Complete Daniel's message using verbs in the perfect tense (with être).*

Exemple: Samedi dernier je *suis allé* à Paris en train. (*aller*)

1 Je .... à la gare avec mon frère à neuf heures. (*aller*)

2 Nous .... dans le train. (*monter*)

3 Le train .... à neuf heures vingt. (*partir*)

4 Nous .... à Paris une heure plus tard. (*arriver*)

5 Nous .... du train et nous avons pris le métro au quartier Latin. (*descendre*)

/5

GRAMMAIRE TOTAL

/20

3/1 Unité 3
Des projets d'avenir

1 Des mots croisés

Horizontalement
1 Cet été, je … en Guadeloupe avec ma sœur. (partir) (8)
6 Que fait Sophie pendant les grandes vacances? … passera deux semaines au Québec. (4)
7 En juillet, on … ma correspondante anglaise. (recevoir) (7)
9 Moi, … n'ai pas de grands projets pour l'été. (2)
10 Et vous, est-ce que … irez en Italie en août? (4)
11 Est-ce que vous … du camping? (faire) (5)
12 Comme mes frères ne … pas à la maison à Pâques, tu pourras avoir leur chambre. (être) (6)
15 Pendant ton séjour, on … à Paris. (aller) (3)
16 Si je m'ennuie pendant les vacances, j'… au cinéma. (aller) (4)
17 J'espère qu'on … du beau temps pendant les vacances. (avoir) (4)
18 Je quitterai l'école … deux ans. (4)

Verticalement
1 Quand est-ce que nous … vous voir? (pouvoir) (8)
2 Et toi, qu'est-ce que … feras l'année prochaine? (2)
3 Est-ce que j'… le temps de visiter le château, samedi prochain? (avoir) (5)
4 – Est-ce que les garçons feront du ski en février? – Oui, … partiront dans les Alpes la semaine prochaine. (3)
5 Quand est-ce que vous … rendre ces livres à la bibliothèque? (devoir) (6)
8 Quand est-ce que tu … en Suisse? (venir) (8)
9 … viendrai en mars prochain. (2)
10 Si tu vas à New York, tu … la statue de la Liberté. (voir) (6)
13 Je voudrais vivre aux États-Unis, plus … dans la vie. (4)
14 Quand est-ce que tu … chez tes grands-parents? (aller) (4)
16 J'espère qu'… fera beau demain. (2)

2 On parle des projets d'avenir

Écoutez les jeunes qui parlent de leurs projets d'avenir.
a *Lisez les phrases et écrivez V (vrai) ou F (faux).*

Audrey	
1	Elle ne sait pas ce qu'elle va faire à l'avenir.
2	Elle veut parler plusieurs langues.
3	Elle n'a pas de projets pour les grandes vacances.
4	L'année dernière elle a fait du ski.
Edouard	
5	Il veut être dessinateur.
6	En février, il va faire du ski en Italie.
7	En septembre, il va peut-être aller en Allemagne avec ses parents.
8	Il est déjà allé aux États-Unis.
Florence	
9	L'année prochaine, elle a l'intention d'aller au lycée.
10	Elle veut s'orienter vers les langues.
Juliette	
11	Elle veut être prof de géographie.
12	Elle veut voyager dans le monde.

b *Écrivez le nom ou les initiales de la personne qui correspond.*

1 .... aime apprendre les langues.
2 .... a un père qui est très sportif.
3 .... veut être prof.
4 .... s'intéresse aux maths, mais ne sait pas ce qu'elle va faire dans la vie.
5 .... ne sait pas faire de ski.
6 .... voudrait vivre aux États-Unis.

3/2 Unité 3

Un échange

❶ On propose un échange

Sandrine veut faire un échange avec sa correspondante anglaise.

a *Complétez la lettre avec des mots de la case.*

> bonnes   d'accord   fera   montagne
> montera   pourras   prochaines
> toujours   viendrai

> Paris, le 4 janvier
>
> Chère Nathalie,
> Bonne année! As-tu passé de **1** .... vacances de Noël? Nous sommes restés à Paris. Pour la Saint-Sylvestre, nous avons mangé dans un bon restaurant. C'était super!
> Maintenant, nous pensons aux **2** .... vacances. Comme **3** .... tout le monde veut faire quelque chose de différent! Mon frère, Jean-Luc, veut aller à la **4** .... et moi, je veux aller en Angleterre. Je voudrais bien faire un échange cette année et mes parents sont **5** ....
> Si ça t'intéresse, tu pourras venir chez nous à Pâques, et, si tes parents sont d'accord, je **6** .... chez vous en juillet.
> Écris-moi vite pour me dire ce que tu en penses. Pendant ton séjour, on visitera Paris, bien sûr: on **7** .... à la tour Eiffel, on ira à la Cité des Sciences et on **8** .... une promenade en bateau-mouche. Et si tu viens un ou deux jours avant les vacances scolaires, tu **9** .... venir en classe avec moi.
> Amitiés,
> Sandrine

b *Écrivez vrai (V) ou faux (F).*
1 Sandrine a écrit sa lettre après Noël. ......
2 Elle écrit pour proposer un échange à Nathalie. ......
3 Si Nathalie veut faire un échange, elle pourra aller à Paris à Noël. ......
4 Si les parents de Nathalie sont d'accord, Sandrine ira chez eux en été. ......
5 Si Nathalie arrive avant les vacances scolaires, elle pourra aller en classe avec Sandrine. ......
6 Pendant son séjour, Nathalie visitera Perpignan. ......

c <u>Soulignez</u> *dans la lettre 3 verbes au futur simple.*

❷ Une réponse

a *Complétez la réponse de Nathalie avec les verbes au futur simple.*

> Londres, le 21 janvier
>
> Chère Sandrine,
> Je te remercie de la lettre.
> Je veux bien faire un échange. À Pâques, ça .... (**1** aller) très bien. Nous .... (**2** être) en vacances du 5 au 19 avril. Donc, je .... (**3** pouvoir) venir le 5 ou même le 4 avril. Je veux bien aller en classe avec toi.
> Si je prends l'Eurostar, j'............................... (**4** arriver) à Paris à 17h30. Est-ce que quelqu'un .... (**5** venir) me chercher à la gare? Si ce n'est pas possible, je .... (**6** prendre) un taxi.
> Comme tu le sais, je suis végétarienne. J'espère que ça ne .... (**7** poser) pas de problème.
> Si tu veux, tu .... (**8** pouvoir) venir chez nous à partir du 19 juillet. Les grandes vacances .... (**9** commencer) le 22 juillet. Comme ça, tu .... (**10** pouvoir) m'accompagner au collège pendant deux jours. Ensuite, nous .... (**11** passer) quelques jours à visiter Londres, si ça t'intéresse.
> À bientôt,
> Nathalie

b *La mère de Sandrine pose des questions. Imaginez que vous êtes Sandrine et répondez aux questions.*

1 Quand est-ce que Nathalie pourra venir?
   ....
2 Est-ce qu'elle veut aller en classe?
   ....
3 Comment voyagera-t-elle?
   ....
4 Quand arrivera-t-elle à Paris?
   ....
5 Quand pourras-tu aller chez elle?
   ....
6 Est-ce que tu iras en classe aussi?
   ....
7 Qu'est-ce que tu feras en plus?
   ....

Unité 3

Infos-langue

La langue des jeunes
Il peut être difficile de comprendre les jeunes quand ils parlent entre eux. Voici des astuces pour vous aider.

1 On ne prononce pas tous les mots. Souvent, on ne dit pas le **ne**, par exemple, **ça va pas, c'est pas mal**. Et on ne prononce pas le **u** de **tu**, par exemple, **t'as déjà mangé?, t'en es sûr?**

2 On raccourcit les mots. Au lieu de dire **la récréation**, on dit **la récré, resto** au lieu **restaurant**, et **corres** au lieu de **correspondant**.

3 On emploie souvent des mots du français familier ou de l'argot, comme par exemple **le fric** pour **l'argent** et **j'en ai marre** pour **j'en ai assez**. Normalement, on trouve ces mots dans un dictionnaire, mais ils sont suivis par un **F** (le français familier) ou un **P** (le français populaire).

4 Quelquefois, on parle en verlan. Le verlan est une sorte de code où on dit les syllabes d'un mot à l'envers. (En effet **ver...lan**, ça veut dire **l'en...vers**). En verlan, on dit **meuf** au lieu de **femme** et **zarbi** au lieu de **bizarre**. Cette forme d'argot est en effet très vieille (on s'en servait déjà au dix-neuvième siècle, peut-être avant!), mais le verlan est très populaire en France aujourd'hui.

❶ Tu as bien compris?

Lisez les conversations et choisissez la bonne réponse.

1 – Je dois aller au commissariat. Tu sais où ça se trouve?
 – Non, mais il y a un flic là-bas. Tu peux lui demander.

 Un flic, qu'est-ce que c'est?
 a un agent de police ......
 b un facteur ......

2 – Tu as trouvé un petit boulot pour les vacances?
 – Oui, je vais travailler comme caissier à l'hypermarché.

 Un boulot, qu'est-ce que c'est?
 a un magasin ......   **b** un petit job ......

3 – Tu as vu le match, samedi?
 – Non, j'ai dû bosser tout le week-end.

 Bosser, ça veut dire quoi?
 a travailler ......   **b** dormir ......

4 – Qu'est-ce qu'il y a comme bouffe aujourd'hui?
 – Il y a du poulet avec des petits pois.
 – Pas mal. On mange à quelle heure?
 – Dans une demi-heure.

 La bouffe, qu'est-ce que ça veut dire?
 a la musique ......   **b** la nourriture ......

5 – Où vas-tu pour acheter tes fringues?
 – Un peu partout: dans des petites boutiques pas chères qui ont des choses à la mode et quelquefois, dans des marchés.

 Des fringues, qu'est-ce que c'est?
 a les fruits ......   **b** les vêtements ......

6 – Ça fait longtemps que tu travailles ici?
 – Six mois à peu près.
 – Et c'est intéressant comme travail?
 – Non, pas du tout, c'est vraiment casse-pieds.

 Casse-pieds, qu'est-ce que ça veut dire?
 a intéressant ......   **b** ennuyeux ......

❷ SMS en français

Quand ils s'envoient des textos, les jeunes écrivent souvent leurs messages en langage SMS (des abréviations et des mots phonétiques). Voici quelques exemples. (Pour en savoir plus, cherchez dans un **dico sms** – dictionnaire de langage SMS.)

@+	= à plus tard	@l1di	= à lundi
6né	= cinéma	bcp	= beaucoup
c	= c'est	CT	= c'était
dak	= d'accord	g	= j'ai
t	= tu es (t'es)	tjr	= toujours
tt	= tout	keskec	= qu'est-ce que c'est

Trouvez les paires. 1 ..... 2 ..... 3 ..... 4 ..... 5 ..... 6 .....

1	5pa	a	danser
2	IR	b	génial
3	danC	c	hier
4	Gnial	d	nécessaire
5	néCsR	e	sympa
6	tr1	f	train

❸ Qu'est-ce que c'est?

Devinez le sens en anglais.

Exemple: 1 *a pine cone*

1 une pomme de pin
2 une tortue de mer
3 un chapeau melon
4 un cheval marin
5 le papier peint
6 la crème anglaise

3/4 Unité 3
À la gare

1 Où doivent-ils aller?
Indiquez à ces personnes quel panneau il faut suivre.

1. [H] Où sont les toilettes, s'il vous plaît?
2. [ ] Je dois attendre vingt minutes. Où se trouve la salle d'attente?
3. [ ] Je cherche le buffet.
4. [ ] Où est le bureau de renseignements?
5. [ ] Je dois acheter les billets. Où est le guichet?
6. [ ] Je voudrais téléphoner.
7. [ ] J'ai perdu un parapluie dans le train. Où est le bureau des objets trouvés?
8. [ ] Je voudrais réserver une place.

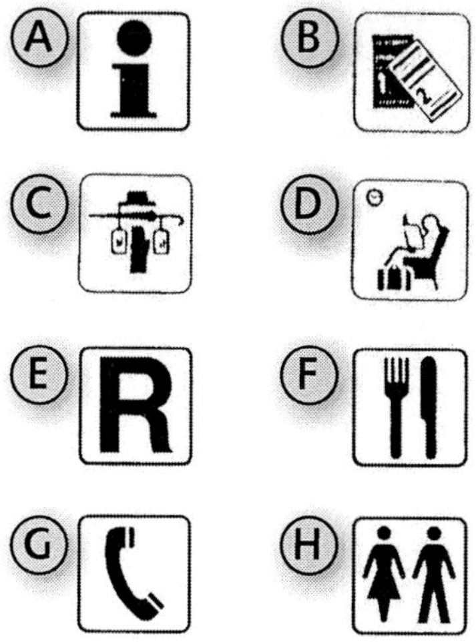

2 Mots croisés – à la gare

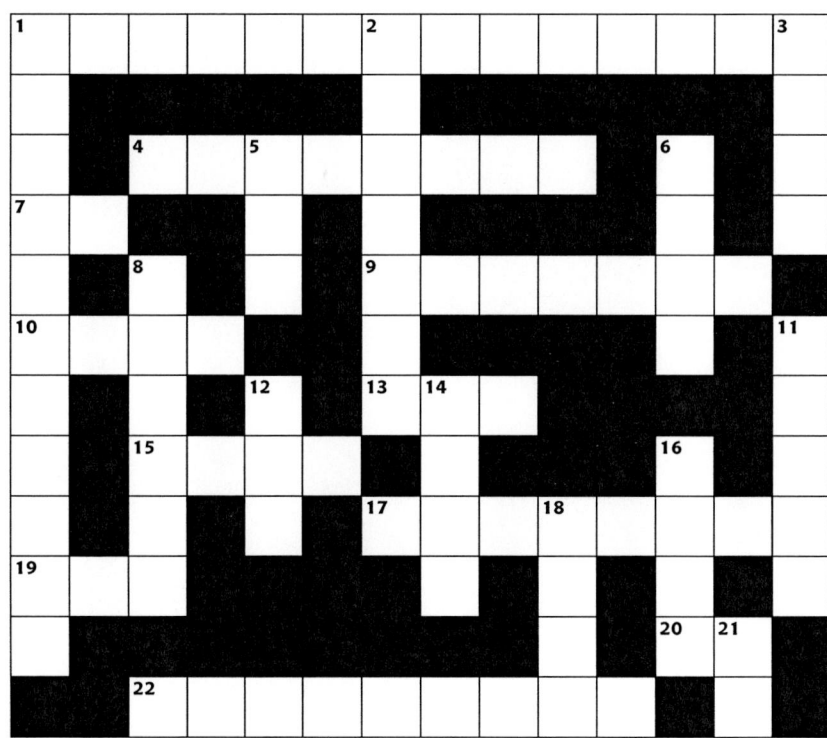

Horizontalement

1. Pour avoir des informations sur tous les trains, on s'adresse à ce bureau. (14)
4. On la cherche quand on veut laisser une valise à la gare. (8)
7. J'aime voyager ... train parce que je peux regarder par la fenêtre ou lire un bon livre. (2)
9. On le consulte si on veut savoir l'heure du départ d'un train. (7)
10. Pour savoir où se trouve un train, il faut savoir le numéro du quai ou de la ... (4)
13. C'est un train français, très rapide. (3)
15. Je vous enverrai le ... pour chercher le site de la SNCF sur internet. (4)
17. Si on a manqué le train, on demande souvent quand va partir le ... train. (8)
19. Souvent les voyageurs ... beaucoup de bagages. (3)
20. Si on a ... temps avant le départ on peut aller dans la salle d'attente. (2)
22. Avant d'aller aux quais, il faut ... son billet. Sinon, le billet n'est pas valable. (9)

Verticalement

1. Pour être sûr d'avoir une place, il faut faire une ... (11)
2. On y va pour acheter des billets. (7)
3. Ce sont les initiales du chemin de fer français. (4)
5. C'est le contraire de 'oui'. (3)
6. Pour trouver son train, on demande: 'Le train ... de quel quai?' (4)
8. On ne peut pas voyager sans cela. (6)
11. Il y a une nouvelle ... grande vitesse entre Paris et Strasbourg. (5)
12. On trouve tous les renseignements sur le site ... de la SNCF. (3)
14. On y va pour prendre le train. (4)
16. Je me suis réveillé ... et j'ai manqué le train. (4)
18. On peut prendre un train direct de Paris jusqu'à la ... d'Azur. (4)
21. On peut acheter ... sandwich au buffet. (2)

3/5 Unité 3

Voyager en avion

❶ Français–anglais

Trouvez les paires.

1 ...... 2 ...... 3 ...... 4 ...... 5 ...... 6 ...... 7 ......
8 ...... 9 ...... 10 ...... 11 ...... 12 ...... 13 ......
14 ...... 15 ...... 16 ...... 17 ...... 18 ......

1 un aéroport		a	air hostess
2 annulé		b	airport
3 à l'arrière		c	at the front
4 atterrir		d	at the rear
5 à l'avant		e	cancelled
6 un avion		f	customs
7 un chariot		g	delay
8 le contrôle des passeports		h	flight
9 le contrôle de sécurité		i	gate
10 décoller		j	passport control
11 la douane		k	pilot
12 une hôtesse de l'air		l	plane
13 une navette		m	security control
14 un(e) pilote		n	shuttle
15 une porte		o	steward
16 un retard		p	to land
17 un steward		q	to take off
18 un vol		r	trolley

❷ À l'aéroport

Écoutez les annonces et complétez le tableau des départs.

Départs				
Destination	Vol	Départ	Porte	Notes
Amsterdam	KL324	9h30	......	Embarquement
Düsseldorf	LH131	10h00	......	Embarquement à 9h40
Jersey	JY612	......	5	Embarquement immédiat
......	BA305	10h15	6	Embarquement immédiat
New York	AF001	10h25	......	Embarquement immédiat
Montréal	AC871	......		Retardé à cause des difficultés techniques
Dublin	EI515	13h40		Annulé à cause du ....

❸ La vie d'une hôtesse de l'air ou d'un steward

Écoutez l'interview. Puis choisissez les bonnes réponses.

1 Quels sont les deux aspects principaux du métier, selon l'interview?
  a ☐ le nettoyage de l'avion
  b ☐ l'accueil des passagers
  c ☐ le contrôle de l'avion
  d ☐ la sécurité des passagers

2 Qu'est-ce que le commandant explique à la réunion? (2 choses)
  a ☐ les conditions climatiques
  b ☐ le prix des billets
  c ☐ les films qu'on va passer
  d ☐ la présence d'une personnalité importante parmi les passagers

3 Qu'est-ce qu'on demande aux passagers de mettre avant le décollage?
  a ☐ leur gilet de sauvetage
  b ☐ leurs écouteurs
  c ☐ leur ceinture de sécurité

4 Comment les passagers sont-ils en général?
  a ☐ Ils sont difficiles et exigeants.
  b ☐ Ils sont de bonne humeur, mais beaucoup ont peur de prendre l'avion.
  c ☐ Ils sont souvent tristes et de mauvaise humeur.

5 Quels sont les principaux inconvénients de ce métier? (3 choses)
  a ☐ Il est fatigant de passer de longues heures dans un avion.
  b ☐ On travaille souvent seul.
  c ☐ Il faut souvent se lever tôt.
  d ☐ On doit remplir beaucoup de formulaires.
  e ☐ Parfois, on doit travailler à Noël ou le jour de l'an.
  f ☐ C'est ennuyeux comme travail.

6 Quels sont les avantages? (2 choses)
  a ☐ On a droit à une importante réduction sur les billets d'avion.
  b ☐ On a droit à des réductions sur les vêtements.
  c ☐ On travaille en plein air.
  d ☐ C'est un travail créatif.
  e ☐ On voyage beaucoup et quelquefois, on peut aussi faire du tourisme.

3/6 Unité 3

Des voyages récents

❶ Avez-vous fait bon voyage?

*Écoutez les conversations. Ces personnes sont allées à Paris pour un stage international. Complétez la grille. Si on ne donne pas tous les renseignements, par exemple, la durée du voyage, écrivez **PM** (pas mentionné).*
Puis répondez à ces questions:

1 Combien de personnes ont eu des problèmes en route? ....
2 Combien de personnes ont utilisé les transports en commun? ....
3 Combien de personnes ont commencé leur voyage en dehors de la France? ....

Nom	Domicile	Moyen de transport	Durée du voyage	Problèmes en route ✔ (oui) ✘ (non) PM (pas mentionné)
1 José				
2 Anne-Marie				
3 Norbert				
4 Jacqueline				
5 Antonio				
6 Philippe et Jean-Claude				

❷ Un voyage récent

Écrivez la description d'un voyage vrai ou imaginaire.

Comment avez-vous voyagé?
J'ai pris/Nous avons pris...
   le train
   l'avion
   le car
   le bus
   le métro
J'y suis allé(e)
Nous y sommes allé(e)s
   à pied
   à vélo

Pendant le voyage ...
j'ai écouté mon baladeur
j'ai lu un bon livre
j'ai dormi
j'ai fait un jeu
j'ai joué aux cartes

Quand?
Pendant les vacances de Noël
Pendant les vacances de février
Le week-end dernier

Le voyage a duré longtemps?
Je suis parti(e)
Nous sommes parti(e)s
   à ...
   de bonne heure
   tôt le matin
Je suis arrivé(e)
Nous sommes arrivé(e)s
   à ...
   ... heures après
   tard le soir
Le voyage a duré ... heures.

Avec qui?
avec ma famille/mes amis/un ami(e)
   français(e)

Où?
Je suis allé(e) à ... en ...
J'ai fait une excursion à ...

Vous avez fait bon voyage?
Oui ...
C'était bien/confortable.
Il n'y avait aucun problème.
Non ...
C'était long/pénible.
Il y avait du monde et nous n'avons
   pas réservé de place.

3/7 Unité 3
À la maison

① Loco-service

Vous travaillez pour une agence de location. Écoutez les conversations et complétez la grille.

nom du propriétaire	numéro de téléphone	Description de l'appartement à louer							
		nombre de pièces	étage	cuisine	salle de bains	garage	meublé (m) ou vide (v)	loyer	+ charges
Moreau	04 78 47 08 23								

② 5-4-3-2-1

Trouvez:

5 meubles
....

4 choses qu'on trouve souvent dans la salle de bains
....

3 choses qu'on trouve dans un immeuble
....

2 choses qu'on trouve dans le jardin
....

1 chose qu'on trouve par terre.
....

---

une armoire
un ascenseur
une baignoire
un bureau
un canapé
une douche
un escalier
un fauteuil
des fleurs
un lavabo
un lit
la moquette
une pelouse
une porte
des robinets

---

③ Ça commence par la lettre 'c'

Exemple: 1 *chambre*

1 une pièce ....
2 un meuble ....
3 un appareil électrique ....
4 un ustensile ....
5 un animal domestique ....
6 un animal de ferme ....
7 un aspect du paysage ....
8 un pays ....

④ Un acrostiche

Regardez les images et complétez l'acrostiche.

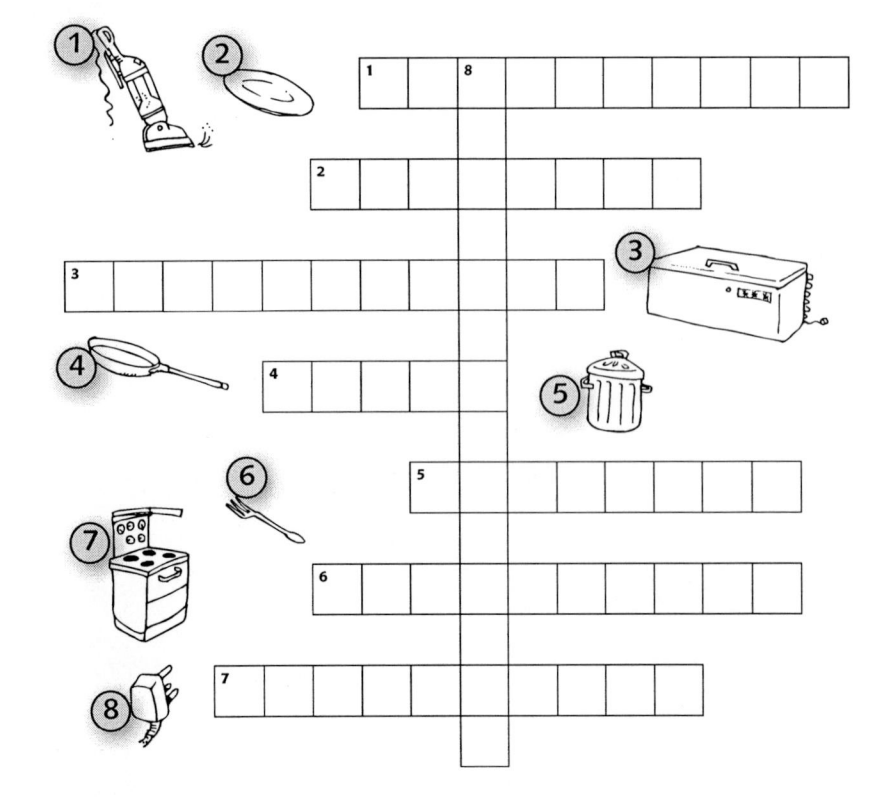

⑤ Jeu des définitions

Trouvez la bonne définition pour chaque dessin.

A C'est un article de vaisselle qui est rond et plat. **Ex.** ..*2*....

B C'est un appareil qui marche à l'électricité ou au gaz qu'on trouve dans toutes les cuisines. ......

C On met les surgelés dans cet appareil. ......

D C'est un appareil très pratique quand on fait le ménage. ......

E On y met des déchets, par exemple des cartons et des bouteilles vides. ......

F Ça vous permet de brancher un appareil électrique. ......

G C'est un ustensile de table qui commence par la lettre f. ......

H C'est un ustensile de cuisine en métal qu'on utilise pour faire une omelette. ......

3/8 Unité 3
Au travail

Unité 3

Travailler au pair

Travailler au pair, ça peut être un bon moyen de vivre dans un autre pays et de partager la vie de famille, mais ce n'est pas toujours facile. Racontez la première (et la dernière) journée de cette jeune fille au pair.
Exemple 1 Elle s'est réveillée à six heures.

1.  se réveiller
2. se lever / se laver / s'habiller
3. mettre la table pour le petit déjeuner
4. les parents partir / faire la vaisselle
5. passer l'aspirateur / les enfants se disputer
6. s'occuper des enfants
7. l'après-midi / faire les courses
8. préparer le repas du soir
9. ensuite faire le repassage / les enfants s'ennuyer
10. se sentir complètement épuisée / se reposer / dormir
11. se réveiller tout d'un coup / décider de faire ses valises et de partir le lendemain

3/10 Unité 3
Chez une famille

Hier, vous êtes arrivé(e) chez la famille Martin en France. Racontez ce qui s'est passé.

1 L'arrivée à Dijon

descendre de l'avion

M. Martin

à la maison

à l'aéroport

qui? (attendre)

2 Chez les Martin

a Mme Martin et …?

b votre chambre

c la salle de bains

3 Le dîner

le repas (délicieux?)

4 Plus tard

s'endormir quand?
pourquoi?
(fatigué)

5 Après le repas

Tout va bien.

3/11 Unité 3

Tu comprends?

❶ Au camp

Tout le monde doit participer aux tâches ménagères. Qui fait quoi? Écoutez les conversations et notez la lettre qui correspond.

Exemple: Catherine | F |

1. ☐ Karim
2. ☐ Lise
3. ☐ Mathieu et Thierry
4. ☐ Émilie
5. ☐ Daniel
6. ☐ Sophie

❷ En famille

Écoutez la conversation et choisissez la bonne réponse.

Exemple:
– Voilà ta chambre, Dominique. Je te laisse t'installer. Est-ce que tu as besoin de quelque chose?
– Oui, je n'ai pas de
  A ☐   B ☑   C ☐

1. – On va dîner à sept heures et demie. Est-ce qu'il y a quelque chose que tu ne manges pas ou que tu n'aimes pas?
   – Je n'aime pas beaucoup A ☐
   B ☐   C ☐

2. – Voilà le programme de la télé. Tu veux regarder quelque chose?
   – Je veux bien voir A ☐ le match de football
   B ☐ le dessin animé C ☐ les informations.

3. – Le soir, tu te couches à quelle heure, normalement?
   – Je me couche à A ☐ 10h00 B ☐ 10h30
   C ☐ 11h00, environ.

4. – Tu te lèves à quelle heure le matin, pendant les vacances?
   – Je me lève vers A ☐ 9h00 B ☐ 9h30 C ☐ 10h30.

5. – Et qu'est-ce que tu prends pour le petit déjeuner?
   – Chez moi, je prends
   A ☐   B ☐
   C ☐

6. – Qu'est-ce qu'on va faire demain?
   – Demain, on va aller
   A ☐   B ☐
   C ☐

7. – J'espère que ça ne va pas être casse-pieds.
   – Qu'est-ce que ça veut dire, 'casse-pieds'?
   – Ça, c'est du français familier, ça veut dire
   A ☐ intéressant B ☐ fatigant C ☐ ennuyeux.

❸ Un appartement de vacances

Écoutez la conversation et complétez la grille.

situation (plage/ville)	Ex. Ville
pièces (combien?)	
personnes (combien?)	
balcon (✓/✗)	
c'est à quel étage?	
ascenseur (✓/✗)	
quartier magasins (✓/✗) restaurants (✓/✗)	
on peut le voir (jour/heure)	

❹ Des projets pour le week-end

Écoutez et écrivez V (vrai), F (faux) ou PM (pas mentionné).

1	Magali …	
a	va aller au collège samedi matin.	Ex.V
b	va mettre son nouveau pull pour aller au collège.	
c	va aller en ville après son déjeuner.	
d	espère gagner de l'argent le soir.	
2	Philippe …	
a	va faire la cuisine le matin.	
b	va manger au restaurant à midi.	
c	va faire une promenade s'il fait beau.	
d	va aller au cinéma le soir.	
3	Lucie …	
a	va au collège samedi matin.	
b	verra ses grands-parents ce week-end.	
c	ira à la patinoire avec sa sœur.	
d	se couchera tard samedi soir.	
4	Roland …	
a	jouera au tennis ce week-end.	
b	sortira avec son grand-père.	
c	va regarder un match de football.	
d	fera ses devoirs dimanche après-midi.	

Unité 3

Épreuve 3: Écouter Partie A

1 Qu'est-ce qu'on va faire?

Listen to each speaker and write the correct letter.

Example: B 1☐ 2☐ 3☐ 4☐ 5☐ 6☐

2 On prend le train

Listen to the recording and tick the correct answer.

Example: What time is the next train for Lille?

    a 14.05 ☐   b 14.15 ☐   c 14.50 ✓

1 The train for Bordeaux leaves from which platform?
    a 3 ☐
    b 5 ☐
    c 7 ☐

2 The train for Lyon is delayed for how long?
    a 10 minutes ☐
    b 15 minutes ☐
    c 30 minutes ☐

3 Which is the correct ticket?
    a ☐ b ☐ c ☐

4 What time is the next train to Dieppe?
    a 07.30 ☐
    b 17.20 ☐
    c 17.30 ☐

5 The people are looking for …
    a the ticket office ☐
    b the waiting room ☐
    c the exit ☐

6 The TGV reservation is in …
    a coach 8 by the window ☐
    b coach 8 by the aisle ☐
    c coach 6 by the window ☐

3 On va bientôt partir

Alice is going abroad to stay with a family. Listen to her conversation and choose the correct answers.

Example: Alice is going to stay with a family in …

a Scotland ☐ b England ✓ c Ireland ☐

1 Alice is leaving
    a tomorrow ☐
    b the day after tomorrow ☐
    c after the weekend ☐

2 She mentions four things she will be taking. Tick the four correct items.
    a a camera ☐
    b an MP3 player ☐
    c a mobile phone ☐
    d a handbag ☐
    e a tennis racquet ☐
    f a swimming costume ☐
    g a towel ☐
    h sunglasses ☐

3 She is taking some presents for the family. What has she chosen …
    a for the parents?
        A a book about France ☐
        B a book about the Alps ☐
        C a box of sweets ☐
    b for the little boy?
        A a model train ☐
        B a T-shirt ☐
        C a chocolate rabbit ☐
    c for her friend?
        A a pencil case ☐
        B a model Eiffel Tower ☐
        C a make-up bag ☐

PARTIE A TOTAL 20

Tricolore Total 4 © Mascie-Taylor, Honnor, Spencer, Nelson Thornes 2010

3/13 Unité 3

Épreuve 3: Écouter — Partie B

1 Christophe est en Suisse

Christophe is staying with a family. Listen to the conversation and answer the questions in English.

Example: Which room does Christophe ask about? *the bathroom*

1 What has Christophe forgotten to bring? ....
2 When does Michel go to bed during the week? ....
3 What should Christophe consider if he has a shower in the morning? ....
4 Name any three items the family have for breakfast. ....

2 Tu aides à la maison?

Listen to the conversation.

A Put a tick in the correct columns to show what each person does to help at home. (½ mark each)

	washing up	housework	gardening	ironing	shopping
Marc	Ex. ✓		✓		
Sandrine					
Claire					
Fabien					

B *Complete the sentences in English.*

1 Sandrine happily does the ironing because ....
2 Claire helps a lot at home because ....
3 Fabien does very little because ....

3 Un voyage en Écosse

Jazmine is talking about a recent visit to Scotland. Listen to her account and answer the questions in English.

Example: When did Jazmine travel to Scotland? *Last May*

1 What happened when they arrived at the airport for the flight to Edinburgh?
   ....
2 How does she spend the time before the flight took off?
   ....
3 How long did the flight last?
   ....
4 How did they travel to the hotel?
   ....
5 Which building did she visit in Edinburgh?
   ....
6 What did she find difficult when she met some Scottish people?
   ....
7 What was the weather like?
   ....
8 Give two comments she made about the trip.
   ....

3/14 Unité 3

Épreuve 3: Lire – Partie A

❶ Dans la cuisine

Match the pictures with the items listed and write the correct letter.

Exemple: une assiette [E]

1. une casserole ☐
2. un couteau ☐
3. une cuillère ☐
4. une fourchette ☐
5. une tasse ☐
6. un verre ☐

❷ On fait le ménage

Émilie and her brother are preparing the house for a party. Match the activities to the pictures and write the correct letter.

Exemple: On remplit le lave-vaisselle. [F]

1. On fait les courses. ☐
2. On passe l'aspirateur. ☐
3. On fait la cuisine. ☐
4. On range les affaires. ☐
5. On vide le lave-vaisselle. ☐
6. On met la table. ☐

❸ Un message

Read Théo's message to Martin. Read the questions and tick the correct answers.

Exemple: Le correspondant de Théo …
- a viendra chez lui bientôt. ✓
- b est allé chez lui le mois dernier. ☐
- c est arrivé chez lui hier. ☐

Salut Martin,
Merci pour ton e-mail. Moi aussi, je suis très heureux car tu viendras chez moi à Trouville dans quelques semaines. Ma chambre est assez grande et je la partage avec mon frère Charles, mais pendant ta visite, tu auras son lit et il va faire du camping avec son copain, David.
Nous avons un lavabo dans la chambre, une chaîne hi-fi et la télé, mais nous n'avons pas d'ordinateur. Il y en a un ici mais il est dans la chambre de ma sœur aînée, Caroline. Elle dit que nous pourrons surfer le net si elle n'est pas là. En été, elle sort beaucoup avec ses copines; elle adore aller à la plage et se baigner dans la mer.
Pendant les vacances, je me lève assez tard, vers neuf heures et demie ou dix heures – toi aussi, j'espère!
On va s'amuser pendant ta visite. Mes parents doivent travailler, mais nous, on va aller en ville avec mes copains et, s'il fait beau, on ira à la plage ou on fera du roller dans le parc. On pourra passer une journée à Honfleur – ce n'est pas loin, et le 13 et le 14 juillet, on restera ici parce qu'il y aura des fêtes et le feu d'artifice pour la fête nationale.
À bientôt,
Théo

1. Martin va partager une chambre avec …
   - a Charles. ☐
   - b David. ☐
   - c Théo. ☐
2. Théo a …
   - a un frère et deux sœurs. ☐
   - b une sœur et un frère. ☐
   - c deux frères et une sœur. ☐
3. Dans la chambre de Théo, les garçons pourront …
   - a regarder la télé et écouter de la musique. ☐
   - b jouer à l'ordinateur et regarder leurs émissions favorites. ☐
   - c écouter de la musique et surfer l'internet. ☐
4. Caroline et ses amies aiment …
   - a faire du camping. ☐
   - b nager dans la mer. ☐
   - c jouer à l'ordinateur. ☐
5. Pendant les vacances, Théo se lève …
   - a très tôt. ☐
   - b pas avant midi. ☐
   - c assez tard. ☐
6. Les deux garçons vont sortir …
   - a avec la famille de Théo. ☐
   - b avec les amis de Théo. ☐
   - c avec la sœur de Théo. ☐
7. Théo habite …
   - a assez près de Honfleur. ☐
   - b dans le centre de Honfleur. ☐
   - c assez loin de Honfleur. ☐
8. Les garçons vont passer la fête nationale …
   - a à Honfleur. ☐
   - b à Trouville. ☐
   - c au camping. ☐

PARTIE A TOTAL 20

Unité 3

Épreuve 3: Lire – Partie B (1)

1 La Carte 12–25

Read the information about the young person's railcard on the French railways and answer the questions **in English**.

Example: What is the advantage of the 12–25 card?
reductions on train journeys in France and some European countries

1. How long is the card valid for?
   ....

2. There are also benefits if you use two other services. Tick two boxes. *(1 mark for each)*
   - a bike hire ☐
   - b hotel rooms ☐
   - c car hire ☐
   - d entry to attractions ☐
   - e bus service ☐

3. Tick the three countries in the list below where you can use the card. *(1 mark for each)*
   - a Canada ☐
   - b Germany ☐
   - c Iceland ☐
   - d Republic of Ireland ☐
   - e Russia ☐
   - f Spain ☐
   - g Switzerland ☐

4. Mention two things that you have to present in order to buy the card. *(½ mark each)*
   ....
   ....

5. How can you get the best discounts?
   (2 tips – 1 mark each)
   ....
   ....

6. What tip is suggested in order to make maximum use of the card after the age of 25?
   ....
   ....

La Carte 12–25

Festival de rock en Bretagne? Session de surf à Biarritz? Avec la Carte 12–25, vous allez voir du pays!

Avec la Carte 12–25, vous pourrez, pour seulement 49€, voyager à prix réduit pendant un an.
- Vous bénéficierez de réductions jusqu'à –60% sur certains services en période de faible affluence et de –25% garantis sur tous les voyages, même au dernier moment.
- Vous profiterez également de réductions sur vos voyages en Europe.
- La carte 12–25 vous offre des avantages chez nos partenaires Avis (location d'autos) et Accor (hôtels).

Et en Europe
Et aussi lors de vos séjours en Europe dans l'un des 29 pays européens adhérents à RailPlus: l'Allemagne, l'Autriche, la Belgique, la Bulgarie, la Croatie, le Danemark, l'Espagne, la Finlande, la Grèce, la Hongrie, l'Italie, la Lettonie, la Lituanie, le Luxembourg, la Macédoine, le Monténégro, la Norvège, les Pays-Bas, la Pologne, le Portugal, la République Tchèque, la Roumanie, le Royaume-Uni, la Slovaquie, la Slovénie, la Suède, la Suisse, l'Ukraine et la Serbie. Offre soumise à conditions.

Astuces 12–25!
Pour bénéficier plus facilement de 50% de réduction, pensez à réserver vos billets à l'avance (jusqu'à 3 mois) ou à voyager en période de faible affluence.

Enfin, pour profiter plus longtemps de toutes les réductions offertes par la Carte 12–25, pensez à l'acheter au plus tard la veille de votre 26ème anniversaire.

Pour acheter la carte, il faut une pièce d'identité indiquant votre date de naissance et une photo.

© SNCF

Unité 3

Épreuve 3: Lire – Partie B (2)

2 Être au pair en France

Read the three accounts of life as an au pair. Then read sentences 1–10 and decide who they apply to.
Write C (for Claire), S (for Stefan) or N (for Nicole) by each one.

Je suis très bien tombée. La famille chez qui je suis est un peu comme la mienne, très décontractée. Il y a trois enfants: une fille de huit ans et des jumeaux de cinq ans. Il y a aussi pas mal d'animaux: un chien, deux chats, un oiseau et un hamster. Je me sens vraiment chez moi et je m'entends bien avec tout le monde. Ce qui m'a frappée en France, c'est qu'on parle beaucoup de politique, par exemple à table. On me pose beaucoup de questions sur la vie en Angleterre et sur le gouvernement etc. Il faut dire que je ne suis pas très au courant de tout ça. J'ai l'impression qu'on discute beaucoup plus qu'en Angleterre.
Claire, 18 ans, anglaise

Moi, je voulais vivre en France depuis longtemps et je trouve que vivre en famille, comme au pair, est un bon moyen de connaître la langue et la culture du pays. Je suis chez une famille assez riche. Les parents travaillent tous les deux et moi, je m'occupe des deux enfants. Je les promène dans le parc. (Il n'ont que deux et quatre ans.) Heureusement, j'aime bien les enfants. La mère fait la cuisine et prépare tous les repas. Moi, je fais un peu de repassage. Je n'ai aucun regret d'être venu. Voir comment vivent les gens dans un autre pays, c'est toujours intéressant.
Stefan, 19 ans, allemand

Quand je suis arrivée de Bruxelles, je me sentais vraiment perdue. Je n'avais jamais quitté mes parents et je ne connaissais personne à Paris. Quand même, j'ai eu de la chance; beaucoup de jeunes ne tombent pas aussi bien que moi, loin de là. Je dois garder les enfants quatre soirs par semaine et les occuper le mercredi.
Les autres jours, je prends des cours à l'Alliance française.
Nicole, 17 ans, belge

Ex. The family I work with is relaxed, like mine.	C
1 I had never left home before.	
2 It seemed the best way of getting to know the language and the culture.	
3 Both parents work and I look after the two children.	
4 I babysit four evenings a week.	
5 I feel really at home and I get on well with everyone.	
6 I do a little ironing.	
7 The family have a lot of pets.	
8 At the beginning I felt really lost.	
9 People talk a lot about politics, for instance, at mealtimes.	
10 I'm doing a French course on the days when I'm not working.	

3/17 Unité 3
Épreuve 3: Grammaire

❶ Using emphatic pronouns (*moi*, *toi*, etc.)
Complete the phrases to match the English translations using an emphatic pronoun.

français	anglais
Ex. On va chez ......*toi*......?	Shall we go to your house?
1 Il n'y a personne chez	There's no one at his house.
2 C'est à .... de jouer.	It's our turn to play.
3 Je ne suis pas d'accord avec	I don't agree with her.
4 J'ai acheté ce livre pour	I've bought this book for them.
5 Pardon, monsieur, ce portable est à ....?	Excuse me, is this phone yours?
6 Ah non, il n'est pas à	No, it's not mine.

/6

❷ Reflexive verbs in different tenses
Complete the verbs in the message from Robert. Use the perfect tense for 1, 2 and 3 and the future tense for 4.

Salut!
Avant de rencontrer mon copain anglais, on **Ex.** ...*s'est parlés*... (*se parler*) un peu par l'internet.
Pendant sa visite à Pâques, nous **1** .... bien .... (*s'entendre*).
Je **2** .... (*s'installer*) devant l'ordinateur, parce que ma sœur est de mauvaise humeur aujourd'hui.
Elle **3** .... (*se disputer*) avec son petit ami hier!
Tu sais, j'ai aussi un copain allemand et j'espère qu'on **4** .... (*se voir*) en avril prochain.
@+Hugo

/4

❸ Verbs in the future tense

A Complete the sentences using verbs in the future tense (regular verbs).
Exemple: Est-ce que tu ...*joueras*...... le match samedi prochain? (*jouer*)

1 Non, samedi prochain, je .... dans le magasin de sports. (*travailler*)

2 Vous .... en vacances cet été? (*partir*)

3 Oui, on .... l'avion pour l'Australie. (*prendre*)

4 Est-ce que tes amis .... du travail pendant les vacances? (*chercher*)

5 Moi, j'espère que je .... un poste dans un parc d'attractions. (*trouver*)

B Complete the sentences using verbs in the future tense (irregular verbs).

1 Quand est-ce que tu .... à Paris? (*aller*)

2 Je ne sais pas exactement, je .... après le week-end. (*voir*)

3 J'espère que nous .... le temps de vous voir. (*avoir*)

4 On .... beaucoup de choses. (*faire*)

5 Ça .... génial. (*être*)

/10

GRAMMAIRE TOTAL

/20

4/1 Unité 4

Mots croisés – au collège

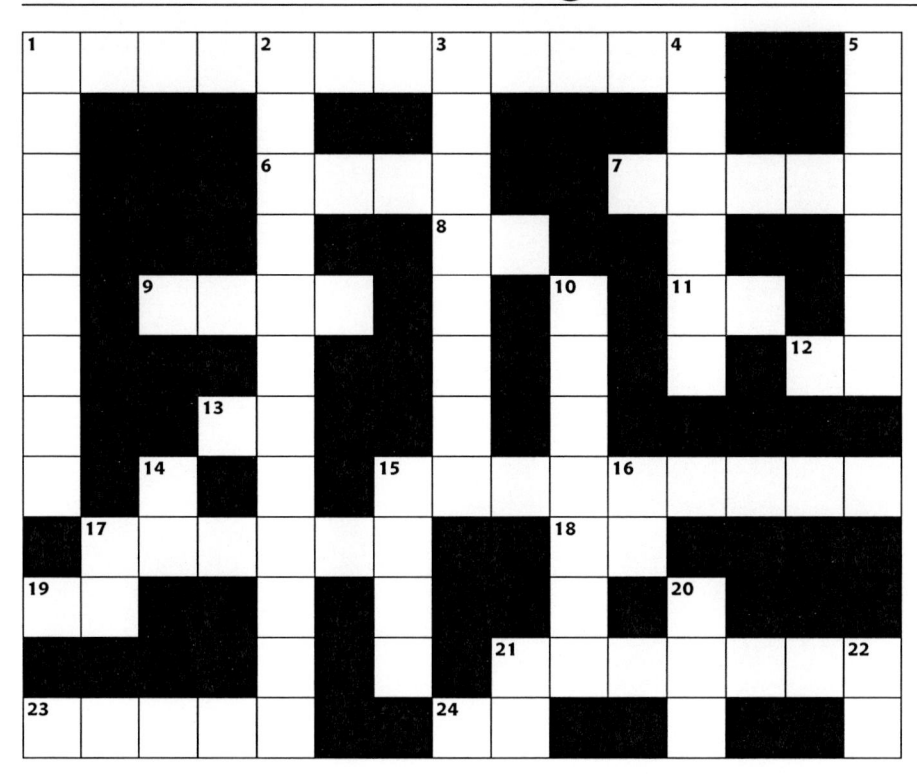

Horizontalement

1. On peut consulter des livres et des encyclopédies ici. (12)
6. Normalement, je vais à la piscine deux … par semaine. (4)
7. C'est le nom d'une matière que presque tous les élèves sont obligés d'apprendre jusqu'à l'âge de seize ans. (5)
8. Qu'est-ce que … apprends comme langues vivantes? (2)
9. Je ne suis pas très … en anglais. Je trouve ça difficile. (4)
11. Par contre, je suis fort en sciences, et j'aime bien la physique … la chimie. (2)
12. Mon ami est très fort … maths. Il a toujours de bonnes notes. (2)
13. Alors, moi, … matière préférée est la géographie. (2)
15. C'est ici qu'on peut laisser des manteaux, des vestes, etc. (9)
17. On en a un pour chaque matière. On copie des leçons et on fait des devoirs dedans. (6)
18. Le directeur de notre collège est très sévère. … était prof de français avant d'être directeur. (2)
19. Pour les cours de science, on va dans … laboratoire. (2)
21. On doit faire ça chaque soir et même le week-end. C'est pénible. (7)
23. Il y en a beaucoup dans une école, et ils sont tous différents! Il y en a des sérieux, des paresseux, des timides, des gentils et des pas tellement gentils. Mais ici, il n'y en a qu'un. (5)
24. On fait de l'éducation physique dans … gymnase. (2)

Verticalement

1. C'est une science où on apprend tout sur les êtres vivants et les plantes. (8)
2. C'est une matière où on apprend à se servir d'ordinateurs et de programmes. (12)
3. C'est une matière où on apprend comment les gens vivaient autrefois et on apprend les circonstances des événements importants. (8)
4. Avant de le passer, il faut réviser. Cela a souvent lieu à la fin de l'année scolaire. (6)
5. Quand on fait cette matière, on utilise du papier, des crayons ou de la peinture. (6)
10. Les élèves y vont pour déjeuner à midi. (7)
14. Pendant … récréation, les élèves sortent dans la cour. (2)
15. C'est le contraire de 'faux'. (4)
16. Dans notre collège, … est interdit de courir dans le couloir. (2)
17. Mon père est prof dans un collège. Heureusement, … n'est pas mon collège. (2)
20. Je suis désolé, mais j'ai oublié … livre. (3)
21. Notre prof … technologie est très sympa. (2)
22. Mon ami apprend le piano et la trompette. La musique est … matière préférée. (2)

4/2 Unité 4

Une semaine au collège

❶ Voici votre emploi du temps

Écoutez le professeur et complétez l'emploi du temps.

	lundi	mardi	mercredi	jeudi	vendredi	samedi
08h30–09h30						
09h30–10h30						
10h30–11h30						allemand
11h30–12h30						EPS
12h30–14h00	déjeuner					
14h00–15h00						
15h00–16h00						
16h00–17h00						

❷ On discute de l'emploi du temps

Regardez l'emploi du temps et complétez la conversation.

– L'**1** .... pour commencer la semaine. Ça c'est bien au moins.

– Oui, mais on commence à **2** .... et c'est trop tôt!

– L'après-midi, c'est pas mal: deux heures de sport, puis on finit à **3** ....

– Mais le mardi, le jeudi et le vendredi, on a cours jusqu'à **4** ....

– Regarde mardi. C'est affreux. D'abord on commence à huit heures et demie avec **5** .... et je déteste ça. Puis, l'après-midi on a deux heures de sciences.

– C'est vrai, on a beaucoup de cours le mardi, mais au moins il n'y a pas cours le **6** ....

– Le jeudi, c'est pas mal. On commence un peu plus tard à **7** ....

– L'histoire, ça va, mais je n'aime pas beaucoup l'anglais et je déteste le **8** ....

– Le vendredi, on commence avec deux heures de **9** .... Ça va être rigolo!

– Oui, mais l'après-midi, c'est pas mal. Le dernier cours c'est **10** .... et j'aime bien ça.

Unité 4

Vendredi soir

❶ Personne à la maison

Vendredi soir, Mathieu a téléphoné à tous ses copains et copines, mais il n'y avait personne à la maison.
Où étaient-ils? Que faisaient-ils? Consultez les listes pour vous aider.

Exemple: Philippe et Jean

Philippe et Jean étaient au parc. Ils jouaient aux boules.

1 Pierre et Nathalie
2 Marc
3 Christophe
4 Françoise
5 Louis et Martin
6 Claude
7 Bruno
8 Magali et Zoé

Lieux
bibliothèque
piscine
au McDonald/ Quick
cinéma
supermarché
parc
restaurant
boîte

Activités
choisir des livres
danser
faire des courses
jouer au football
nager
regarder un film
travailler au restaurant
vendre du fast-food

❷ Ce n'était pas toujours comme ça

Au festival de jazz à Montréal, le groupe Estival avait beaucoup de succès.
Complétez cette interview avec deux membres du groupe.

– Bonjour, Stéphane. Tu joues de la clarinette. Que **1** (faire) ………………… -tu avant de devenir musicien professionnel?
– D'abord, après avoir quitté l'école, j'ai vendu des livres dans une librairie. Puis, pendant deux ans, j'ai travaillé dans un bureau.
– As-tu toujours voulu être musicien professionnel?
– Oui, même quand j'**2** (avoir) ………………… dix ans, je **3** (vouloir) ………………… être musicien.

– Et toi, Corinne, tu joues du saxophone. Qu'est-ce que tu **4** (faire) ………………… avant?
– Avant, je **5** (faire) ………………… un peu de tout. Pendant six mois, j'ai donné des cours de musique. Puis j'ai passé deux ans à Londres. Je **6** (travailler) ………………… dans des clubs et des boîtes. Je ne **7** (gagner)………………… pas beaucoup à cette époque. Mais j'**8** (habiter) ………………… dans un petit studio et ça ne **9** (coûter) ………………… pas cher. Cependant, je n'**10** (avoir) ……………… pas beaucoup d'argent pour sortir.

Unité 4

Le Petit Nicolas (1)

Le Petit Nicolas, un des livres les plus appréciés des jeunes et des adultes en France, raconte l'histoire d'un petit garçon, de ses amis, de ses aventures à l'école et en famille. En voici un extrait.

On a eu l'inspecteur

La maîtresse est entrée en classe toute nerveuse. 'M. l'Inspecteur est dans l'école, elle nous a dit, je compte sur vous pour être sages et faire une bonne impression.' Nous, on a promis qu'on se tiendrait bien, d'ailleurs, la maîtresse a tort de s'inquiéter, nous sommes presque toujours sages. 'Je vous signale, a dit la maîtresse, que c'est un nouvel inspecteur, l'ancien était déjà habitué à vous, mais il a pris sa retraite …' Et puis, la maîtresse nous a fait des tas et des tas de recommandations, elle nous a défendu de parler sans être interrogés, de rire sans sa permission, elle nous a demandé de ne pas laisser tomber des billes comme la dernière fois que l'inspecteur est venu et qu'il s'est retrouvé par terre, elle a demandé à Alceste de cesser de manger quand l'inspecteur serait là et elle a dit à Clotaire, qui est le dernier de la classe, de ne pas se faire remarquer. Quelquefois, je me demande si la maîtresse nous prend pour des guignols. Mais, comme on l'aime bien, la maîtresse, on lui a promis tout ce qu'elle a voulu.

La maîtresse a regardé pour voir si la classe et nous étions bien propres et elle a dit que la classe était plus propre que certains d'entre nous. Et puis, elle a demandé à Agnan, qui est le premier de la classe et le chouchou, de mettre de l'encre dans les encriers, au cas où l'inspecteur voudrait nous faire une dictée. Agnan a pris la grande bouteille d'encre et il allait commencer à en verser dans les encriers du premier banc, là où sont assis Cyrille et Joachim, quand quelqu'un a crié: 'Voilà l'inspecteur!' Agnan a eu tellement peur qu'il a renversé de l'encre partout sur le banc. C'était une blague, l'inspecteur n'était pas là et la maîtresse était très fâchée. 'Je vous ai vu, Clotaire, elle a dit. C'est vous l'auteur de cette plaisanterie stupide. Allez au piquet!' Clotaire s'est mis à pleurer, il a dit que s'il allait au piquet, il allait se faire remarquer et l'inspecteur allait lui poser des tas de questions et lui il ne savait rien et il allait se mettre à pleurer et que ce n'était pas une blague, qu'il avait vu l'inspecteur passer dans la cour avec le directeur et comme c'était vrai, la maîtresse a dit que bon, ça allait pour cette fois-ci. Ce qui était embêtant, c'était que le premier banc était tout plein d'encre, la maîtresse a dit alors qu'il fallait passer ce banc au dernier rang. On s'est mis au travail et ça a été une drôle d'affaire, parce qu'il fallait remuer tous les bancs et on s'amusait bien et l'inspecteur est entré avec le directeur.

On n'a pas eu à se lever, parce qu'on était tous debout, et tout le monde avait l'air bien étonné. 'Ce sont les petits, ils … ils sont un peu dissipés,' a dit le directeur. 'Je vois, a dit l'inspecteur, asseyez-vous, mes enfants.' On s'est tous assis, et comme nous avions retourné leur banc pour le changer de place, Cyrille et Joachim tournaient le dos au tableau. L'inspecteur a regardé la maîtresse et il lui a demandé si ces deux élèves étaient toujours placés comme ça. La maîtresse a murmuré 'Un petit incident …' L'inspecteur n'avait pas l'air très content, il avait de gros sourcils, tout près des yeux. 'Il faut avoir un peu d'autorité, il a dit. Allons mes enfants, mettez ce banc à sa place.' On s'est tous levés et l'inspecteur s'est mis à crier: 'Pas tous à la fois: vous deux seulement!' Cyrille et Joachim ont retourné le banc et se sont assis. L'inspecteur a fait un sourire et il a appuyé ses mains sur le banc. 'Bien, il a dit, que faisiez-vous ce matin, avant mon arrivée?'

'On changeait le banc de place' a répondu Cyrille. 'Ne parlons plus de ce banc! a crié l'inspecteur, qui avait l'air d'être nerveux. Et d'abord, pourquoi changiez-vous ce banc de place?' 'A cause de l'encre' a dit Joachim. 'L'encre?' a demandé l'inspecteur et il a regardé ses mains qui étaient toutes bleues. L'inspecteur a fait un gros soupir et il a essuyé ses doigts avec un mouchoir.

Nous, on a vu que l'inspecteur, la maîtresse et le directeur n'avaient pas l'air de rigoler. On a décidé d'être drôlement sages.

'Vous avez, je vois, quelques ennuis avec la discipline' a dit l'inspecteur à la maîtresse, et puis, il s'est tourné vers nous, avec un grand sourire et il a éloigné ses sourcils de ses yeux. 'Mes enfants, je veux être votre ami. Il ne faut pas avoir peur de moi, je sais que vous aimez vous amuser, et, moi aussi, j'aime bien rire. D'ailleurs, tenez, vous connaissez l'histoire des deux sourds: un sourd dit à l'autre: tu vas à la pêche? et l'autre dit: non, je vais à la pêche. Alors le premier dit: ah bon, je croyais que tu allais à la pêche.' C'est dommage que la maîtresse nous ait défendu de rire sans sa permission, parce qu'on a eu un mal fou à se retenir. Moi, je vais raconter l'histoire ce soir à papa, ça va le faire rigoler, je suis sûr qu'il ne la connaît pas. L'inspecteur, qui n'avait besoin de la permission de personne, a beaucoup ri, mais comme il a vu que personne ne disait rien dans la classe, il a remis ses sourcils en place, il a toussé et il a dit: 'Bon, assez ri, au travail.' 'Nous étions en train d'étudier les fables, a dit la maîtresse, Le Corbeau et le Renard.' 'Parfait, parfait, a dit l'inspecteur, eh bien, continuez.' La maîtresse a fait semblant de chercher au hasard dans la classe, et puis, elle a montré Agnan du doigt: 'Vous, Agnan, récitez-nous la fable.'

Extrait de Le Petit Nicolas de Sempé et Goscinny, © Éditions Denoël

Suite à la feuille 4/5

Unité 4
Le Petit Nicolas (2)

Mais l'inspecteur a levé la main. 'Vous permettez?' il a dit à la maîtresse, et puis il a montré Clotaire. 'Vous, là-bas, dans le fond, récitez-moi cette fable.' Clotaire a ouvert la bouche et il s'est mis à pleurer. 'Mais qu'est-ce qu'il a?' a demandé l'inspecteur. La maîtresse a dit qu'il fallait excuser Clotaire, qu'il était très timide, alors, c'est Rufus qui a été interrogé. Rufus, c'est un copain, et son papa, il est agent de police. Rufus a dit qu'il ne connaissait pas la fable par cœur, mais qu'il savait à peu près de quoi il s'agissait et il a commencé à expliquer que c'était l'histoire d'un corbeau qui tenait dans son bec un roquefort. 'Un roquefort?' a demandé l'inspecteur, qui avait l'air de plus en plus étonné. 'Mais non, a dit Alceste, c'était un camembert.' 'Pas du tout, a dit Rufus, le camembert, le corbeau n'aurait pas pu le tenir dans son bec et puis ça sent pas bon!'

'Ça sent pas bon, mais c'est chouette à manger, a répondu Alceste. Et puis, ça ne veut rien dire, le savon, ça sent bon, mais c'est très mauvais à manger, j'ai essayé une fois.' 'Bah! a dit Rufus, tu es bête.' Et ils se sont battus.

Tout le monde était levé et criait, sauf Clotaire qui pleurait toujours dans son coin et Agnan qui était allé au tableau et qui récitait Le Corbeau et le Renard. La maîtresse, l'inspecteur et le directeur criaient 'Assez!' On a tous bien rigolé.

Quand ça s'est arrêté et que tout le monde s'est assis, l'inspecteur a sorti son mouchoir et il s'est essuyé la figure, il s'est mis de l'encre partout.

L'inspecteur s'est approché de la maîtresse et il lui a serré la main. 'Vous avez toute ma sympathie, Mademoiselle. Continuez! Courage! Bravo!' Et il est parti, très vite, avec le directeur.

Extrait de Le Petit Nicolas de Sempé et Goscinny, © Éditions Denoël

Pour vous aider

la retraite	retirement
une bille	marble
se faire remarquer	to make oneself noticed
le chouchou	teacher's pet
l'encre (f)	ink
verser	to pour
un encrier	ink well
une blague, une plaisanterie	joke
aller au piquet	to go to the corner
embêtant	annoying
une drôle d'affaire	a funny business
remuer	to move
étonné	astonished
dissipé	inattentive
un sourcil	eyebrow
un sourire	smile
un soupir	sigh
rigoler	to laugh
un ennui	problem
sourd	deaf
le corbeau	crow
le renard	fox
s'agir de	to be about
un bec	beak
alléché	tempted, enticed
mentir	to lie
le ramage	bird song
laisser tomber	to drop
la proie	prey
au dépens de celui	at the expense of the one
honteux	ashamed
jura	vowed

Le Corbeau et le Renard

Maître Corbeau, sur un arbre perché,

Tenait en son bec un fromage.

Maître Renard, par l'odeur alléché,

Lui tint à peu près ce langage:

'Hé! bonjour, Monsieur du Corbeau,

Que vous êtes joli! que vous me semblez beau!

Sans mentir, si votre ramage

Se rapporte à votre plumage,

Vous êtes le phénix des hôtes de ces bois.'

À ces mots le Corbeau ne se sent pas de joie;

Et pour montrer sa belle voix,

Il ouvre un large bec, laisse tomber sa proie.

Le Renard s'en saisit, et dit: 'Mon bon Monsieur,

Apprenez que tout flatteur

Vit au dépens de celui qui l'écoute.

Cette leçon vaut bien un fromage, sans doute.'

Le Corbeau, honteux et confus,

Jura, mais un peu tard, qu'on ne l'y prendrait plus.

La Fontaine

Unité 4
Le shopping

❶ Trouvez les paires

1....... 2....... 3....... 4....... 5....... 6....... 7....... 8....... 9....... 10.......

1 quelque chose qui me va	6 ce qui compte le plus	a advertising	g something with a designer label
2 la mode	7 la publicité	b what I like	h less expensive
3 quelque chose de marque	8 ce qui me plaît	c something that suits me	i good value
4 un bon rapport qualité/prix	9 quand même	d all the same	j otherwise/if not
5 sinon	10 moins cher	e fashion	
		f what counts most	

❷ Des conversations

Lisez les extraits de conversation et faites les activités.

a *Trouvez le français.*

1 when you buy something

2 if they suit me

3 what's in fashion

4 others tend to laugh at us

5 so that it will last a long time (wear well)

6 that are going to last for a season

7 that you don't really need

8 that didn't go with anything that I had at home

9 I must have worn it about once

10 it hasn't been useful

(1) – Est-ce que tu penses être influencée par la publicité, tes amis, ou peut-être ta famille, quand tu achètes quelque chose?
– Par mes amis surtout, et aussi par la publicité. Mes amis me donnent leur opinion, par exemple sur les vêtements, s'ils me vont ou s'ils ne me vont pas, ce qui est à la mode etc.

(2) – Moi, lorsque je fais un achat, surtout pour les vêtements, je choisis d'abord ce qui me plaît.

(3) – Et, qu'est-ce qui compte le plus quand tu achètes quelque chose? Est-ce que c'est un bon rapport qualité/prix, ou avoir quelque chose de marque, avec un nom?
– Ben, pour moi, ce qui compte le plus c'est la marque, quand même. Parce que si on n'a pas de vêtements avec une marque, les autres ont tendance à se moquer de nous.

(4) – Pour moi, ça dépend de ce que j'achète. Quand c'est quelque chose qui doit durer longtemps, par exemple un manteau, je choisis quelque chose de bonne qualité. Si le prix est correct en même temps, bon c'est très bien, et sinon, si ce sont des t-shirts, ou des choses qui vont durer une saison, bon là, j'achète ce qu'il y a de moins cher.

(5) – Quand tu fais tes achats, où est-ce que tu vas? Est-ce que tu préfères aller dans des petits magasins?
– Euh je vais souvent dans des centres commerciaux, ou alors dans les petites boutiques. J'aime aussi aller dans les grands magasins comme les Nouvelles Galeries. Ils ont souvent des vêtements de marque.

(6) – Est-ce qu'il t'arrive quelquefois d'acheter quelque chose dont tu n'as pas vraiment besoin?
– Oui! Je me rappelle un jour quand j'ai acheté une très belle jupe violette qui n'allait avec rien de ce que j'avais chez moi. Je suis rentrée chez moi avec ma jupe violette et ma mère a été horrifiée. J'ai dû la mettre à peu près une fois et depuis, elle est dans l'armoire et elle n'a pas servie. Elle est toujours très belle, mais elle est toujours très violette.

b *Trouvez l'extrait pour chaque titre:*

A La marque est importante ....
B Un achat pas réussi ....
C Mes amis m'influencent beaucoup ....
D Ça dépend du vêtement ....
E Où va-t-on pour faire des achats ....
F J'achète ce qui me plaît ....

❸ On parle du shopping

Écoutez les conversations avec Sophie et Aude et répondez aux questions en anglais.

Sophie

1 What influences her most when she goes shopping? (Tick any that are mentioned.)
   a advertising ☐ **b** her friends ☐
   c TV programmes ☐ **d** fashion books ☐
2 What is most important when she chooses clothes? What reason does she give? ....
3 Where does she go mostly for shopping?
4 What does she say about department stores?

Aude

1 What influences her shopping choices?
2 When would she spend more money on an item of clothing to get better quality?
3 When would she buy the cheapest available?
4 What was an unsuccessful item that she bought?

Unité 4

Aux magasins

❶ Dix phrases utiles

Complétez les phrases comme indiqué.

Exemple: Avez-vous ces ....*sandales*............ en 42?

1 Avez-vous ces .... d'une autre couleur?

2 Est-ce que je peux essayer ces .... ?

3 Je voudrais acheter le ....

4 Est-ce que je peux essayer ce .... ?

5 La .... en vitrine, c'est quelle taille?

6 C'est combien, la .... , s'il vous plaît?

7 Je voudrais essayer ces .... , s'il vous plaît?

8 Je cherche une .... rayée comme ça mais en bleu clair.

9 J'ai acheté cette .... hier, mais il y a un défaut.

10 On m'a offert ce .... mais il est trop grand.

❷ Mots croisés

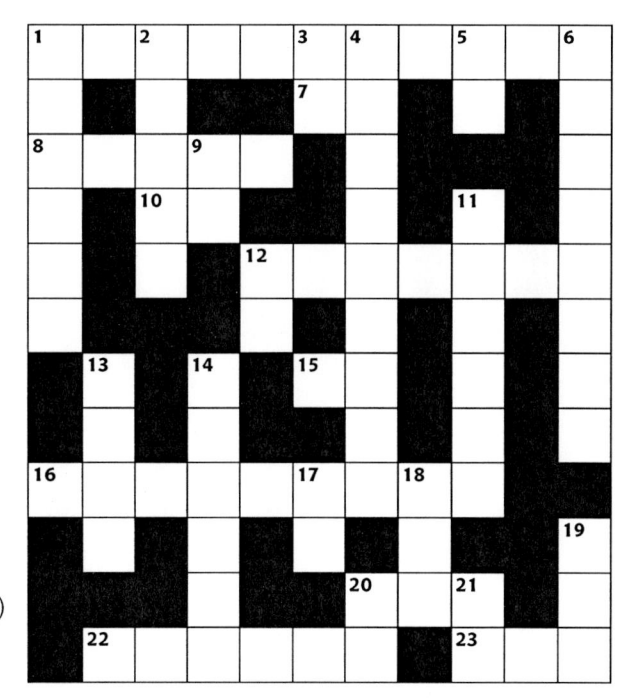

Horizontalement

1 Si vous voulez acheter des provisions, vous trouverez presque tout dans ce magasin et vous pourrez vous servir vous-même. (11)
7 Bon, on va faire les courses. Tu … la liste? (2)
8 Où se trouve le … de la musique, sil vous plaît? (5)
10 Avez-vous ce sweat … bleu s'il vous plaît? (2)
12 – Avez-vous de la …? (7)
 – Non, j'ai seulement un billet de 20 euros.
15 C'est combien, … jeu de boules, s'il vous plaît? (2)
16 On peut acheter des livres dans ce magasin. (9)
20 Où … le rayon d'alimentation, s'il vous plaît? (3)
22 Est-ce que je peux payer avec une carte de …? (6)
23 Est-ce qu'il y a … pharmacie près d'ici? (3)

Verticalement

1 On la cherche quand on veut quitter un grand magasin. (6)
2 Quand vous avez choisi vos achats, il faut les … (5)
3 Je cherche un cadeau pour … mère. (2)
4 On peut le prendre pour monter d'un étage à un autre. D'habitude, c'est plus rapide qu'un escalier roulant. (9)
5 Est-ce que tu préfères … poster-ci ou celui-là? (2)
6 Dans ce magasin, on peut acheter du sucre, du thé, de la confiture, du beurre, etc., mais ce n'est pas un supermarché. (8)
9 … peut acheter des timbres au bureau de tabac. (2)
11 Il faut payer à la … (6)
12 Pouvez-vous … faire un paquet-cadeau? (2)
13 Tu as vu le … de ce jean? C'est très cher. (4)
14 On peut y acheter des fruits et des légumes et souvent des fleurs et d'autres choses. (6)
17 Je vais acheter ce ballon de football pour mon frère. … adore le foot. (2)
18 – Est-ce que vos amis ont acheté beaucoup de choses?
 – Oui, … ont trouvé des vêtements à des prix très intéressants. (3)
19 Il y a une banque dans la … principale. (3)
20 Je dois acheter une carte d'anniversaire … un petit cadeau pour mon ami. (2)
21 – Et toi, est-ce que … aimes faire du shopping? (2)
 – Non, je déteste ça!

Unité 4
Des objets perdus et retrouvés

❶ Perdu et retrouvé

a Il y a des gens qui perdent tout. Qu'est-ce qu'on dit? (Les choses perdues sont illustrées dans la partie c.)

① Sophie — **Ex.** J'ai perdu mon gant.
② André
③ Thomas
④ Mélanie

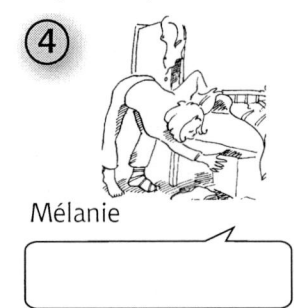

b Qu'est-ce que ces personnes ont perdu?

⑤ Cécile **Ex.** a perdu son bouton.
⑥ Marc
⑦ Élodie
⑧ Karim

c Décidez à qui sont tous ces objets.
Ex. 1 C'est l'argent de Karim.

① ② ③ ④ ⑤ ⑥ ⑦ ⑧

❷ Le bureau des objets trouvés à Paris

Les gens laissent énormément de choses dans le métro et dans les bus, surtout des clés, des parapluies et des gants. On perd aussi des objets bizarres, comme de fausses dents, et de grosses choses comme des vélos et des poussettes.

Tous les objets trouvés, sauf ceux qui sont trouvés dans les trains et les gares de la SNCF, sont envoyés au bureau des objets trouvés, rue des Morillons à Paris. Alors, si à Paris quelqu'un trouve un objet perdu, par exemple, dans la rue, dans un magasin, dans le métro ou dans un taxi, et qu'il le porte au commissariat de police le plus proche, l'objet sera envoyé au bureau des objets trouvés dans les 24 heures.

Les objets peu importants, les gros objets et les vêtements ne sont pas gardés très longtemps: il n'y a pas assez de place. Ils sont gardés trois mois, au maximum. Les objets qui ont une assez grande valeur, par exemple, de l'argent, des montres, des bijoux etc. sont gardés le plus longtemps. On les garde trois ans, au maximum.

Pendant un an, le propriétaire de l'objet perdu peut venir le réclamer. Mais si personne ne vient au bout d'un an, celui qui a trouvé l'objet perdu peut venir le réclamer. Au bout de trois ans, les objets de valeur sont vendus.

Sur cent objets trouvés, trente sont rendus à leur propriétaire et trois seulement sont rendus à celui qui a trouvé l'objet. Les soixante-sept objets qui restent sont vendus, souvent à la vente aux enchères. L'argent des objets vendus va au gouvernement et ceux qui achètent ces objets sont souvent les marchands des marchés aux puces!

a Trouvez un exemple pour chaque groupe.
1 un objet qu'on trouve souvent dans le métro ou dans le bus
   ....
2 un gros objet qui prend beaucoup de place ....
3 un objet de valeur, qu'on garde plus longtemps. ....

b On garderait ces objets combien de temps?
  a un vélo..........................
  b une veste.......................
  c un collier en argent...........
  d un parapluie...................
  e des boucles d'oreille en or ....
  f une montre.....................

c Sur 100 objets trouvés, combien ...
  a sont rendus au propriétaire?
    ....
  b sont rendus à la personne qui a trouvé l'objet?.................
  c sont vendus?...................

Unité 4
Tu comprends?

❶ En promotion spéciale
Écoutez les annonces et écrivez la bonne lettre. **Exemple:** E 1 ☐ 2 ☐ 3 ☐ 4 ☐ 5 ☐

A B C D E F

❷ Une journée scolaire
Écoutez la conversation et cochez (✔) les bonnes cases.
Exemple: À quelle heure est-ce que tu t'es levé ce matin?
 A ☐ 06:30   B ☐ 06:45   C ✔ 07:15

1 Comment es-tu venu au collège?
 A ☐   B ☐   C ☐

2 Qu'est-ce que tu as eu comme cours ce matin? (2 matières)
 A ☐   B ☐   C ☐
 D ☐   E ☐   F ☐

3 Les cours finissent à quelle heure aujourd'hui?
 A ☐ 15:00   B ☐ 16:00   C ☐ 17:00

4 Qu'est-ce que tu as comme devoirs ce soir? (2 matières)
 A ☐   B ☐   C ☐
 D ☐   E ☐   F ☐

5 Est-ce que tu vas faire autre chose ce soir?
 A ☐   B ☐   C ☐

❸ Il y a un problème
Écoutez la conversation et cochez (✔) les bonnes cases.
1 – Je peux vous aider?
 A ☐ – J'ai acheté ce t-shirt hier, et il y a un défaut.
 B ☐ – J'ai acheté ce pull hier, et il a un trou.
2 – Ah oui, je suis désolé. On pourrait soit le remplacer, soit vous rembourser. Que préférez-vous?
 A ☐ – Pouvez-vous me rembourser, s'il vous plaît?
 B ☐ – Pouvez-vous le remplacer, s'il vous plaît?
3 – Voilà. Vous voulez autre chose?
 A ☐ – Avez-vous ce pantalon en d'autres couleurs?
 B ☐ – Avez-vous ce jean en d'autres couleurs?
4 – Oui, nous l'avons en vert, noir, blanc et bleu marine. Vous faites quelle taille?
  – Je fais A ☐ 40 B ☐ 38 C ☐ 42
  – Voilà. Vous voulez l'essayer?
  – Oui. Où est la cabine d'essayage, s'il vous plaît?
5   C'est combien?
  – C'est A ☐ 37 euros B ☐ 43 euros C ☐ 47 euros.

❹ On parle du collège
Lisez le texte et devinez les mots qui manquent. Écoutez la discussion et complétez le texte.

> A activités B anglais C ~~biologie~~
> D cantine E contrôles F informatique
> G longue H maths I pauses
> J piscine K technologie L vêtements

– Quelles sont les matières que vous aimez et que vous n'aimez pas?
– J'aime bien les sciences, surtout la **Ex.** ...C... .
 Je voudrais faire des études de médecine plus tard.
– Moi, je ne suis pas fort en sciences, mais j'aime les **1** .... Je trouve ça passionnant.
– Moi, j'aime la **2** .... et l'informatique. C'est très utile dans la vie. Par contre, je déteste l'**3** .... Je trouve ça ennuyeux.

– Qu'est-ce que vous aimez et qu'est-ce que vous n'aimez pas au collège?
– Je trouve que la journée scolaire est trop **4** .... Et puis, le soir, on a trop de devoirs à faire à la maison. On n'a pas le temps de faire d'autres **5** ....
– Il y a des clubs qui sont intéressants, par exemple, le club d'**6** ....
– On s'amuse pendant les **7** .... – on discute ou on joue aux cartes.
– Il y a trop de **8** ....

– Qu'est-ce que vous aimeriez changer?
– Ce serait bien d'avoir une **9** .... et un meilleur terrain de sport.
– À mon avis, ce serait bien s'il y avait plus de choix à la **10** ....
– Moi, je voudrais porter mes propres **11** .... et des boucles d'oreilles.

4/10 Unité 4

Épreuve 4: Écouter Partie A

1 C'est quelle matière?

Listen to students talking about their school subjects. Write the correct letter for each subject mentioned.

Example: C   1 ☐   2 ☐   3 ☐   4 ☐   5 ☐

A   B   C   D   E   F   G   H

2 Mon collège

Listen to Sophie talking about her school and tick the correct answers to the questions below.

Example: How many students are there at Sophie's school?

- **a** 500 ✓
- **b** 750 ☐
- **c** 1500 ☐

1 The school has:
 - **a** a gym, sports grounds and a swimming pool ☐
 - **b** a gym and a swimming pool but no sports ground ☐
 - **c** a gym and sports grounds but no swimming pool ☐

2 For sport, there is:
 - **a** basketball, football and handball ☐
 - **b** basketball, football and badminton ☐
 - **c** football, handball and tennis ☐

3 Her favourite subject is:
 - **a** science ☐
 - **b** design ☐
 - **c** technology ☐

4 Lessons start at:
 - **a** 08.00 ☐
 - **b** 08.15 ☐
 - **c** 08.30 ☐

5 She goes to school:
 - **a** by bus ☐
 - **b** by bike ☐
 - **c** by car ☐

6 At lunchtime:
 - **a** she eats at home ☐
 - **b** she takes a packed lunch ☐
 - **c** she eats in the canteen ☐

7 For homework, she normally has to work for:
 - **a** 1–2 hours ☐
 - **b** 2–3 hours ☐
 - **c** at least 3 hours ☐

3 On achète des cadeaux

Listen to people buying presents. First tick the correct box, then note **in English** who each present is for.

Example: A ☐   B ✓   C ☐   For ......her sister......

1   A ☐   B ☐   C ☐   For ....

2   A ☐   B ☐   C ☐   For ....

3   A ☐   B ☐   C ☐   For ....

4   A ☐   B ☐   C ☐   For ....

PARTIE A TOTAL /20

74

Unité 4

Épreuve 4: Écouter — Partie B

❶ La vie de tous les jours

Listen to the speakers and decide whether these statements are true or false.

		true	false
Ex:	Khalid habite en France.	✓	
1	Le matin, Khalid va au collège en voiture.		
2	Pour rentrer, il prend le métro.		
3	Hélène se lève très tôt.		
4	Hélène commence ses cours avant sept heures du matin.		
5	Hélène se couche tôt pendant la semaine.		
6	Jordan n'aime pas se lever tôt.		
7	Elle n'est pas très sportive.		

[7]

❷ Voici le problème

Listen to two customers and choose from the list below three statements that apply to each person.

Monsieur Gourdain
Ex. ...*a*...
1 ....
2 ....
3 ....

Kévin
1 ....
2 ....
3 ....

a He received a tie as a present.
b He received some socks as a present.
c He had his birthday the day before yesterday.
d He is buying a birthday present.
e He received a tie which had a fault.
f He wanted a refund for a tie.
g He wanted to exchange a tie for an identical one.
h He wanted to exchange some socks.
i His girlfriend criticised his choice.
j He bought some socks which have a fault in them.
k He was not able to get a refund nor an exchange.

[6]

❸ La mode

*Listen to Nicole giving her views about fashion and designer labels and complete the summary **in English**.*

Example: Nicole is *not very interested* in fashion.

1 She feels that people exaggerate its ....

2 There is too much coverage of fashion ....

3 She likes wearing fashionable clothes but she is not ....

4 During the holidays, she ....

5 She does not want to ....

6 People who wear the best .... should not talk about it all the time.

7 In her view, this is not very .... nor very kind.

[7]

PARTIE B TOTAL [20]

Unité 4

Épreuve 4: Lire – Partie A

1 Mes vêtements

Alex is sorting out his clothes to take on holiday. Look at his list and write the correct letter by each item.

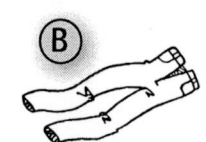

	Exemple: mon jean	B
1	mes chaussettes	
2	mes baskets	
3	mes chaussures	
4	ma casquette	
5	ma veste	
6	mon pull	

2 Au centre commercial

Use the shopping centre guide to help you find out the correct floor level for each item pictured. Write 0, 1, 2 or 3 for each item.

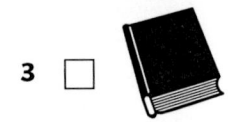

Exemple: 0

CENTRE COMMERCIAL LES 4 SAISONS

NIVEAU 3
Restaurants, cafés, banque, cinéma, pressing, agence de voyages, coiffeurs

NIVEAU 2
Magasins de mode, magasins de jouets, librairie-papeterie, bijouteries, bureau de Poste, Point information

NIVEAU 1
Magasins traditionnels – boulangerie, pâtisserie, épicerie, boucherie, charcuterie, poissonnerie, chocolatier, fruitier

NIVEAU 0
Accès – Métro, SNCF, Autobus, Garderie d'enfants, Parking (4000 places)

3 Un jeu de définitions

Read the definitions about school life and write the letter of the correct word listed below.

Exemple: C'est ici qu'on prend le déjeuner. [a]

1 C'est l'horaire de toutes les matières qu'on apprend.
2 C'est un intervalle entre le matin et l'après-midi, pour manger un repas, etc.
3 On entre au collège dans cette classe.
4 C'est un élève qui déjeune au collège, mais qui dîne et qui dort à la maison.
5 C'est une école pour les élèves de quinze à dix-huit ans.
6 C'est ici qu'on a les cours de sciences.
7 On doit les faire à la maison.

> **a** la cantine **b** les devoirs **c** un demi-pensionnaire
> **d** l'emploi du temps **e** un interne **f** un laboratoire
> **g** un lycée **h** la pause-déjeuner **i** en première **j** en sixième

PARTIE A TOTAL 20

Unité 4

Épreuve 4: Lire – Partie B (1)

1 Un carnet d'élève

A French pupil explains the system of the carnet d'élève. Read the information and answer the questions in English.

> Nous avons tous un carnet d'élève qui sert de moyen de communication entre les profs et les parents. Dans le carnet, nous devons écrire nous-mêmes les notes obtenues en classe et les communications destinées à nos parents.

> Le carnet contient aussi le règlement intérieur.

Règlement intérieur
- La ponctualité est obligatoire pour tous.
- Dans les salles de travaux pratiques et ateliers, le port d'une blouse est obligatoire.
- On ne doit pas jouer au ballon dans la cour pendant les heures des cours.

> Nos parents et nous devons signer notre carnet pour dire que nous avons compris les règles et que nous les respectons.

> Voici quelques extraits de mon carnet.

Théâtre Une sortie est prévue le 9 décembre de 13h45 à 17h30 environ pour voir 'Cyrano de Bergerac'. Apporter 10 € + 2 tickets de métro.

Vaccination vendredi 22 à 15h30. Les élèves doivent descendre à l'infirmerie à 15h25.

Techno Les travaux pratiques en technologie consistent à fabriquer un objet électronique. Il est demandé aux élèves une somme de 4€ pour les composants électroniques et les produits consommables.

Example: What is the main purpose of the *carnet d'élève*?

communication between teachers and parents

1 Who writes the pupil's school marks and grades in the book?

2 What is the first school rule, shown in the extract?

3 What is the rule about playing ball in the school yard?

4 Who has to sign the carnet to say that they accept the school rules? *(2)*

5 What kind of outing is planned for December?

6 What do pupils have to bring with them, apart from money, for the trip?

7 Why do the students have to bring some money for technology lessons?

8 What other rule is mentioned which affects the practical technology class?

9 What do pupils have to do on Friday at 3.25?

[10]

Tricolore Total 4 © Mascie-Taylor, Honnor, Spencer, Nelson Thornes 2010

Unité 4

Épreuve 4: Lire – Partie B (2)

2 L'école de Kadour

Read the article in which an African pupil compares school life in France with life at his former school in Africa.

Kadour compare sa vie scolaire en Afrique avec sa vie en France

Je suis seulement en France depuis huit mois. J'avais beaucoup moins de cours dans mon ancienne école, donc je n'ai pas encore l'habitude. Par contre, mon nouveau lycée est à 20 minutes de chez moi en bus, donc je fais un peu la grasse matinée. En Afrique, j'avais cinq kilomètres à pied à faire matin et soir, donc je partais de bonne heure. En plus, les cours commençaient plut tôt le matin et finissaient plut tôt le soir parce qu'il est difficile de travailler par 45 degrés.

Dans mon pays, beaucoup d'enfants quittent l'école à quatorze ans, mais ici, ce n'est pas possible. Beaucoup de mes cousins ont quitté l'école sans diplômes. Dans mon pays, on va à l'école pour apprendre à lire, à écrire, à compter, on apprend un peu d'histoire et de géographie, mais c'est à peu près tout. Le reste, pour se préparer à travailler par exemple, on l'apprend à la maison.

Le plus amusant dans mon nouvel emploi du temps, c'est l'anglais. Où j'habitais avant, on parlait français à la maison et français à l'école, mais rien de plus.

Chez moi, après l'école, j'aidais beaucoup mes parents à la maison et dans les champs, parce que je n'avais pas de devoirs. Ici, il faut toujours apprendre, réviser, préparer … le soir et même le week-end!

La chose que j'aime le moins ici, c'est qu'il y a plus de deux mille élèves dans mon lycée, donc j'ai du mal à me faire des copains. Où j'habitais avant, on se connaissait tous.

A *Reply to the questions about Kadour's life in Africa in English.*

Example: How far away was his school? ..5 km..

1 What was different about the school day? ....
2 What was the weather like in the afternoon ....
3 Where did he learn about the world of work? ....
4 What did he do in the evenings? ....
5 What does he say about homework in his former school? ....

B *Read the résumé and choose a word from the list below to complete the gaps.*

Kadour a du mal à s'habituer au **Ex.** ..a.. de cours dans son nouveau lycée, mais il est content parce qu'il peut **1** .... plus tard qu'avant.
Dans son ancien pays, les journées scolaires sont plus **2** .... qu'en France à cause de la chaleur.
En France on fait plus de **3** ....
Dans son ancienne école, Kadour n'a pas **4** .... les langues étrangères, mais en France, il apprend l'anglais, qu'il aime beaucoup.
Le plus désagréable pour Kadour, c'est que son nouveau lycée est trop **5** .... et qu'il ne connaît pas les autres élèves.

> **a** nombre **b** obligatoire **c** matières **d** le monde du travail
> **e** se lever **f** courtes **g** grand **h** étudié **i** l'anglais **j** les maths

PARTIE B TOTAL

4/15 Unité 4

Épreuve 4: Grammaire

❶ Using the verb *devoir*

Complete the sentences with the present tense of **devoir**.
Exemple: En France on ..*doit*.. acheter ses livres scolaires.

1 Les élèves .... aller au collège le samedi matin.
2 Moi, je .... apprendre une langue vivante.
3 Tu .... travailler beaucoup le soir et le week-end?
4 Vous .... porter un uniforme scolaire dans les collèges britanniques, non?
5 Mais, nous, nous ne .... pas porter d'uniforme en France.
6 À l'école primaire, on .... apprendre à nager.

/6

❷ Complete the sentences

A *Complete the sentences using ce/cet/cette/ces.*
(½ mark for each one)

Exemple: On m'a offert ..*ce*.. livre (m) comme cadeau.

1 Tu aimes .... montre (f)?
2 .... cartes postales sont amusantes.
3 Que penses-tu de .... appareil (m)?
4 Ma copine a acheté .... boucles d'oreille.

B *Complete the sentences using **quel** + **noun** and **lequel**.*
(½ mark for each one)

Exemple: Le magasin ferme à ..*quelle*.. heure (f)?

1 Le rayon mode est à .... étage (m)?
2 – Vous avez ce jean d'une autre couleur?
   – .... ? (*Which one?*)
3 – Tu aimes cette ceinture?
   – .... ? (*Which one?*)
4 – Je vais acheter ces baskets (f pl).
   – ....? (*Which ones?*)

/4

❸ Using the imperfect tense

A *Complete the text with the verbs in the imperfect tense.*

Un examen important

Le jour de mon examen, **Ex.** j' ..*étais*.. (être) très inquiète.
J' **1** .... (essayer) de me dire que ce n' **2** .... (être) pas si important que ça.
Il **3** .... (faire) très chaud dans la salle de classe.
Au début, je ne **4** .... (pouvoir) pas me concentrer.
Mais enfin, j'ai commencé à écrire et je n' **5** .... (avoir) pas le temps de m'inquiéter.

B *Complete the phrases using the imperfect tense.*

français	anglais
Ex. Il ..*faisait*.. beau quand nous sommes arrivés dans le village.	The weather was fine when we arrived in the village.
1 Quand j'........................ jeune,	When I was young,
2 nous .... souvent ici.	we used to come here often.
3 Avant, il n'y .... pas de cinéma ici.	Before, there wasn't a cinema here.
4 Mon ami .... voir le film.	My friend wanted to see the film.
5 On a vu le film, mais c' .... un peu ennuyeux.	We saw the film, but it was a bit boring.

/10

GRAMMAIRE TOTAL

/20

Tricolore Total 4 © Mascie-Taylor, Honnor, Spencer, Nelson Thornes 2010 79

5/1 Unité 5

Les repas et moi

Vous allez écrire une lettre à un(e) jeune Français(e). Voici des idées pour vous aider.

Écrivez d'abord le lieu et la date (en français).

C'est à qui?

Commencez par une petite introduction.

Qu'est-ce que tu manges et bois, d'habitude, au petit déjeuner?

Où manges-tu à midi, en semaine, et qu'est-ce que tu aimes manger?

> ... déjeune à la cantine (on y mange bien/ce n'est pas très bon)
> ... rentre à la maison
> ... mange des sandwichs
> ... vais au café/dans un fast-food

Le soir, à quelle heure manges-tu normalement et qu'est-ce que tu aimes manger?

> ... je dîne à 18 heures
> ... nous mangeons en famille
> ... je mange devant la télé
> ... on prend de la viande/du poisson/des pâtes etc.

Quel est ton repas préféré et pourquoi?

> Mon repas/plat préféré, c'est ... parce que (j'adore/je préfère ...)
> Ce que j'aime/je n'aime pas, c'est ...
> Il est important de (+ infinitif)

Est-ce qu'il y a quelque chose que tu n'aimes pas manger?

> Je n'aime pas ... parce que ...
> C'est plus/moins/trop salé/sucré/délicieux ...
> Je suis allergique au/à la ...
> Je n'aime pas le goût du/de la ...

Qui fait la cuisine chez toi? Est-ce que tu aides à préparer des repas chez toi?

> Normalement/Quelquefois/Le week-end, je ...
> Je ne fais jamais la cuisine, mais je ...
> j'aide à (+ infinitif)

Posez des questions sur les repas en France.

Finissez et signez la lettre.

> à bientôt
> bien affectueusement
> bisous

.................., le ....

Cher/Chère .... ,

Dans ta lettre tu m'as demandé de te parler des repas qu'on mange en Grande-Bretagne et des choses que j'aime et que je n'aime pas manger et boire. Eh bien, voilà.

Pour le petit déjeuner, je prends ....

....

....

À midi, je ....

....

....

....

Le soir, ...

....

....

Mon repas préféré, c'est .... parce que

....

....

Je n'aime pas ....

....

....

....

....

....

....

Et toi, qu'est-ce que tu..

....

....

....

5/2 Unité 5

Un repas de fête

① La fête de Jamilla

Jamilla parle d'un repas de fête. Écoutez et complétez le résumé. Choisissez les mots de la case.

> a mangé   mouton   délicieux   pays
> l'anniversaire   repas   la famille   son père

On a organisé un (**1**) .*repas*..... spécial pour (**2**)............................. de Jamilla. C'est (**3**)............................. qui a fait le repas. Toute (**4**)............................. est venue à la fête. On (**5**)............................. des plats typiques de son (**6**)............................. d'origine. Un des plats était fait avec du (**7**)............................. Les desserts étaient (**8**).........................

② Mon repas de fête

Décrivez un repas de fête: ce que vous aimez manger et boire; qui fait la cuisine; qui est invité, etc.

C'était quelle fête? (anniversaire, fête religieuse, succès, …)	On a organisé un repas spécial pour fêter …
Qui a été invité? Combien de personnes? (toute la famille, grands-parents, amis/copains, voisins, …)	On a invité … Il y avait …
Qu'est-ce qu'on a mangé et bu? (des spécialités, des plats de la région, une entrée typiquement écossaise, un dessert spécial, …)	On a mangé … et on a bu …
Qu'est-ce que tu as surtout aimé? (le plat principal, le dessert, le gâteau, …)	J'ai surtout aimé …
Qui a préparé le repas? Et qui a aidé à faire quoi? (mes parents, moi, …; mettre la table, préparer les légumes, ranger la salle à manger; faire la vaisselle, …)	C'est .... qui a préparé le repas, et …
C'était comment le repas de fête? (génial, délicieux, un désastre; beaucoup d'ambiance; on s'est bien amusés; le chien a tout mangé; …)	C'était …
Et en plus?	

5/3 Unité 5

C'est bon à manger!

❶ Le pain est très utile!

On peut faire toutes sortes de casse-croûtes avec le pain, par exemple:

a Le croque-monsieur
>   2 tranches de pain beurré
>   1 tranche de jambon
>   du fromage

Sur une tranche de pain beurré, mettre* du fromage coupé en petites tranches.
Ensuite, mettre la tranche de jambon, puis encore du fromage et l'autre tranche de pain beurré.
Mettre le sandwich au four (N° 7 ou 220°C) sur une grille. Tourner après dix minutes et laisser encore pendant quatre ou cinq minutes. Et voilà, c'est fait!

b Des toasts amusants pour les fêtes
Pour l'anniversaire de vos petits frères et sœurs (ou même quand vous recevez vos propres amis), faites des 'tableaux sur toast' avec du fromage, du pâté, des légumes, des tranches de jambon ou des rondelles de saucisson sec. Voici quelques idées, mais pourquoi ne pas organiser un concours pour amuser les invités, avec des prix pour les meilleures idées?

c Le pain perdu
(une bonne idée pour le goûter!)
Pour chaque personne … 
>   des tranches de pain
>   un œuf
>   60g environ de sucre en poudre
>   un verre de lait
>   un peu de beurre

Mélanger l'œuf entier, le sucre et le lait, puis rouler les tranches de pain dans le mélange.
Faire chauffer du beurre dans une poêle (anti-adhésive, si possible). Faire dorer les tranches de pain dans le beurre, en les tournant une fois pour faire cuire les deux côtés.
Servir bien chaud avec du sucre, de la confiture ou une compote de fruits.

Vocabulaire

la cuiller/cuillère	spoon
… à café	teaspoon
… à dessert	dessert spoon
… à soupe	tablespoon (or French-style soup spoon)
la cuillerée	spoonful
le four	the oven
la grille	(in recipes) wire rack
mélanger	to mix
le vinaigre (de vin)	(wine) vinegar

*__À noter:__ dans les recettes françaises, on se sert souvent de l'infinitif du verbe.

---

❷ Des recettes typiquement françaises

a La sauce vinaigrette
Les Français mangent beaucoup de salade, mais rarement sans sauce. Voici une recette traditionnelle pour la sauce vinaigrette.
>   1 cuillerée à soupe de vinaigre de vin
>   3 cuillerées à soupe d'huile d'olive
>   quelques pincées de sel et une pincée de poivre
>   une échalote hachée ou un peu de moutarde

Mélanger le tout dans un bol. À mettre sur toutes sortes de salades, par exemple, les salades composées, les salades de tomates ou la salade verte.

b Les croissants
Les croissants sont considérés comme un plat typiquement français, mais en fait, ils sont d'origine autrichienne et c'est la reine Marie-Antoinette qui a importé les premiers croissants en France.
On peut les manger tout simplement avec du beurre; pour le petit déjeuner, on peut les tremper dans son café au lait ou son bol de chocolat chaud; on peut les fourrer de toutes sortes de choses salées ou sucrées.

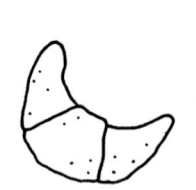

Des suggestions pour fourrer les croissants
- de la mayonnaise avec de la crème, un peu de jus de citron ou de l'ail, mélangés avec des crevettes ou du poulet froid coupé en petits morceaux
- des œufs brouillés avec un peu d'oignon haché ou de poivron coupé en petites tranches
- des champignons avec du jambon ou du bacon coupés en morceaux, le tout légèrement cuit dans du beurre ou peut-être mélangé dans une sauce béchamel
- pour ceux qui aiment les choses sucrées: des bananes ou des fraises coupées en tranches ou des framboises mélangées avec de la crème fraîche et du sucre

Unité 5

Hier, avez-vous bien mangé?

❶ Hier

Décrivez ce que vous avez bu et mangé hier. (Choisissez des mots dans les cases pour remplir les blancs.)

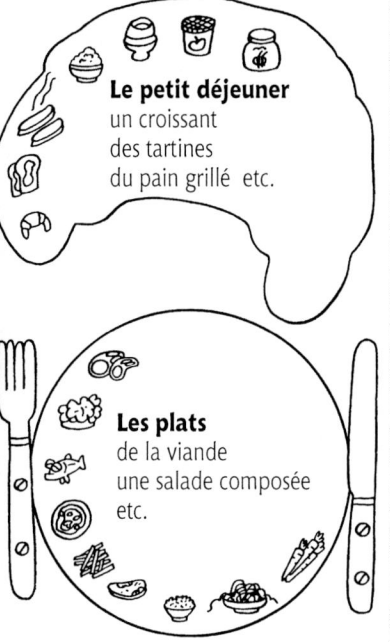

Le petit déjeuner
un croissant
des tartines
du pain grillé etc.

Les plats
de la viande
une salade composée
etc.

Hier, pour le petit déjeuner,

j'ai bu ....

et j'ai mangé ....

Pour le déjeuner,

j'ai bu ....

et j'ai mangé ....

et comme dessert, j'ai pris ....

Pour le dîner,

j'ai bu ....

et j'ai mangé ....

et comme dessert, j'ai pris ....

Comme casse-croûtes,

j'ai bu ....

et j'ai mangé ....

Les boissons
du jus de fruit
du lait
du chocolat chaud
du café au lait
etc.

Les casse-croûtes
des chips
des petits gâteaux
etc.

Les desserts
des fruits
du yaourt etc.

❷ Hier, avez-vous bien mangé?

Répondez d'abord aux questions.

Ex.1 ☑ J'en ai mangé ..5.. portions.

1 Hier, avez-vous mangé assez de fruits et de légumes?

　☐ J'en ai mangé .... portion(s).

　☐ Je n'en ai pas mangé.

2 Avez-vous mangé assez de pain?

　☐ J'en ai mangé .... tranche(s).

　☐ Je n'en ai pas mangé.

3 Avez-vous bu assez d'eau ou de jus de fruit?

　☐ J'en ai bu .... verre(s).

　☐ Je n'en ai pas bu.

4 Avez-vous mangé trop de sucreries? ....

....

5 Avez-vous mangé trop de matières grasses? ....

6 Avez-vous mangé trop de casse-croûtes? ....

....

7 Avez-vous bu trop de boissons sucrées ....

....

Pour vous aider

J'en ai trop mangé/bu.
J'en ai mangé/bu, mais pas trop.
Je n'en ai pas mangé/bu.

Regardez bien vos réponses, puis répondez à ces deux questions:

Hier, avez-vous bien mangé pour rester en forme? ....

....

À votre avis, est-ce que vous mangez bien pour votre santé d'habitude? ....

....

5/5 Unité 5

Jeux de mots – les magasins

❶ Chasse à l'intrus

Soulignez le mot qui ne va pas avec les autres.

1 une alimentation   un supermarché
   <u>une crémerie</u>   une épicerie

2 une boucherie   une parfumerie
   une boulangerie   une épicerie

3 une pharmacie   une poissonnerie
   une quincaillerie   une librairie

4 les fraises   les framboises
   les haricots   les abricots

5 des bouteilles de vin   des boîtes de conserves
   des paquets de biscuits   des choux de Bruxelles

6 du bœuf   du mouton   du thon   du poulet

7 une charcuterie   une pâtisserie
   une boucherie   une crêperie

8 un kiwi   un kilo   un ananas   un melon

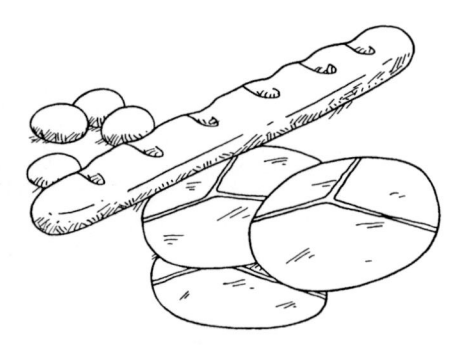

❷ Un jeu de définitions

Exemple: 1 *la boulangerie*

1 Dans ce magasin, on vend du pain, mais on ne vend pas toujours de gâteaux.
   ....

2 Ici, on vend du porc et du jambon, mais on ne vend pas de steak.
   ....

3 Ici, on peut acheter de tout.
   ....

4 Ici, on peut acheter du beurre, du lait et de la crème, et quelquefois des glaces.
   ....

5 Ici, on peut acheter de la viande et des saucisses, mais pas de quiches.
   ....

6 Ici, on peut acheter des fruits et des légumes, du fromage et beaucoup d'autres choses, mais ce n'est pas un magasin.
   ....

7 Ici, on peut acheter des bonbons, des œufs de Pâques et des boîtes de chocolats.
   ....

8 Ici, on peut acheter des gâteaux, des tartes aux fraises, et quelquefois des bonbons, mais pas de pain.
   ....

❸ 5 4 3 2 1

Exemple: (à l'épicerie) ......*du beurre ...*......
Trouvez:

5 choses qu'on achète à l'épicerie ....
....
....

4 choses qu'on achète à la boulangerie-pâtisserie ....
....

3 choses qu'on achète à la charcuterie ....
....

2 choses qu'on achète à la boucherie ....
....

1 chose qu'on achète à la poissonnerie ....

5/6 Unité 5

On achète des provisions (A)

Travaillez à deux. Vous êtes le/la client(e).

1 *Vous voulez acheter ces choses (Il y a des choses que vous ne pouvez pas acheter – notez-les!):*

Exemple:
1. Je voudrais des bananes.
2. Avez-vous des œufs?
3. Donnez-moi de l'eau minérale, des poires, etc.

2 *Cette fois, demandez des quantités spécifiques. Choisissez parmi les choses 1–10. Notez les choses que vous achetez.*

Exemple:
- **A:** Je voudrais 100 grammes de pâté, s'il vous plaît.
- **B:** Voici 100 grammes de pâté.
- **A:** Et donnez-moi une botte de radis, s'il vous plaît.
- **B:** Désolé, il n'y a pas de radis aujourd'hui.

1. 100g
2. 4 tranches
3. 2 bouteilles
4. 10 rondelles
5. 1 botte
6. une barquette
7. 2 kg
8. 500g
9. 2 tablettes
10. 1 paquet

Rappel
du/de la/de l'/des → de *after a negative or expressions of quantity:*   des bananes → pas de bananes   du pâté → 100g de pâté

On achète des provisions (B)

Travaillez à deux. Vous êtes l'épicier/l'épicière

1 *Aujourd'hui, vous n'avez pas de fruits et vous n'avez pas de boissons.*

Exemple:
- **A:** Je voudrais des bananes.
- **B:** Désolé, il n'y a pas de bananes.
- **A:** Avez-vous des œufs?
- **B:** Oui, voilà des œufs.

2 *Cette fois, le/la client(e) demande des quantités spécifiques. Vous avez tout, sauf les légumes.*

Exemple:
- **A:** Je voudrais 100 grammes de pâté, s'il vous plaît.
- **B:** Voici 100 grammes de pâté.
- **A:** Et donnez-moi une botte de radis, s'il vous plaît.
- **B:** Désolé, il n'y a pas de radis aujourd'hui.

Rappel
du/de la/de l'/des → de *after a negative or expressions of quantity:*   des bananes → pas de bananes   du pâté → 100g de pâté

Unité 5

Chez le charcutier

Lisez et écoutez la conversation qui se passe dans une charcuterie.

Mlle D: Bonjour, monsieur.
Le charc: Bonjour, Mademoiselle Dupont. Vous allez bien?
Mlle D: Pas mal, monsieur, pas mal.
Le charc: Qu'y a-t-il pour votre service ce matin?
Mlle D: Du pâté, d'abord, 250 grammes de pâté, ce pâté que …
Le charc: Voyons, 250 grammes de pâté maison, c'est ça, non?
Mlle D: Non, pas de pâté maison …
Le charc: Lequel alors?
Mlle D: Avez-vous ce pâté Bonnefoie que j'ai vu à la télé?
Le charc: À la télé, à la télé! Vous n'allez pas me dire que vous croyez tout ce que vous voyez à la télé! Auguste, tu connais Mademoiselle Dupont, non? Tu peux deviner ce qu'elle m'a demandé comme pâté?
Auguste: Lequel alors?
Le charc: Le pâté Bonnefoie qu'elle a vu à la télé!
Auguste: *(Il rit aux éclats.)* Mon Dieu, elle ne va pas nous dire qu'elle croit tout ce qu'elle voit à la télé? Du pâté Bonnefoie …
Mlle D: Bon, bon, ça va! Donnez-moi du pâté maison alors.
Le charc: Voilà, mademoiselle. Du pâté maison. Et avec ça?
Mlle D: De l'huile d'olive, s'il vous plaît. Une grosse bouteille.
Le charc: Laquelle, mademoiselle? Vous n'avez pas vu ça à la télé, je suppose? *(Il rit encore.)*
Mlle D: Non, non. Mais j'ai une amie qui me recommande une marque d'huile d'olive qui s'appelle Lasieuse. Elle s'en sert tout le temps.
Le charc: Ah! Elle est très riche, votre amie?
Mlle D: Non, pas tellement, elle est …
Le charc: Vous savez le prix de l'huile d'olive Lasieuse, mademoiselle?
Mlle D: Non, je …
Le charc: Auguste, tu sais toi le prix de l'huile d'olive Lasieuse?
Auguste: *(De nouveau, il rit aux éclats.)* L'huile Lasieuse? Elle a gagné à la Loterie nationale, Mademoiselle Dupont? L'huile Lasieuse, l'huile La…!
Mlle D: Ça va, ça va! Ne recommencez pas. Donnez-moi n'importe quelle marque d'huile d'olive, mais qui ne coûte pas trop cher.

Le charc: Voilà, mademoiselle, de l'huile d'olive, une grosse bouteille. Et avec ça, qu'est-ce que je vous donne?
Mlle D: De la charcuterie maintenant. Donnez-moi quatre ou cinq rondelles de deux ou trois saucissons différents.
Le charc: Très bien, mademoiselle. Lesquels?
Mlle D: Eh bien … euh … celui-là, peut-être et … euh …
Le charc: Alors celui-là, mademoiselle, est très fort, très assaisonné… très très fort. Eh bien, si vous aimez le saucisson fort, très fort …
Mlle D: Non non, pas trop fort. Celui-ci, peut-être. Il est moins fort, celui-ci?
Le charc: En effet, mademoiselle, celui-ci est beaucoup, beaucoup moins fort. À vrai dire, il est plutôt fade. Ce saucisson n'a presque pas de goût.
Mlle D: Pas celui-ci, alors. Dites-moi, lesquels me recommandez-vous finalement? Je voudrais deux ou trois saucissons différents.
Le charc: Alors, prenez celui-ci, et ces deux là-bas. Je vous coupe combien de rondelles de chacun?
Mlle D: Mais ceux-là sont les plus chers!
Le charc: Mais de la meilleure qualité, mademoiselle, de la meilleure qualité! Auguste, viens-ici! Mademoiselle Dupont veut des saucissons de la meilleure qualité. Lesquels choisis-tu pour elle?
Auguste: Mais celui-ci et ceux-là, monsieur. Ils sont de la meilleure qualité.
Mlle D: Oui oui, je comprends. Alors quatre rondelles de chacun. Et puis c'est tout!
Le charc: Voilà, mademoiselle. Et c'est vraiment tout? Vous ne voulez pas goûter à nos spécialités?
Mlle D: Vos spécialités, mais lesquelles?
Le charc: Eh bien, les tomates farcies aux herbes, la salade provençale, les pizzas à la mode de …
Mlle D: Non non, merci. Je suis sûre que tout est délicieux, mais pour aujourd'hui, merci, j'en ai assez. Voilà votre argent, monsieur. Et adieu!

1 Qu'est-ce que Mlle Dupont a acheté, finalement?

1. ☐ du pâté maison
2. ☐ du pâté Bonnefoie
3. ☐ de l'huile d'olive Lasieuse
4. ☐ de l'huile d'olive ordinaire
5. ☐ du saucisson fort
6. ☐ du saucisson recommandé par le charcutier
7. ☐ des spécialités du magasin
8. ☐ des tomates farcies aux herbes
9. ☐ de la salade provençale
10. ☐ une pizza

2 Trouvez le contraire.

1. une petite bouteille ....
2. pauvre ....
3. trop cher ....
4. pareils ....
5. assaisonné ....
6. d'une qualité inférieure ....

5/8 Unité 5

Jeux de mots – au café

❶ Un acrostiche

Verticalement

1 Ce n'est pas exactement un gâteau et ce n'est pas du pain. Souvent, on le mange pour le petit déjeuner. (9)

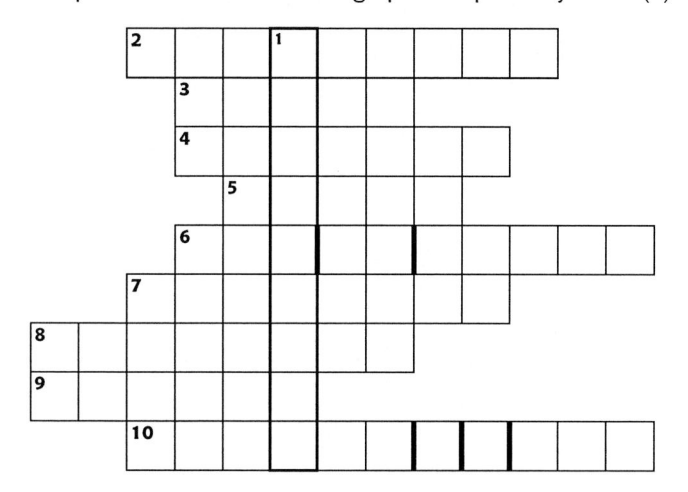

Horizontalement

2 C'est une boisson chaude au parfum d'un fruit jaune. (3, 6)
3 Normalement, on sert le vin, les jus et l'eau dans un ... (5)
4 Un croque-monsieur se fait avec du pain, du jambon et du ... (7)
5 C'est une boisson gazeuse, et alcoolisée. (5)
6 On boit ça souvent au commencement du petit déjeuner. (3, 2, 5)
7 L'eau, le café, l'Orangina, la menthe à l'eau – ce sont tous des ... (8)
8 C'est une boisson gazeuse, presque sans couleur. (8)
9 Il y a de la viande dans ce casse-croûte – c'est un sandwich au ... (6)
10 C'est une boisson très rafraîchissante, au goût de menthe. (6, 1, 1, 3)

❷ Qu'est-ce qu'on commande?

Suivez les lignes, puis écrivez la commande. (Pour vous aider, regardez le Sommaire, Unité 5 du livre de l'étudiant.)

1 David
2 Noémie
3 Claire
4 Mme Lionel
5 M. Notier
6 Isabelle
7 Richard
8 Mlle Robert

1 David	–	Je voudrais **Ex.** *un hot dog*, s'il vous plaît, et comme boisson, ...
2 Noémie	–	Pour moi, ... et .... , s'il vous plaît.
3 Claire	–	Donnez-moi .... et .... au ....
4 Mme Lionel	–	Comme boisson, je voudrais .... , et .... au ....
5 M. Notier	–	Un .... au ...*f*........................ , s'il vous plaît, avec une portion de .... et, comme boisson, ...
6 Isabelle	–	Je voudrais .... , s'il vous plaît, trois boules, vanille, ...*f*........................ et ...*c*........................ .
7 Richard	–	Pour moi, une petite .... et avec ça, un .... de ....
8 Mlle Robert	–	Un .... , s'il vous plaît, et des ...*c*........................ . J'ai faim aujourd'hui!

Tricolore Total 4 © Mascie-Taylor, Honnor, Spencer, Nelson Thornes 2010

Unité 5

Les pronoms sont utiles

❶ Des conversations

Complétez les conversations avec les pronoms me, te, nous, vous, lui et leur.

Exemple:

a **La cliente:** Bonjour, madame. Deux paquets de chips, s'il ...*vous*... plaît.
   L'épicier: Voilà. Et avec ça?
   La cliente: Donnez-moi du fromage de chèvre.
   L'épicier: Je .... en mets combien?
   La cliente: Deux cent cinquante grammes, s'il .... plaît.

b **Louise:** C'est l'anniversaire de Charles demain. Tu .... as envoyé une carte?
   Patrick: Ah non! Mais je vais .... offrir une boîte de chocolats.
   Louise: J'avais deviné. C'est le même cadeau que tu offres à tous tes copains!
   Patrick: Je sais. Mais je .... donne ça parce que moi, j'adore les chocolats et souvent, on les partage!

c **Patrick:** Salut Charles! Bon anniversaire! Voici un petit cadeau pour toi!
   Charles: Merci, Patrick. Tu .... offres toujours mes chocolats favoris!
   Patrick: Et ma sœur Louise .... a envoyé cette carte et ce CD.
   Charles: C'est gentil. Je vais .... téléphoner pour .... dire merci. Nous allons au café ce soir. Mon père va .... payer un verre. Tu peux venir, et Louise aussi?
   Patrick: Je crois. Je vais .... appeler plus tard.

❷ Qu'est-ce qu'on leur sert?

Ces jeunes sont au café, qu'est-ce qu'on leur sert comme boissons?

Exemple: Louise   On ....*lui*.... sert un coca.
Michel   On .... sert un jus de fruit.
Patrick et Charles On .... sert du chocolat chaud.
Noémie et Simon   On .... sert ....

Et qu'est-ce qu'on leur sert à manger?

Michel et Charles On .... sert ....
Patrick   On .... sert ....
Noémie   On .... sert ....
Simon   On .... sert ....

Unité 5

La Patate

Ce soir, vous dînez dans ce restaurant avec un ami/des amis. Inventez des conversations.

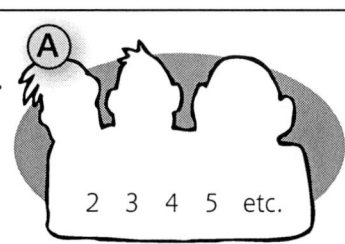

A 2 3 4 5 etc.

B
dans le coin
sur la terrasse
près de la fenêtre

C
une salade niçoise
les œufs mayonnaise
une salade de tomates
la soupe de poissons
du melon
les radis au beurre

D
une pizza Marguerite
les lasagnes au four
les spaghettis bolognaise
une omelette
(nature/aux champignons/
au fromage)
le steak au poivre
le poulet rôti
les saucisses
les fruits de mer

E
un jus de fruit
une bière
un verre de vin rouge/blanc
une eau minérale (gazeuse)
une limonade
un coca
un panaché

F
du fromage
des profiteroles
une glace au choix
la coupe de fraises à la crème Chantilly
la tarte aux pommes

---

1 Le serveur: Bonjour messieurs-dames. Vous êtes combien?
  Vous: Nous sommes (A) **deux**.
  Le serveur: Où voulez-vous vous mettre?
  Vous: Avez-vous une table (B) **dans le coin**?
  Le serveur: Bien sûr – voilà une table pour vous. Et voici la carte.

2 Le serveur: Vous avez choisi?
  (Tout le monde choisit.)
  Vous: Pour commencer, je voudrais (je vais prendre) (C) **une salade de tomates**.
  Le serveur: Très bien. Et comme plat principal?
  (Tout le monde choisit.)
  Vous: Comme plat principal, apportez-moi/donnez-moi (D) **une pizza Marguerite**.

3 Le serveur: Qu'est-ce que vous voulez boire?
  Vous: Pour moi, (E) **un panaché** et pour mon ami, (E) **une limonade**.

4 Le serveur: Vous voulez un dessert?
  (Tout le monde choisit un dessert.)
  Vous: Alors, pour moi, (F) **des profiteroles**.

5 Le serveur: Vous voulez autre chose – un café, peut-être?
  Vous: Non, merci. Apportez-nous l'addition, s'il vous plaît.
  Le serveur: Tout de suite.

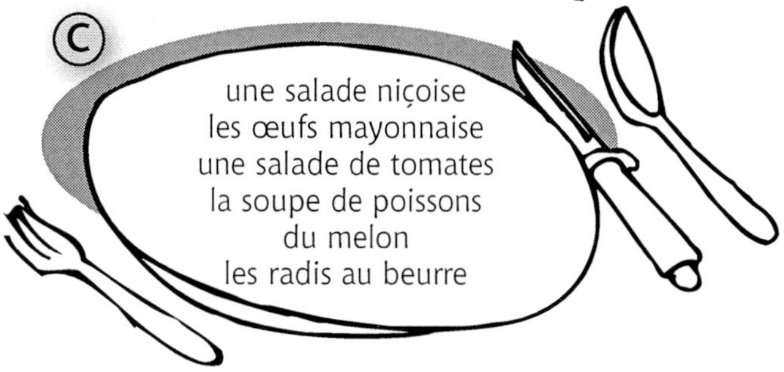

Unité 5

Mots croisés – au restaurant

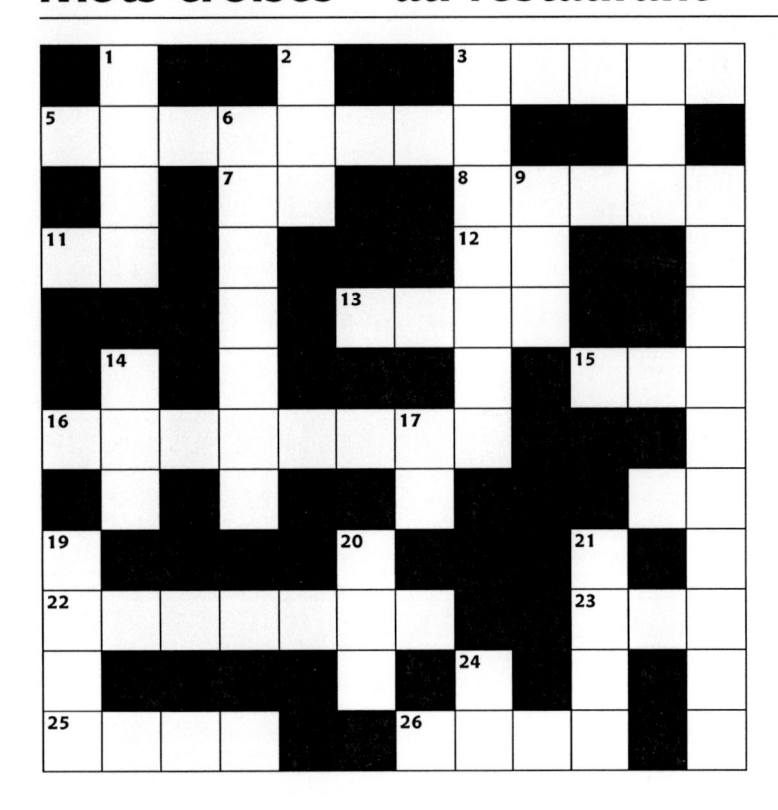

Horizontalement

3 Prends un casse-croûte avec moi: je ne veux pas manger toute …! (5)
5 Vous mangez … ou vous prenez le menu à prix fixe? (1, 2, 5)
7 Vous voulez votre steak saignant … bien cuit? (2)
8 Alors, pour commencer, je prends les … au beurre. (5)
11 … comme plat principal, le bœuf bourguignon. (2)
12 Sur la carte, j'ai … le mot 'pissaladière'. Qu'est-ce que c'est exactement? (2)
13 Le menu à … fixe, s'il vous plaît. (4)
15 Vous préférez un vin doux ou un vin …? (3)
16 Pour commencer, je prends une … de crudités. (8)
18 Oui, madame. Et avec …? (2)
22 Voilà votre entrée, monsieur. Bon …! (7)
23 – Tu as lu le menu?
 – …, il y a des choses délicieuses! (3)
25 Nous prenons le … à prix fixe. (4)
26 Mes amis ont tous aimé … dessert. (4)

Verticalement

1 Comme … principal, je prends le poulet. (4)
2 Une bouteille d'… minérale, s'il vous plaît. (3)
3 Le … est compris, comme d'habitude. (7)
4 C'est l'anniversaire de Paul. Je vais … payer un verre. (3)
6 Voilà l'addition, monsieur. Le service est … (7)
9 Comme dessert, je prends la tarte … fraises. (3)
10 C'est une … de la région. (10)
14 Mmm! Le gâteau au chocolat … délicieux! (3)
17 Je … paie un verre, Jean. Qu'est-ce que tu prends? (2)
19 J'ai une … de loup! (4)
20 Le curry est servi avec des frites ou avec du …? (3)
21 Le plat du …, monsieur, qu'est-ce que c'est? (4)
24 Moi, … prends le steak. (2)

Unité 5

Un peu d'histoire

1 Comprenez-vous la carte?

Trouvez les paires.

A
1. bonne femme .... a *hot, spicy*
2. confit .... b *smoked*
3. en croûte .... c *plain*
4. fumé .... d *sweet*
5. au gratin .... e *savoury*
6. garni .... f *with some kind of garnish*
7. nature .... *(e.g. small salad)*
8. piquant .... g *(meat or fish) poached in white wine*
9. sucré .... *sauce with onions and mushrooms*
10. salé .... h *with browned topping (often with breadcrumbs or cheese)*
    i *in a pastry case*
    j *potted or preserved*

B
1. aïoli .... a *scrambled egg or omelette containing onions, green peppers and tomatoes*
2. hachis Parmentier ....
3. île flottante .... b *salad served as a main dish and containing hard-boiled eggs, olives, green beans and anchovies*
4. macédoine de fruits/de légumes ....
5. œuf sur le plat .... c *shepherd's pie*
6. pipérade .... d *fillet steak topped with pâté served with Madeira sauce*
7. pommes au four ....
8. ragoût .... e *garlic mayonnaise*
9. salade niçoise .... f *fried egg*
10. tournedos Rossini .... g *stew*
    h *jacket potatoes*
    i *fruit/vegetable salad*
    j *dessert of poached egg whites floating in custard*

2 Le poulet Marengo

L'empereur Napoléon adorait le poulet et il en mangeait beaucoup. Son chef de cuisine personnel, M. Dunand, voyageait avec lui et lui préparait des plats délicieux, même pendant les batailles.

En 1800, c'était la veille d'une bataille célèbre entre les Autrichiens et l'armée de Napoléon, à Marengo, en Italie. Assez tard, ce soir-là, Napoléon avait faim et il a demandé à son cuisinier, 'Qu'est-ce qu'il y a à manger?'

Le chef a répondu, 'Il y a des tomates, des olives et des anchois pour commencer, puis du poulet déjà cuit.

'Mettez tout ça ensemble,' a dit Napoléon, 'je n'ai pas le temps de les manger séparément.'

Le cuisinier a servi tout ça ensemble, dans une seule assiette, et Napoléon en a mangé, ainsi que ses officiers.

Aujourd'hui, ce plat est toujours très populaire. On l'appelle 'Le poulet Marengo'.

Complétez les phrases.

1. Napoléon aimait beaucoup manger
   Ex. *le poulet*
2. M. Dunand était son ....
3. En 1800, il y a eu une bataille célèbre en ....
4. Les Autrichiens se battaient contre les ....
5. Le jour avant un événement s'appelle la ....
6. Ce soir-là, Napoléon avait faim, mais il n'avait pas beaucoup de ....
7. Comme viande, son chef avait du ....
8. Comme fruits et légumes, il a pris des .... et des ....
9. Napoléon a mangé tous ces ingrédients ....
10. Aujourd'hui, on peut toujours manger ce ....

3 Autrefois ... on mangeait comme ça

Lisez l'article et choisissez le bon titre pour chaque paragraphe.

A Le roi mangeait, nuit et jour
B Le roi adorait la soupe
C La soupe, c'est important!
D Les paysans mangeaient royalement
E La soupe, il y en avait toujours

1. Vous aimez la soupe? Depuis des siècles, la soupe joue un rôle important dans le repas du soir des Français. ☐
2. Au Moyen Âge, les paysans avaient une grande casserole de soupe qu'ils laissaient cuire sans arrêt sur le feu. Le soir, ils en mangeaient à leur faim, et après, ils ajoutaient encore des légumes ou peut-être un poulet, et la soupe continuait à cuire. ☐
3. À l'époque du roi Louis XIV, on mangeait beaucoup de soupe à la cour, mais avec des ingrédients assez inattendus. Par exemple, le roi aimait beaucoup une soupe composée de laitue, de beaucoup d'herbes, de jus de champignons bouillis et d'œufs durs! ☐
4. Le roi Louis XIV était un mangeur extraordinaire et on raconte beaucoup d'histoires au sujet de son grand appétit. Le soir, on laissait à la porte de la chambre de Louis XIV deux ou trois grands pains et quelques bouteilles de vin – même s'il avait mangé un gros dîner. Et pourquoi? Parce qu'il risquait d'avoir faim pendant la nuit! ☐
5. Après un repas du roi, les officiers de la cour apportaient tout ce qui restait du repas et le vendaient au peuple. Souvent, le roi n'avait même pas goûté à tous les plats, alors on pouvait manger de la nourriture royale et à des prix assez bas. ☐

Tricolore Total 4 © Mascie-Taylor, Honnor, Spencer, Nelson Thornes 2010   91

Unité 5

Un restaurant pas comme les autres

Sabine et Nicolas habitent à Genève en Suisse. Lisez l'histoire, puis faites l'activité en bas.

Un restaurant pas comme les autres

— Il est quelle heure? a demandé Sabine en sortant du cinéma.
— Onze heures et demie, et j'ai faim, moi, pas toi? a répondu Nicolas.
— Bien sûr que j'ai faim! On va au resto?
— Je voudrais bien. Mais il n'y aura rien d'ouvert à cette heure, dans ce vieux quartier.
— On pourrait chercher un peu, quand même!
— D'accord. Eh bien, en voiture!

La voiture roulait lentement dans les petites rues du vieux quartier. À une époque c'était très à la mode, mais maintenant c'était presque désert.
— Mais où donc peut se trouver un restaurant? a dit Nicolas. Je suis certain qu'il y en a un par ici.
— Là-bas, dit Sabine, tourne à gauche. Il y a des lumières, là, au coin de la rue.

Nicolas a tourné à gauche, en suivant la direction des lumières, puis il s'est arrêté devant le Restaurant du Vieux Quartier.
— Zut! C'est un restaurant de grand luxe. On n'a pas assez de sous pour manger là. Et moi, j'ai une faim de loup!
— Ça sent bon! a dit Sabine. Mais regarde, à l'intérieur il y a une foule de gens en train de manger. C'est curieux!
— Tiens, je vais juste regarder le menu, a dit Nicolas.

Il est descendu de la voiture et s'est approché du menu affiché près de la porte. Après quelques instants, il s'est tourné vers Sabine, l'air d'incrédule complète. Sabine l'a rapidement rejoint.
— Regarde les prix – c'est tellement moins cher que d'habitude!
— Alors on entre?
— Pourquoi pas?

À l'intérieur du restaurant un garçon de café, en habit noir traditionnel, leur a montré une petite table près de la fenêtre. Sur la nappe blanche, il y avait une jolie lampe de style ancien. Tout était du meilleur goût.
— On est bien ici, non? a dit Nicolas, qui mangeait un gros steak avec des pommes de terre sautées. Mais c'est vraiment marrant!
— C'est une bonne idée, quand même, a dit Sabine. Je trouve ça amusant de créer comme ça un resto dans le style de l'ancien temps.

— D'accord, mais les prix sont ridicules! Ça, je ne comprends pas du tout!

Quand les deux amis ont quitté le restaurant, il était presque une heure du matin, mais il y avait toujours des clients qui mangeaient.
— C'était vraiment bien, a dit Nicolas, il faut y retourner avec nos copains.

Sabine et Nicolas n'ont pas cessé de parler du restaurant et surtout des prix. C'était donc avec deux autres voitures pleines de copains qu'ils sont partis le dimanche soir, dans la direction du vieux quartier. Cette fois, ils croyaient trouver le restaurant sans difficulté. Cependant, quand ils sont entrés dans la petite rue, il n'y avait pas de lumière.
— Zut, zut et zut! a dit Nicolas. Ce n'est peut-être pas ouvert le dimanche!
— On s'est peut-être trompés de rue? a dit Sabine.
— Mais non, mais non! a dit Nicolas. Je suis sûr que c'était ici.

À ce moment, Sabine a poussé un cri. Nicolas l'a regardé. Son visage était pâle, ses yeux pleins de terreur.
— Mais Nicolas, tu ne vois pas? Là, au mur … la plaque!

Sans mot dire, Nicolas est descendu de la voiture et a regardé la vieille plaque en bronze. Puis, d'une voix tremblante, il a lu, à haute voix, l'inscription:

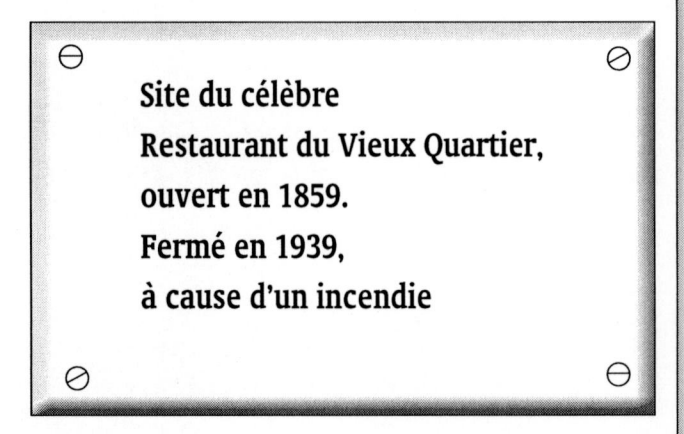

> **Site du célèbre
> Restaurant du Vieux Quartier,
> ouvert en 1859.
> Fermé en 1939,
> à cause d'un incendie**

Vrai (V), faux (F) ou pas mentionné (PM)?

1 Sabine et Nicolas sont sortis du cinéma avant minuit.
2 Ils ont décidé de chercher un restaurant.
3 Sabine était végétarienne.
4 Ils ont trouvé un vieux restaurant de grand luxe.
5 Lorsque Nicolas a regardé les prix, il avait l'air étonné.
6 Sabine est entrée dans le restaurant avant Nicolas.
7 Nicolas a mangé un gros steak.
8 Sabine a bu beaucoup de vin blanc.
9 Le samedi suivant, ils ont essayé de trouver le même restaurant.
10 Ils n'ont pas réussi à retrouver le restaurant.

5/14 Unité 5

Tu comprends?

1 Qu'est-ce qu'on achète?

Écoutez les conversations dans l'épicerie du village. Cochez (✔) les choses qu'on achète et mettez une croix (✘) si on n'achète pas ça.

1 ✔ 2 ☐ 3 ☐ 4 ☐ 5 ☐ 6 ☐ 7 ☐ 8 ☐

2 Un pique-nique

Ces quatre jeunes ont préparé un pique-nique, mais qui a apporté quoi? Écoutez et écrivez les bonnes lettres.

Luc ......A......   Alice ....
Charles .... Magali ....

3 Il y a une erreur

Écoutez et écrivez les bonnes lettres.

Exemple: On a besoin de ça ..C..

1 On a commandé ....   On a reçu ....
2 Vous avez commandé ....   On vous a apporté ....
3 On a besoin de ça ....   On n'a pas besoin de ça ....
4 Il n'y a pas de ....   On va manger ....

4 Des conversations

Écoutez les conversations et cochez (✔) les bonnes cases. Il y a quatre conversations.

1 Claire

Ex. – Claire, quel est ton repas favori?
   – C'est le **A** ☐ petit déjeuner **B** ☐ déjeuner **C** ✔ dîner.

1 – Qu'est-ce que tu aimes manger?
   – J'aime **A** ☐ le poisson **B** ☐ la viande **C** ☐ les œufs et je mange beaucoup de **A** ☐ fruits **B** ☐ légumes **C** ☐ pâtes.

2 – Et qu'est-ce que tu n'aimes pas?
   – Ben, je n'aime pas tellement **A** ☐ le yaourt **B** ☐ le fromage **C** ☐ les champignons.
   – Est-ce que tu prends un petit déjeuner le matin?
   – Oui, si j'ai le temps!

3 – Qu'est-ce que tu as mangé pour le petit déjeuner ce matin?
   – Ce matin, j'ai pris **A** ☐ des céréales **B** ☐ des toasts **C** ☐ un croissant et j'ai bu **A** ☐ du chocolat chaud **B** ☐ un café au lait **C** ☐ un jus de fruit.
   – Merci, Claire

2 Mathieu

1 – Salut, Mathieu. Est-ce que tu déjeunes à la cantine, le midi?
   – **A** ☐ Oui, je mange à la cantine. **B** ☐ Non, j'apporte des sandwichs. **C** ☐ Oui, mais quelquefois je mange chez moi.

2 – Qu'est-ce que tu aimes comme sandwichs?
   – J'aime surtout les sandwichs au **A** ☐ fromage **B** ☐ jambon **C** ☐ pâté.

3 – Qu'est-ce que tu aimes comme boissons?
   – J'aime bien **A** ☐ le coca **B** ☐ la limonade **C** ☐ le jus de pommes.
   – Merci, Mathieu.

3 Céline

1 – Bonjour, Céline. Maintenant, on parle des restaurants. Alors, toi, tu as mangé dans un restaurant récemment?
   – Oui. Samedi dernier, j'ai mangé dans un **A** ☐ restaurant traditionnel **B** ☐ fast-food **C** ☐ restaurant italien.

2 – Qu'est-ce que tu as mangé?
   – Pour commencer, j'ai pris **A** ☐ du potage **B** ☐ du melon **C** ☐ des crudités.

3 – Et comme plat principal?
   – Comme plat principal, j'ai choisi
   A ☐ une pizza, avec du jambon et de l'ananas
   B ☐ un hamburger, avec des pommes frites
   C ☐ du poulet, avec des légumes.

4 Christophe

– Christophe, tu es végétarien, non?
– Oui, c'est vrai.

1 – Pourquoi es-tu végétarien?
   – Parce que **A** ☐ je ne veux pas manger d'animaux **B** ☐ je crois que c'est bon pour la santé **C** ☐ je n'aime pas la viande et je déteste le poisson.

2 – Depuis combien de temps es-tu végétarien?
   – Depuis **A** ☐ deux ans **B** ☐ deux mois **C** ☐ l'âge de douze ans. Ma sœur est végétarienne aussi.

3 – Est-ce que tu manges des œufs et du fromage?
   – **A** ☐ Je mange les deux. **B** ☐ Je mange des œufs, mais pas de fromage. **C** ☐ Je n'en mange pas.
   – Merci, Christophe.

Tricolore Total 4 © Mascie-Taylor, Honnor, Spencer, Nelson Thornes 2010   93

Unité 5

Épreuve 5: Écouter — Partie A

1 À l'épicerie

What do these people buy? Listen and write the correct letters from the list of items on the right.

Ex. [b] 1 ☐ 2 ☐ 3 ☐ 4 ☐ 5 ☐ 6 ☐

a butter	b sugar	c flowers	d milk
e tea	f crisps	g jam (apricot)	h honey
i pineapple	j bananas	k cream	l coffee

/6

2 Au café

Listen to the orders in a café. Look at the pictures and write the correct letter to show what each person asks for.

Example: [D] 1 ☐ 2 ☐ 3 ☐ 4 ☐ 5 ☐ 6 ☐

/6

3 Quelques différences

Listen to Céline's conversation with her friend. Note whether each statement below is true or false.

	true	false
Ex. Céline enjoyed her visit to Wales.	✓	
1 She says that people in Wales eat earlier than in France.		
2 Her exchange partner's mother never made cakes.		
3 She liked the breakfasts, especially at the weekend.		
4 Céline didn't like having lots of cereals to choose from.		
5 She didn't like the sliced bread.		
6 Her host family had several takeaway meals.		
7 The pizza she ate was nothing like in France.		
8 She loves spicy curries.		

/8

PARTIE A TOTAL /20

Unité 5

Épreuve 5: Écouter — Partie B

1 On fait des courses

Listen to the two conversations and write the correct letter for the things that are bought.

A Une liste pour aller au marché

Ex. [A] A ½ kilo B 1 kilo C 1½ kilos

1 ☐ A ½ kilo B 1 kilo C 1½ kilos

2 ☐ A B C

B À la charcuterie

3 ☐ A B C

4 ☐ A B C

5 ☐ A 250 g B 200 g C 50 g

2 Une réservation

Listen to the telephone conversation and note the details of the restaurant reservation **in English**.

Reservation		
For when?	day	time
	Ex. this evening	(1)
Number of people		(1)
Surname		(1)
Special requirements?		(1)

3 Au restaurant

Listen to a customer ordering in a restaurant and tick the items that are chosen. The first one has been ticked as an example.

☐ assorted raw vegetables   ☐ salmon
☐ pâté   ☐ apricot tart
✓ seafood selection   ☐ crème brûlée
☐ selection of cold meats   ☐ ice cream
☐ beef bourguignon   ☐ coffee
☐ chicken   ☐ pineapple juice

4 Une interview avec Bernard

Listen to the interview and tick the correct option to complete each sentence.

Exemple: Bernard est **a** épicier. ☐ **b** pâtissier. ☐ **c** chef de cuisine. ✓

1 Les Français **a** pensent plus ☐ **b** pensent moins ☐ **c** ne pensent pas assez ☐ à leur santé physique.

2 Bernard **a** est d'accord ☐ **b** n'est pas d'accord ☐ **c** est quelquefois d'accord ☐ avec l'attitude des Français.

3 Bernard croit qu'il est **a** possible ☐ **b** impossible ☐ **c** ridicule ☐ d'essayer de bien manger et de conserver sa santé.

4 Bernard **a** a créé ☐ **b** voudrait créer ☐ **c** n'a pas pu créer ☐ un menu plus équilibré.

5 Bernard **a** mange toujours bien pour sa santé. ☐ **b** mange généralement bien pour sa santé. ☐
   c ne mange jamais de pâtisseries. ☐

6 De temps en temps, Bernard fait une exception parce que/qu'
   a c'est moins cher. ☐ **b** il est malade. ☐ **c** c'est bon pour le moral. ☐

7 Jean-Louis (l'interviewer) **a** mange toujours très mal. ☐ **b** ne mange jamais à la cantine. ☐
   c doit souvent manger dans un fast-food. ☐

5/17 Unité 5

Épreuve 5: Lire – Partie A

1 Voici le menu

Look at the menu items. Find the matching words in the list below and write the correct letter below each picture.

MENU						
Entrée	Plats		Légumes		Dessert	
Ex. k	1	2	3	4	5	6 ....

a café **b** crudités **c** frites **d** fromage **e** glace **f** omelette **g** petits pois
h poisson **i** poulet rôti **j** salade verte **k** soupe du jour **l** tarte aux pommes

/6

2 Au supermarché

Match up the adverts and pictures. Write the correct letter next to each advert.

Ex. [C] 1 ☐ 2 ☐ 3 ☐ 4 ☐ 5 ☐ 6 ☐

- Confiture extra de cerises 500g **1,75€**
- Œufs frais moyen **3,50€**
- Saucisses Le sachet de 10 **2,65€**
- Riz Le paquet de 1kg **2,95€**
- Saucisson sec pur porc la pièce de 200g **2,80€**
- Bonbons le sachet de 500g **2,30€**
- Beurre doux ou demi-sel la plaquette de 250g **1,40€**

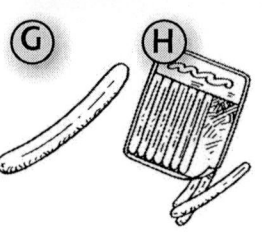

A B C D E F G H I J

/6

3 Quel restaurant?

Read the advertisements and choose a restaurant to suit the preferences stated below. Write the correct letter in the box.

A *Brasserie d'Albi*
Cuisine traditionnelle et cuisine italienne
Menu enfants
Animaux acceptés
ouvert t. l. j. sauf lundi

B **Le bateau blanc**
Spécialités poissons et fruits de mer
Terrasse et jardin
Parking
Fermé le samedi midi et le dimanche

C RESTAURANT INTERNATIONAL
- Cuisine autour du monde
- Spécialités orientales et exotiques
- Plats végétariens
- Prix à la carte
- Fermé dimanche et lundi

Example: I love fish. [B]

1 I'd like to eat outside. ☐
2 I prefer exotic food. ☐
3 I'd like Sunday lunch in a restaurant. ☐
4 I love Italian food. ☐
5 We don't want to spend a lot on our children's meals. ☐
6 I take my dog everywhere with me. ☐
7 I don't eat meat or fish. ☐
8 I need to park at the restaurant. ☐

/8

PARTIE A TOTAL

/20

Unité 5

Épreuve 5: Lire – Partie B (1)

❶ Comprenez-vous le menu?

Read the café menu descriptions, then write the correct letter next to definitions 1–5 below.

> **a** Goûtez nos croque-monsieur. 
>
> **b** Goûtez nos yaourts – fraise, banane, vanille. 
>
> **c** Ici, on sert de l'eau minérale des sources locales. Buvez-en! 
>
> **d** Avec votre fromage, prenez une salade verte! 
>
> **e** Goûtez notre chocolat chaud. 
>
> **f** En été, mangez des fruits de saison, framboises, fraises, cassis! 
>
> **g** Les fruits de mer, vous aimez? Goûtez nos spécialités! 
>
> **h** Comme dessert, nous vous proposons une tarte aux fruits délicieuse! 
>
> **i** Et voici le plateau de fromages.

Exemple: Les Français en boivent souvent au petit déjeuner. C'est une boisson chaude. — **e**

1. C'est une boisson sans couleur, et très populaire. Elle peut être gazeuse ou non-gazeuse.
2. Ce sont des fruits et on les mange souvent avec de la crème fraîche.
3. On le fait avec du pain, du fromage et du jambon – c'est un snack délicieux.
4. C'est une sorte de gâteau. On la mange comme dessert et il y a des fruits dedans.
5. C'est de la laitue et d'autres légumes verts.

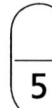

❷ J'aime ça

Which item in the menu above (a–i) are these people talking about? Answer briefly in English.

Exemple: J'aime les produits laitiers et je prends souvent ça comme dessert ou comme snack. *yoghurt*

1. J'adore les pâtisseries!

2. Moi, je n'aime pas les choses sucrées, alors vers la fin d'un repas, j'adore manger une sélection de ces produits laitiers. C'est bien dans un sandwich aussi.

3. Je suis allergique aux crevettes et aux moules.

4. Après l'école, j'en bois une grande tasse avec une tartine. Délicieux!

5. J'aime ça, et c'est bon pour la santé, mais il n'y a pas de poires aujourd'hui. Dommage.

Unité 5

Épreuve 5: Lire – Partie B (2)

1 Les athlètes, qu'est-ce qu'ils doivent manger?

Read the article about athletes' diet. Then choose and copy a word from the list to complete the sentences.

> Pour gagner, il faut manger: tous les athlètes en sont conscients. Mais comment doit-on manger? La règle fondamentale: des repas équilibrés et adaptés au sport en question. En moyenne, un sportif doit manger deux ou trois fois plus qu'un employé de bureau. Mais attention: il doit choisir ses aliments dans les sucres et non pas dans les graisses ou les protéines. Priorité aux glucides avant la compétition: confiseries, fruits, pâtes et riz.
>
> La recette est donc simple. Inutile de dépenser une fortune en produits commercialisés riches en énergie. Ces produits ont seulement un avantage: ils rendent leurs créateurs encore plus riches. C'est pourquoi les participants du marathon new-yorkais organisent une soirée crêpes avant leur course annuelle de 90 kilomètres. Il est aussi essentiel de consommer toutes sortes de sucres aussitôt après la compétition pour reconstituer les réserves.

```
acheter   après   consommer   énergie   équilibrés
    éviter   gagner   important   parce que
 participants   produits   sports   sucrés   vendre
```

1 Les athlètes doivent manger beaucoup de produits ....

2 Les produits comme le beurre et l'huile sont à .... dans les repas des sportifs.

3 Il n'est pas nécessaire pour les athlètes d'................................. des................................. spéciaux plus riches en sucre que la nourriture ordinaire.

4 Les .... d'un marathon qui mangent beaucoup de pâtes ont plus d'................................. .

5 Le plus .... pour les athlètes, c'est de manger des repas bien ....

6 Les athlètes doivent continuer à .... des sucreries .... l'effort physique.

Unité 5

Épreuve 5: **Grammaire**

❶ The pronoun *en*

A *Match the French and English sentences. (½ mark for each)*

Exemple: J'en ai acheté hier. ...d....
1 Il en mange tous les jours. ....   **a** She never eats any.
2 Elle n'en mange jamais. ....   **b** There's not much of it left.
3 J'en ai bu au déjeuner. ....   **c** He eats some of them every day.
4 Il n'en reste pas beaucoup. ....   **d** I bought some yesterday.
 e I drank some at lunchtime.

B *Translate into French.*
1 There are ten of them left.
....
2 I never ate any of it.
....

❷ Direct and indirect object pronouns

A *Replace the underlined expressions with **lui** or **leur**. (½ mark for each)*

Exemple: J'ai acheté un gâteau <u>pour ma mère</u>.
Je lui ai acheté un gâteau.

1 J'ai donné des pommes <u>aux enfants</u>.
....

2 Il a envoyé une carte <u>à son copain</u>.
....

3 Nous parlons <u>à notre prof</u> au déjeuner.
....

4 Tu as téléphoné <u>à tes parents</u>?
....

5 Elle va offrir un cadeau <u>à Chloé</u>.
....

6 Vous avez répondu <u>à Laura et Lucie</u>?
....

B *Complete the sentences with the correct pronoun from the box. (½ mark for each)*

me/m'   te/t'   nous   vous

– Tu peux **Ex.** ..*me*.... payer un café? Je **1** .... rembourse ce soir.
– Bien sûr, je **2** .... achète un café. Tu as vu Max?
– Oui, je lui ai parlé tout à l'heure. Je lui ai dit que nous nous retrouvons ici. Il va **3** .... rejoindre plus tard.
– Génial. Julie et Lucile arrivent bientôt. Je leur ai promis une glace.
– Ça va **4** .... coûter cher!
– Oui, je sais, mais on **5** .... a donné de l'argent pour mon anniversaire. Ah, voici les filles. Salut! Nous **6** .... attendions!

❸ Using the perfect and imperfect tenses

Write the verbs in the imperfect or perfect tense.

Exemple: Il y (avoir) ..*avait*.... beaucoup de monde au café et on (devoir) ....*a dû*.... attendre longtemps.

1 Max (manger) .... des moules pour la première fois quand il (être) .... en Belgique.
2 Pendant que je (boire) .... un coca, Julien (arriver) .... au café.
3 Comme il (faire) .... beau, on (décider) .... de faire un pique-nique.
4 On (débarrasser) .... la table quand soudain, la porte (s'ouvrir) ....
5 Un homme masqué (entrer) .... C'(être) .... effrayant!

❹ *venir de/aller/être en train de* + infinitive

*Complete the sentences with the correct form of **venir de/aller/être en train de**.*

Exemple: Elle ..*vient de*.... rentrer de Paris il y a 15 minutes, et elle ..*est en train de*.... boire un café.
Après ça, elle ...*va*..... téléphoner à son copain.

1 Il .... manger en ce moment, mais après ça, tu peux lui parler.
   Il .... te téléphoner dans dix minutes.
2 Mmm! Ça, c'était bon! Je .... manger un repas délicieux. Dans cinq minutes, je .... me reposer un peu avant de faire mes devoirs.
3 Je ne peux pas te parler. Le match .... commencer et je .... le regarder.
4 Mon frère .... casser une assiette. Maman .... se fâcher si elle voit les morceaux!
5 Nous .... faire la fête ce soir parce que je .... gagner un prix au club de sports.

6/1 Unité 6

Mots croisés – les loisirs

Horizontalement

1 J'ai mon propre ordinateur et je m'intéresse beaucoup à l'... (12)
5 Je ... m'intéresse pas du tout au sport. (2)
8 J'adore le sport et je joue dans l'... de basket au collège. (6)
9 Est-ce que tu sais jouer aux ...? (6)
12 Il y a un bon film au cinéma, ... y va? (2)
13 Je n'aime pas du ... les séries à la télé. Je trouve ça ennuyeux. (4)
15 La musique, c'est ma passion. Je chante dans une chorale et je joue du violon. Je voudrais ... musicien professionnel plus tard. (4)
17 Tu aimes jouer au Monopoly? C'est un ... de société. (3)
18 Mes parents aiment beaucoup visiter des jardins publics, mais moi, non. Je trouve ça ... (8)
24 Qu'est-ce que tu aimes ..., comme loisirs? (5)
25 J'aime la ... Je suis toujours en train de lire un bon livre. (7)
26 Je voudrais faire de l'équitation, mais on n'a pas beaucoup d'argent et ça coûte ... (4)
28 C'est le contraire de 'rarement'. (7)
30 Je sors plus souvent en ... qu'en hiver. (3)
31 Mais je ... sors pas le soir, quand nous avons des examens au collège. (2)
34 Je surfe sur Internet pour m'informer sur les nouveaux films. Je trouve ça très ... (11)

Verticalement

1 Comme loisirs, je m'... à la photographie. (9)
2 Je ... sais pas faire de ski, mais j'aimerais apprendre. (2)
3 ... sœur joue au badminton. Elle a gagné le tournoi au club. (2)
4 Nous avons un club de ... au collège. On joue une pièce moderne en ce moment. (7)
6 C'est le contraire de 'peu'. (8)
7 J'aime beaucoup chanter et je suis membre de la ... au collège. (7)
10 ... août, je vais faire une tournée avec l'orchestre des jeunes. (2)
11 Mon frère ne ... pas jouer au bridge, mais je vais lui apprendre. (4)
14 Et toi, est-ce que ... sors de temps en temps avec tes amis? (2)
16 Je ... sur Internet tous les soirs. Je fais des recherches et je tchate (*chat*) avec mes amis. (5)
19 Comme sport, j'aime surtout la natation. J'ai appris à ... à l'âge de quatre ans. (5)
20 Est-ce que tu vas à ... club des jeunes? (2)
21 En ce moment, je ne sors pas en semaine, parce que je n'ai pas beaucoup de temps ... (5)
22 Je fais beaucoup de sport et je joue dans l'équipe de h... (6)
23 J'adore faire la ... et quelquefois, je prépare le repas pour la famille. (7)
25 Comme passe-temps, j'aime ... roller. (2)
27 Pour me détendre, j'aime regarder les séries, comme Friends, à la ... (4)
29 Et toi, quel est ... passe-temps favori? (3)
32 Est-ce que tu ... sportif? (2)
33 Marc va apporter ... guitare à la soirée. (2)

6/2 Unité 6

Faire – un verbe utile

Faire usually means 'to do' or 'to make', but it is often used to describe the weather, e.g. **il fait beau/mauvais**, and in other expressions, including these:

faire attention	to be careful	faire un pique-nique	to have a picnic
faire du camping	to go camping	faire de la planche à voile	to go windsurfing
faire des courses	to go shopping	faire le plein	to fill up with petrol
faire la cuisine	to cook	faire une promenade	to go for a walk
faire des économies	to save	faire du ski nautique	to go water skiing
faire de l'équitation	to go riding	faire de la voile	to go sailing

1 On s'amuse

Cet après-midi, tout le monde fait quelque chose de différent. Que font-ils? **Ex.** *Il fait de la planche à voile.*

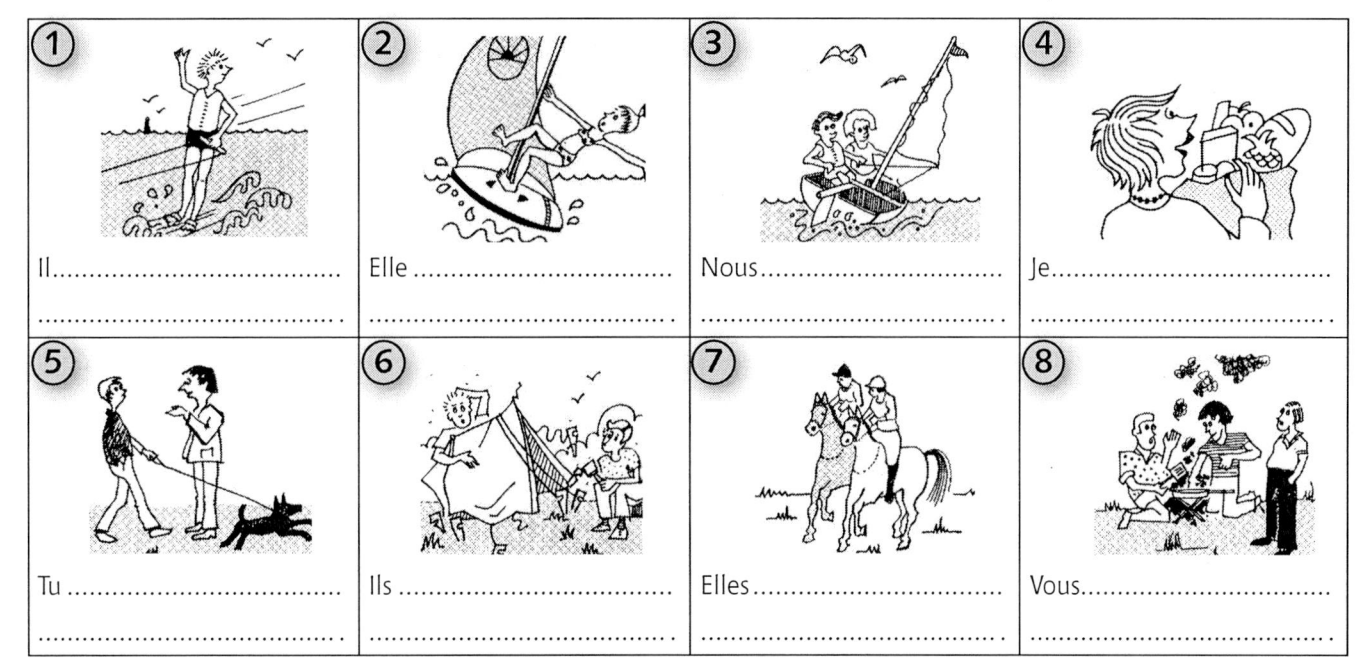

1. Il ....
2. Elle ....
3. Nous ....
4. Je ....
5. Tu ....
6. Ils ....
7. Elles ....
8. Vous ....

2 En France

Complétez les phrases avec la forme correcte du verbe faire au présent, au passé ou au futur.

1. Nous **Ex.** *faisons* très attention en traversant la rue.
2. On dit qu'il .... beau demain.
3. Alors, s'il fait beau, nous .... un pique-nique à la plage.
4. Hier, ils .... la queue pendant une heure pour voir cette exposition.
5. Ne t'en .... pas – ce n'est pas grave.
6. J' .... des économies pendant deux ans pour me payer ce voyage.
7. Vous .... vos valises hier soir?
8. Ça .... combien de temps que tu .... du ski?
9. Il .... très froid quand nous étions à la montagne.
10. Elle .... du 100 km à l'heure quand l'accident est arrivé.

3 Faire + infinitif

Faire can also be used with another verb in the sense of getting something done, e.g.

faire faire	to have made
faire réparer	to get something repaired
faire construire	to have built
faire voir	to show

Complétez les phrases.

1. En ce moment, nous .... réparer la voiture.
2. Tu .... réparer ton appareil-photo hier?
3. Tu t'es coupé le doigt? .... voir.
4. L'année dernière, elle .... faire une robe pour le mariage de son fils.
5. L'année prochaine, ils .... construire une maison à Arles en Provence.
6. La machine à laver est en panne. Il faut la .... réparer.

Unité 6

Le Tour de France

Le Tour de France

Le Tour de France est l'épreuve cycliste la plus longue et la plus dure au monde. C'était d'abord un événement français, inventé par un journal sportif, appelé *L'Auto*. C'est maintenant une course internationale très célèbre. Les deux guerres mondiales ont interrompu le Tour, mais, à part ça, la course a lieu tous les ans au mois de juillet et dure environ trois semaines. Presque tous les Français suivent la progression du Tour à la télé et des milliers de spectateurs attendent l'arrivée des vainqueurs sur les Champs-Elysées à Paris.

	Le premier Tour	Le Tour après 100 ans
Date	1903	2003 (le 90e Tour)
Distance	2428 km	3427 km
Étapes	6 (souvent sur des routes en terre battue ou avec beaucoup de pierres et de trous)	20 (dont 7 en montagne et 3 contre la montre)
Coureurs	60	198
Un vélo pèse	entre 12 et 15kg	entre 7,5 et 9kg
Vainqueur	Maurice Garin, français, 32 ans	Lance Armstrong, américain, 32 ans, pour la 5e année consécutive
Sa vitesse moyenne	25,68 km/h	40,94 km/h

Tricher, c'est interdit!

Dans les premières années du Tour, il n'y avait pas beaucoup de contrôles et souvent, on trichait. Par exemple, on tirait quelquefois des vélos avec une auto et un ou deux coureurs ont même pris le train!

En plus, quelques spectateurs ont mis des clous sur la route devant les concurrents de leur coureur favori, pour crever les pneus de leurs vélos.

Des problèmes

Il y avait beaucoup de problèmes pour les premiers coureurs; par exemple, on devait porter quelques outils sur son vélo, un pneu de secours, etc. parce que les coureurs devaient réparer le vélo eux-mêmes.

Les routes n'étaient pas bien marquées et, pendant le premier tour, les coureurs en tête se sont trompés de route pendant la nuit.

Pendant une autre étape, vers la fin du premier tour, la route était soudain barrée par des vaches. Le coureur, Garin, a réussi à s'échapper de l'impasse et cela lui a donné un grand avantage sur les autres.

La technologie aide les coureurs modernes

À l'oreille, un coureur porte une 'oreillette' qui le relie à la voiture radio du directeur sportif de son équipe.

Sur le guidon de son vélo, le coureur a un petit compteur qui indique non seulement sa vitesse, mais aussi la fréquence de pédalage et sa fréquence cardiaque.

Les trois maillots

Trois maillots, de couleurs différentes, permettent aux spectateurs de distinguer facilement les coureurs qui ont du succès.

Comme les pages du journal *L'Auto* étaient jaunes, en 1919, on a choisi cette couleur pour le maillot du vainqueur.

Le coureur qui porte le maillot jaune est celui qui a obtenu le meilleur temps depuis le commencement du Tour, donc ça peut changer de jour en jour.

Quand un coureur gagne une étape ou figure le plus souvent parmi les cinq premiers 'sprinters' d'une étape, il obtient des points. Le concurrent qui a le plus de points porte le maillot vert.

Le coureur qui gagne le plus souvent les courses en montagne a le droit de porter le maillot à pois rouges.

Pour en savoir plus sur le Tour, allez vite à votre ordinateur et cliquez sur le site **www.letour.fr**

Que savez-vous du Tour de France?

Trouvez les paires.

1. Le Tour de France se termine ...
2. C'est un journal sportif qui ...
3. On appelle les cyclistes qui font partie du Tour ...
4. La date du premier Tour était ...
5. Si un coureur a obtenu le temps le plus rapide ...
6. Le coureur qui a le plus grand nombre de points ...
7. Le cycliste qui est le meilleur grimpeur, en montagne ...
8. Quand on mesure le temps d'un cycliste sur une étape courte, on l'appelle ...
9. Le Tour d'aujourd'hui couvre une distance ...
10. Les vélos modernes sont ...

a. une étape contre la montre.
b. à Paris.
c. 1903.
d. porte le maillot à pois rouges.
e. les coureurs.
f. plus légers que les vélos des premiers coureurs.
g. a créé le premier Tour de France.
h. porte le maillot vert.
i. plus longue que le premier Tour.
j. il porte le maillot jaune.

6/4 Unité 6
Je le sais!

❶ Jeu des définitions

Trouvez la bonne réponse.

1. On le regarde à la télé ou au cinéma. — **c**
2. On la lit et on regarde ses images pour s'amuser.
3. On le regarde au stade.
4. On l'utilise pour jouer au tennis.
5. On les porte souvent pour faire du sport.
6. On les lit, mais ce ne sont pas des livres.
7. On l'écoute à un concert.
8. On doit les faire souvent le soir après l'école.

a. La musique.
b. Un match de foot.
c. Un film.
d. Ses devoirs.
e. Des magazines.
f. Une bande dessinée.
g. Des tennis.
h. Une raquette.

❷ Une conversation

Complétez les phrases avec le, la, l' ou les.

– Tu regardes le spectacle ce week-end?

– Oui, je (**1**)...... regarde avec ma copine Laura.

– Tu as les billets?

– Bien sûr! Je (**2**)...... ai depuis deux semaines.

– Tu as vu mon nouveau baladeur?

– Non, je ne (**3**)...... ai pas vu. Fais voir! Tu as vraiment toutes les chansons à la mode!

– Oui, je (**4**)...... télécharge régulièrement.

– Tu aimes la musique classique aussi?

– Oui, je (**5**)...... aime bien, mais je n'écoute pas souvent de la musique classique sur mon baladeur. Je (**6**)...... trouve mieux 'live'.

– Tu as beaucoup de devoirs ce soir?

– Oui, je vais (**7**)...... faire avant le dîner, et plus tard, je vais regarder le match de foot à la télé.

– Ah oui, moi aussi, je veux (**8**)...... voir aussi, mais c'est assez tard, alors je vais (**9**)...... enregistrer pour demain.

❸ Les loisirs

Recopiez ces phrases, mais en remplaçant les mots soulignés par des pronoms.
(Faites attention à l'ordre des mots!)

Exemple: Je trouve <u>les dessins animés</u> amusants.

Je les trouve amusants.

1. Lucile regarde <u>la télé</u> le soir après le dîner.

2. Est-ce qu'elle aime <u>les feuilletons</u>?

3. Je trouve que nous n'encourageons pas assez <u>nos jeunes acteurs</u>.

4. Marc est en train d'enregistrer <u>ce documentaire</u> pour ses parents.

5. Quand est-ce qu'il va commencer <u>son travail</u>?

6. Pourquoi est-ce que tu n'as pas regardé <u>ce film</u>?

7. Je n'aime pas <u>la publicité</u> au milieu d'une émission.

8. Je ne sais pas <u>pourquoi il y a tant de séries américaines</u>.

6/5 Unité 6

Inventez des conversations

Travaillez à deux. Jetez un dé ou choisissez des nombres et inventez des conversations.

1
– Tu es libre (**A**) ....?
– Oui. Qu'est-ce qu'on fait?
– Tu veux aller (**B**) ....?
– Oui, d'accord. À quelle heure?
– À (**C**) ...., ça va?
– Oui, c'est bien.

2
– Tu veux (**D**) ....?
– Euh, je ne sais pas.
– Tu préfères (**E**) ....?
– Oui, bonne idée. On peut sortir un autre soir. Je veux bien (**D**) .... un autre jour.

3
– Il y a un grand concert de rock au stade. On y va?
– Oui, je veux bien. C'est combien, les places?
– C'est (**F**) ....
– D'accord. Tu y vas comment?
– J'y vais (**G**) ....
– Alors, rendez-vous chez toi à (**C**) ....

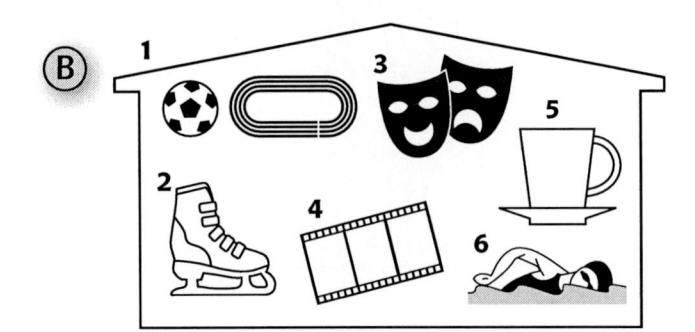

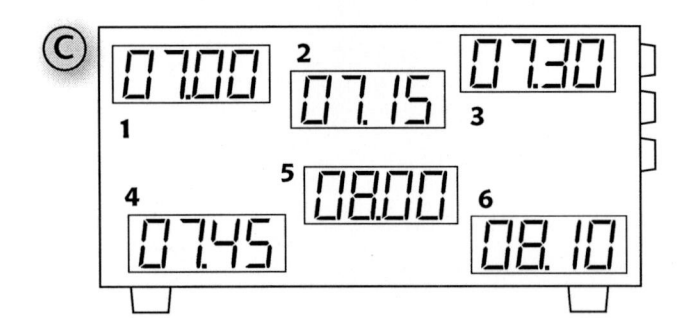

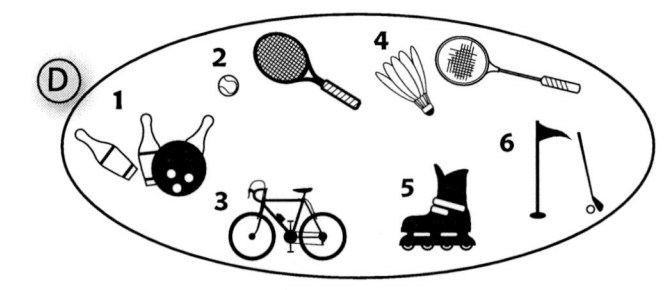

A 1 mer. 2 jeu. 3 ven. 4 sam. 5 dim. 6 lun.

F
1 10 euros 4 18 euros
2 12 euros 5 20 euros
3 15 euros 6 25 euros

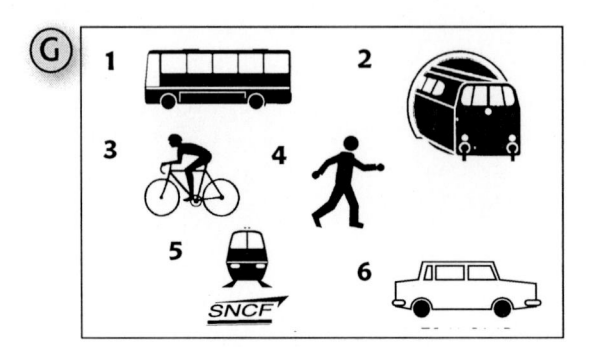

6/6 Unité 6
C'est le meilleur!

❶ Un lexique
Complétez les listes.

Français	Anglais
le plus célèbre	the most ....
le plus	the most expensive
le moins cher	the least ....
le	the largest
le	the smallest
le plus vite	the ....
le plus tôt	the ....
au plus tard	at the ....
le meilleur livre	the best book
le	the best film
la meilleure actrice	the best actress
la	the best music
le pire/le plus mauvais	the ....

❷ C'est un record!
Choisissez les expressions correctes pour compléter ces phrases.

> le plus court   les plus populaires
> le plus lourd   le plus long   le plus grand
> le plus profond   le plus extraordinaire
> le plus célèbre   la plus violente

1 Le mot anticonstitutionnellement, composé de 25 lettres, est le mot .... de la langue française.
2 Le village d'Ys dans la Somme a le nom .... de France.
3 Le lac du Bourget dans les Alpes est le lac .... de France.
4 La tour Eiffel est le monument .... de Paris.
5 De tous les touristes qui sont montés au sommet de la tour Eiffel, ... et peut-être aussi .... était Simba, un jeune éléphant qui pesait 1 000 kilos.
6 Le camembert est un des fromages .... de tous les fromages français. En plus, c'est un Français, Michel Beaufils, qui en a dévoré .... nombre – il a mangé huit camemberts entiers en quinze minutes.
7 En Guadeloupe, il a tellement plu que 38,1mm d'eau sont tombés en une minute. C'est l'averse .... enregistrée.

❸ Un jeu
a *Complétez les questions.*
b *Choisissez la bonne réponse.*

1 Quel fruit est le **Ex.** *plus cultivé*....? (cultivated)

   A ☐ la poire **B** ☐ le raisin **C** ☐ la pomme

2 Quel fruit est le ....? (popular)

   A ☐ la banane
   B ☐ la fraise
   C ☐ la pêche

3 Quel continent produit la .... quantité de riz? (largest)

   A ☐ l'Amérique **B** ☐ l'Afrique **C** ☐ l'Asie

4 Dans quel pays est-ce qu'on consomme la .... quantité de poisson? (largest)

   A ☐ en Espagne **B** ☐ au Japon **C** ☐ au Portugal

5 Quel animal est le ....? (biggest)

   A ☐ l'éléphant **B** ☐ la baleine bleue
   C ☐ l'ours polaire

6 Quel animal est le .... ? (tallest)

   A ☐ le cheval **B** ☐ le kangourou **C** ☐ la girafe

7 Quel fleuve est le .... ? (longest)

   A ☐ le Nil **B** ☐ l'Amazone **C** ☐ la Loire

8 Quel océan est le .... ? (smallest)

   A ☐ le Pacifique **B** ☐ l'Atlantique **C** ☐ l'Arctique

9 Quelle montagne est la .... ? (highest)

   A ☐ le mont Blanc **B** ☐ le mont Kilimandjaro
   C ☐ le mont Everest

10 Quelle île est la .... ? (largest) (On ne compte pas l'Australie.)

   A ☐ l'Irlande **B** ☐ le Groenland **C** ☐ l'Islande

Un jeu – Solution (b):
1 C 2 A 3 C 4 B 5 B 6 C 7 B 8 C 9 C 10 B

6/7 Unité 6

On parle des films

❶ Un acrostiche

Verticalement
1   De quoi parle-t-on ici? (2, 5, 3, 5)

Horizontalement
1   J'adore les films qui font rire, comme *Shrek*. Je préfère les … aux autres genres de film. (8)
2   Ma mère n'aime pas les films d'… parce qu'elle est très nerveuse. (9)
3   Qui joue le … principal dans ce film? (4)
4   La prochaine … est à quelle heure, s'il vous plaît? (*performance*) (6)
5   Audrey Tautou est une grande … française. (7)
6   Je trouve que le film *E.T. L'Extra-Terrestre* est le meilleur film de … (7-7)
7   On passe *Mort sur le Nil*. C'est un vieux film … avec le détective Hercule Poirot. (8)
8   Mon petit frère adore les …, surtout les films de Disney, comme *Le Roi Lion*. (7, 6)

❷ La Jarre

Lisez la description de ce film iranien.

La Jarre

**film iranien de Ebrahim Forouzesh
(durée 1h26)**

La cour d'une école, dans un petit village iranien, aux portes du désert. Le soleil est écrasant. Sous la direction de l'instituteur, les élèves viennent boire à une énorme jarre, remplie d'eau. Un jour, catastrophe: on s'aperçoit que la jarre est fissurée! Vite, il faut colmater la fuite… Sur ce sujet tout simple, Ebrahim Forouzesh réalise la plus réjouissante des comédies de mœurs.

Il faut fabriquer un ciment à base de cendre, de chaux et de blanc d'œuf. Toute la classe se mobilise. Tout le village s'en mêle. *La Jarre* devient une joyeuse galerie de portraits. C'est aussi une réflexion sur la difficulté de vivre en groupe, et une fenêtre ouverte sur le monde du paysan iranien, sa pauvreté, sa vitalité.

On admire la mise en scène, d'une simplicité exemplaire, le naturel des jeunes comédiens … et la formidable patience de l'instituteur!

© Bayard Presse
Okapi, No. 561 le Tabloïd

Vocabulaire

écrasant	*overwhelming*
on s'aperçoit	*they notice*
fissurée	*cracked*
colmater la fuite	*to seal off the leak*
réjouissante	*delightful*
une comédie de mœurs	*a comedy of manners*
la cendre	*ash*
la chaux	*lime*
la pauvreté	*poverty*

Choisissez les six phrases qui font un résumé de l'article. Encerclez les bonnes lettres.

A   Dans ce film, il s'agit de la vie dans un petit village iranien et surtout à l'école.
B   La vedette du film est un acteur français très célèbre qui prend le rôle de l'instituteur.
C   Comme il fait très chaud, les enfants viennent boire de l'eau qu'on garde dans une très grande jarre.
D   Les enfants gardent des œufs dans une grande jarre dans la cour de l'école.
E   Un jour, on voit que la jarre est fracturée.
F   Tout le monde essaie de réparer la jarre.
G   Sur ce sujet très simple, Ebrahim Forouzesh a fait un bon film très amusant.
H   L'histoire du film est un peu triste parce que les paysans sont très pauvres.
I   En plus, le film nous montre très bien la vie d'un village iranien.
J   C'est une histoire très compliquée, mais joyeuse.

❸ Un film que j'ai vu

Maintenant, écrivez quelques phrases pour décrire un film que vous avez vu. Donnez aussi vos réflexions sur le film. Voici des idées:

Il s'agit de …(*It's about …*)

C'est l'histoire de … (*It's the story of …*)

La star/La vedette du film est… (*The star of the film is …*)

Il/Elle prend le rôle de … (*He/She takes the part of …*)

C'est un film amusant/triste/compliqué/effrayant/passionnant, etc.

J'ai aimé/Je n'ai pas aimé les acteurs/l'histoire/le commencement/la fin/les effets spéciaux/la musique, etc.

6/8 Unité 6

Un désastre

1 Un week-end raté

a *Choisissez la bonne bulle.*

Exemple: 1 F

Panel 1: T'as passé un bon week-end, Mathieu?

Panel 2: Match de Rugby samedi 15h

A *Comme je ne pouvais pas sortir, j'ai décidé de regarder le sport à la télé, mais mes grands-parents étaient en train de regarder un vieux film.*

B *Puis, le soir, Claire m'a invité à une fête, chez elle.*

C *J'avais des billets pour le match de rugby samedi après-midi, mais comme il a plu toute la journée, on a dû annuler le match.*

D *J'ai dû rester à la maison avec ma petite sœur.*

E *Finalement, mes parents sont sortis.*

F *Non, c'était un désastre!*

G *Mais malheureusement, je n'ai pas pu prendre la voiture de mon père.*

b Maintenant, imaginez que vous racontez cette histoire à un ami.
   Commencez comme ça:
   1 Le week-end de Mathieu a été un désastre.
   2 Il avait des billets…
   (N'oubliez pas de changer les pronoms, les verbes et les mots comme 'mon', etc.)

2 Jacques Malchance

Voici d'autres images d'un samedi raté. Pouvez-vous raconter l'histoire? Commencez comme ça:
Samedi dernier, j'avais rendez-vous avec Sophie pour huit heures et demie, devant le cinéma …

… ou comme ça: Samedi dernier, Jacques avait rendez-vous …

Panel 1: Salut Sophie. Tu veux aller au cinéma ce soir? … Alors, si on se voyait à huit heures et demie devant le cinéma?

Panel 7: Sophie, excuse-moi, ce n'était pas de ma faute …

6/9 Unité 6

Un week-end récent

Vous avez passé le week-end comme indiqué sur les images. Écrivez ou parlez de votre week-end.

1 En boîte

VENDREDI SOIR

de… à…

danser avec qui?

où?

2 Au téléphone

sortir?
où?
quand?
rendez-vous

3 On se prépare

s'habiller

se préparer

se laver

où?

quoi mettre?

partir à la hâte

4 Devant le cinéma

vos sentiments?
triste?
en colère?
impatient?

attendre une demi-heure – personne

5 Plus tard

décider de partir
vos sentiments?

Attends!

l'explication?
embouteillages?
accident?
manquer le bus?
se tromper d'heure? etc.

6/10 Unité 6
Tu comprends?

❶ Un stage d'activités

Qu'est-ce qu'on fait? Écoutez les conversations et écrivez la bonne lettre.

Exemple: Catherine ..C..

1 Karim ......
2 Lise ......
3 Mathieu et Thierry ......
4 Émilie ......
5 Daniel ......
6 Sophie ......

A   B    C    D 
E    F    G

❷ On va au cinéma?

Écoutez la conversation et cochez (✔) les bonnes cases.

Ex. Au cinéma Dragon, on passe un film
A ☐ comique B ☑ d'aventures C ☐ d'horreur.

1 C'est un film
A ☐ français B ☐ anglais C ☐ américain.

2 C'est A ☐ doublé B ☐ en version originale.

3 La prochaine séance commence à
A ☐ 17h00 B ☐ 17h30 C ☐ 19h30.

4 La séance finit à
A ☐ 19h45 B ☐ 21h45 C ☐ 09h45.

5 Les places sont à
A ☐ 6 euros B ☐ 8 euros C ☐ 8 euros 50.

6 Il y a un tarif réduit pour les étudiants à
A ☐ 3 euros 50 B ☐ 4 euros C ☐ 4 euros 50.

❸ Des projets pour le week-end

Écoutez les conversations et complétez les messages.

Message 1

Lucie
Élodie et moi allons à ....la piscine........
samedi ....
On va prendre ....
Rendez-vous à ....
devant ....
Envoie-moi un e-mail si tu veux venir.
Nicolas

Message 2

Roland
Thomas et moi allons au .... prochain
On va prendre .... Rendez-vous à .... au
.... à côté du .... Tu veux venir avec nous?
Catherine

```
A bowling   B chante   C le chien   D la flûte
E l'informatique   F la lecture   G le livre   H nager
I natation   J le piano   K printemps   L prochain
M des promenades   N six
```

❹ On parle des loisirs

Écoutez les conversations et complétez le texte.

Jonathan

– Quel est ton passe-temps préféré?
– J'aime tous les sports, surtout la **Ex.** ..I.. et le ski.
– Quand est-ce que tu as appris à **1** ...... ?
– J'ai commencé à l'âge de **2** ...... ans.
– Et où est-ce que tu fais du ski?
– Je vais dans les Alpes avec mon père, pendant les vacances de **3** ....
– Et à part le sport, qu'est-ce que tu aimes faire?
– J'aime **4** ...... et le cinéma. La semaine prochaine, je vais voir le film *Le Seigneur des Anneaux*. On dit que c'est un très bon film. J'ai déjà lu **5** ...... et je l'ai bien aimé.

Émilie

– Qu'est-ce que tu as comme passe-temps?
– Moi, j'aime beaucoup la musique. Je joue du piano et de la flûte et je **6** ...... dans une chorale.
– Quand est-ce que tu as commencé à jouer d'un instrument?
– J'ai commencé à apprendre **7** ...... à l'âge de sept ans et **8** ...... un peu plus tard, à l'âge de neuf ans. Je joue de la flûte dans l'orchestre du collège. Le mois **9** ...... , nous allons donner un concert à l'hôtel de ville.
– Et à part la musique, qu'est-ce que tu fais? Du sport?
– Pas beaucoup. Je ne suis pas très sportive. Je fais **10** ...... quelquefois, le week-end, avec **11** ...... , mais c'est tout. J'aime **12** ...... , surtout les livres de science-fiction. Récemment, j'ai lu *Les Royaumes du Nord* de Philip Pullman. C'est un très bon livre.
– Tu sors de temps en temps avec tes amis?
– Oui, le week-end, surtout. Le week-end dernier, j'ai fait du **13** ...... avec des amis. C'était amusant.

Unité 6

Épreuve 6: Écouter — Partie A

1 Des activités

Listen, find the correct pictures and write their letters to complete the programme of activities.

Day	Activities	
Monday	**Ex.** G	
Tuesday		
Wednesday		
Thursday	(day)	(evening)
Friday	(day) *free*	(evening)

A. B.  C. D.  E.  F.  G.  H.  I.

/5

2 Qu'est-ce que tu fais comme loisirs?

Listen to some people saying which leisure activities they prefer. Write two letters for each person.

Example: Martin G J

1 Camille ☐ ☐ 2 Florent ☐ ☐ 3 Louise ☐ ☐

A. B.  C.  D.  E.  F.  G.  H.  I. J.

/6

3 On parle du cinéma

Listen to Maxime, Camille and Daniel discussing their favourite films. Complete the grid **in English** with the type and nationality of the film and two opinions given.

name	type of film	nationality of film	opinions
Maxime	**Ex.** *cartoon*	*French*	*super/great*
			(1)
Camille	(1)	(1)	(1)
			(1)
Daniel	(1)	(1)	(1)
			(1)

/9

PARTIE A TOTAL

/20

110

Unité 6

Épreuve 6: Écouter Partie B

1 Si on sortait?

Listen to David and Caroline and look at the list of attractions in Arcachon (A–F) and the possible meeting places (G–J). Complete the summary of their conversation using **letters** or **English**.

They didn't choose:	Ex. F 1 ☐ 2 ☐
They chose to go to:	3 ☐
They arranged to meet at:	4 (place) .... 5 (time) ....

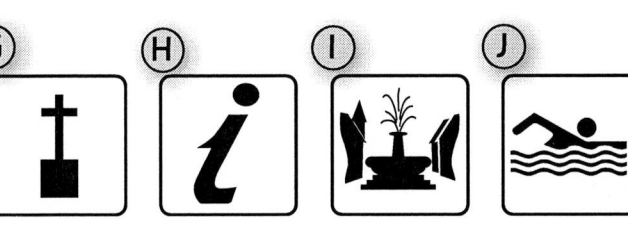

En Vacances à Arcachon

- (A) Maison des Jeunes — Aquarium tropical
- (B) Fête foraine — Place Gambetta
- (C) Mini-Golf du Village médiéval — 18 trous à thème dans un jardin paysagé
- (D) Soirée Rock — Salle des Fêtes
- (E) Championnats nationaux de Judo — Bonneval
- (F) Les Tennis de Pilat-Plage — Pyla-sur-Mer

(G) (H) (I) (J)

2 On parle de la télé

Listen to Julien and Laura talking about TV programmes. Are the statements true or false? Tick the correct box each time.

		true	false
Ex.	Laura didn't go into town this morning because it was raining.	✓	
1	She watched TV with her little sister.		
2	Laura and Julien both like cartoons.		
3	Laura enjoyed the rugby match on TV last night.		
4	She also enjoyed the quiz show.		
5	Julien doesn't normally like series and soap operas.		
6	He decides to go to the cinema this evening.		
7	After the Canadian series there is a documentary about babysitting.		
8	Laura arranges to meet at Julien's house at 7.45pm.		

3 Le week-end dernier

Listen to the conversation about last weekend and answer the questions **in English**.

Example: When did Émilie do a mountain bike race? *On Saturday morning*

1 What distance was the race? ....
2 How many girls finished ahead of her? ....
3 What did she do on Sunday? ....
4 Who was winning at half time, Lille or Toulouse? ....
5 What was the final score for each team? ....
6 What kind of concert did Lucas go to? ....
7 Give one positive and one negative aspect of the concert. ....

PARTIE B TOTAL

6/13 Unité 6

Épreuve 6: Lire – Partie A (1)

1 C'est quelle image?

Read the signs and write the letter of the correct picture.

Ex: **H** – École de danse

1. Piscine
2. Bibliothèque
3. STADE
4. EXPOSITION DE PEINTURES
5. PATINOIRE

/5

2 À l'Aquaparc

Using the information given in the advert, choose the six correct statements below.
One is covered by the example, so tick the other five.

At Aquaparc you can …
Ex: get in without paying ✓
1. go fishing
2. go cycling
3. eat your sandwiches
4. buy a meal for less than 20€
5. only park cars if you pay
6. go horse riding
7. hire a boat
8. go windsurfing
9. arrive after 10am
10. stay until 9pm

Aquaparc

Location de Bateaux et Pédalos
Stages de voile et de planche à voile
RESTAURANT jusqu'à 350 couverts
BAR – SNACK – MENUS de 9€ à 23€
On peut pique-niquer autour du lac
Ouvert de 10h à 19h t. l. j.
ENTRÉE et PARKING GRATUITS

/5

Unité 6

Épreuve 6: Lire – Partie A (2)

3 La musique – c'est leur passion!

Read the article and fill in the letters of the missing words (a–k).

La musique – c'est leur passion!

Pour être (**Ex.**) ..d.... au Conservatoire supérieur de musique à Paris, il faut déjà avoir trois ou quatre années de pratique d'un (**1**) .... Le concours d'entrée au Conservatoire n'est pas (**2**) ....

Pour les élèves du Conservatoire (âgés de huit ans au minimum), la matinée est consacrée au programme (**3**) .... normal, mais l'après-midi, ils ont chacun un (**4**) .... spécialement préparé pour eux. En plus, les élèves jouent régulièrement ensemble dans (**5**) .... symphonique.

a belle **b** de télé **c** école **d** élève **e** emploi du temps **f** facile
g instrument **h** l'orchestre **i** la piscine **j** scolaire **k** sport

[5]

4 Infos-Jeunes

Read the contents page of the magazine Infos-Jeunes, then tick the correct option to complete statements 1–5.

Infos-Jeunes

Dans cette édition ...

Page 6:	**Télévision** Deux nouvelles séries, dont une pour les amateurs de rock et l'autre pour ceux qui s'intéressent à la nature.
Page 7:	**Cinéma** Après les tourments de l'amour dans son dernier film, vous allez revoir Fabrice Laval. Il jouera le rôle d'un homme politique dans *Les Coulisses du Parlement*, un film qui va vous faire rire!
Page 8:	**Les grands débats** Avec un téléphone portable, on n'est jamais libre. Pour vous, c'est un fil qui vous relie au monde, ou c'est un inconvénient dont on pourrait se passer?
Page 12:	**Spécial Bac** Comment vous orienter? Un article pour vous aider à mieux réussir. Profitez de nos conseils!
Page 20:	**Faites la Fête** Toutes les recettes qu'il vous faut pour préparer des plats délicieux pour Pâques.
Page 24:	**Sports et Mode** Pour le ski alpin ou le roller hockey, choisissez avec soin votre tenue. Toutes les nouvelles idées pour vos gants, vos survêtements et vos chaussures de ski.

Example: There's a new TV programme about ...
 a climbing. ☐
 b animal and plant life. ✓
 c fashion. ☐
1 The new Fabrice Laval film is ...
 a a romance. ☐
 b a crime thriller. ☐
 c a comedy. ☐
2 In the article on page 8 they ...
 a discuss the cost of mobile phones. ☐
 b check out the latest mobile models. ☐
 c discuss the pros and cons of mobiles. ☐
3 The article about the 'Bac' aims to ...
 a help you prepare better and do your best. ☐
 b give you some exercises to test your knowledge. ☐
 c explain the new exam system. ☐
4 The article on page 20 is about ...
 a cooking. ☐
 b religion. ☐
 c the French national holiday. ☐
5 On page 24 there's an article about ...
 a fitness. ☐
 b fashion. ☐
 c tourism. ☐

[5]

PARTIE A TOTAL [20]

Unité 6

Épreuve 6: Lire – Partie B (1)

1 Arromanches 360 présente

Your friend's family ask you to help them find out about Arromanches 360. From the leaflet, find out the answer to these questions and answer **in English**.

Example: What is Arromanches 360? ......*a cinema*......

1 What is the English for the title of the film shown there?
....
2 How long does the film last?
....
3 What is the film about?
....
4 What is special about the screens? (Mention two things.) (2)
....
5 How was the film made to produce this special effect? (Mention two things.) (2)
....

Arromanches 360
Le prix de la Liberté

À Arromanches, venez vivre dix-huit minutes d'émotion totale.

Dans l'unique cinéma Arromanches 360, un film exceptionnel est projeté sur neuf écrans dans une salle circulaire: *Le prix de la Liberté*. Avec la projection à 360 degrés, vous serez plongés au cœur de l'action du Débarquement allié en Normandie et vous pourrez ressentir l'intensité de ce grand moment historique. À la base: un tournage réalisé avec un assemblage de neuf caméras synchronisées. Ce système, fixé à un char de combat, un hélicoptère, un bateau … vous installe au cœur des paysages et de l'action. *Le prix de la Liberté* sera pour vous tous un formidable souvenir.

---

2 Les 400 coups

Read the article and decide whether statements 1–7 below are true (**vrai**) or false (**faux**). Tick the correct column.

Arte lundi 8 avril

Les 400 coups
Un film en noir et blanc de François Truffaut

Ce film célèbre est l'histoire d'Antoine Doinel, un jeune adolescent. Il aime le cinéma, la liberté et la mer. Il lui arrive d'être insolent et de mentir et quelquefois il vole, mais, au début du film, c'est un enfant comme les autres.

Ses parents ne sont pas très intelligents et sa mère est souvent méchante avec lui. Son père est plus gentil, mais il ne comprend pas son fils. Antoine travaille plutôt mal à l'école, mais il n'est pas un imbécile. Ses profs ne le comprennent pas non plus.

Dans une scène du film, il est en classe. Il attend les résultats des compositions françaises. Il est confiant et espère une bonne note. Sa copie est citée en premier par le prof… car il a un zéro. Il est accusé d'avoir copié dans un livre de Balzac. Pour Antoine, c'est le début de la fin.

Par manque d'amour et de compréhension, Antoine se sent rejeté par le monde adulte. Alors, il se sauve, il ne va pas à l'école, il commet un vol et il finit dans une maison de correction.

Le rôle d'Antoine est interprété par Jean-Pierre Léaud qui joue dans beaucoup de films de Truffaut.

Les quatre cents coups est un film qui est quelquefois amusant mais quelquefois attendrissant. C'est un des plus beaux films: ne le ratez pas!

© Télérama Junior

		vrai	faux
Ex.	*Les 400 coups* est l'histoire d'un garçon qui a beaucoup de problèmes.	✓	
1	Le directeur de ce film est François Truffaut.		
2	Le film est quelquefois comique et quelquefois très tendre.		
3	Antoine s'entend bien avec ses parents mais pas avec ses professeurs.		
4	La mère d'Antoine est plus gentille avec lui que son père.		
5	Une fois, quand il a vraiment bien travaillé à l'école, Antoine reçoit, quand même, une mauvaise note.		
6	Après avoir commis un vol, Antoine doit entrer dans une maison de correction.		
7	L'auteur de cet article admire beaucoup ce film.		

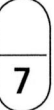

Unité 6

Épreuve 6: Lire – Partie B (2)

3 Jules Verne

Read the article and answer the questions in English.

Jules Verne

Jules Verne (1828–1905) était un écrivain français qui a écrit les premiers livres de science-fiction. Avant d'être écrivain, il avait fait des études de droit pour être avocat. Mais il s'intéressait beaucoup à la science, et avant d'écrire un livre, il avait beaucoup lu et beaucoup pensé aux aspects scientifiques.

Il avait imaginé la radio, la télévision et la voiture, choses inconnues à son époque. Bien avant l'invention des sous-marins, il avait décrit des voyages en vaisseau sous la mer.

Et, plus d'un siècle avant le voyage d'Apollo 11, il avait raconté en détails le premier voyage des hommes en fusée sur la Lune.

Un de ses livres les plus célèbres est *Le Tour du Monde en 80 jours*. Ce livre a inspiré beaucoup de gens; parmi eux, un journaliste qui a pris la même route et les mêmes moyens de transport que Phileas Fogg, le héros du livre.

Mais il y a un voyage qui n'a pas encore été réalisé; personne, jusqu'à présent, n'a voyagé au centre de la Terre!

Example: What nationality was Jules Verne? ....*French*........

1 What did he study to be before becoming a writer?

2 Why were his descriptions of television and radio surprising?

3 Name two forms of transport he thought up long before they were invented. (½ mark each)

4 What did he describe more than a century before it really happened?

5 According to the article, who followed the route of the fictional character Phileas Fogg?

6 What does the article say about a journey to the centre of the Earth?

7/1 Unité 7

Jeux de vocabulaire – les vacances

❶ Ça commence par un 's'

1 On le trouve sur la plage et dans le désert. Normalement, c'est jaune, mais quelquefois, c'est gris ou même rouge. ……………

2 Tout le monde espère le voir, surtout quand on est en vacances. ……………

3 C'est sept jours. ……………

4 Il y en a quatre dans l'année. ……………

5 C'est le contraire du 'nord'. ……………

6 C'est le nom d'un pays où il y a des montagnes et des lacs mais il n'y a pas de mer. ……………

7 C'est un vêtement qu'on porte souvent en vacances et quand on fait du sport. ……………

8 On la prend quand on va à la piscine ou à la plage, mais ce n'est pas un maillot de bain. ……………

❷ Trouvez les synonymes

Exemple: 1*e*

1 nager
2 le logement
3 une randonnée
4 un vélo
5 se reposer
6 le tarif

a se détendre
b une promenade
c l'hébergement
d le prix
e se baigner
f une bicyclette

1 ☐ 2 ☐ 3 ☐ 4 ☐ 5 ☐ 6 ☐

❸ Mots croisés

Horizontalement

1 C'est une fête chrétienne qui a lieu entre le 22 mars et le 25 avril. En France, on offre des œufs, des lapins et des cloches en chocolat. (6)
4 C'est le quatrième mois de l'année. (5)
6 – Tu as quelque chose à lire?
– Oui, j'ai deux livres dans … valise. (2)
7 Le 15 août est un jour férié et il y aura beaucoup de circulation sur les routes, … jour-là. (2)
9 Diwali est une … hindoue qui est célébrée en hiver. (4)
10 Pour moi, il est important d'être au bord de la mer ou près d'… lac parce que j'adore les sports nautiques. (2)
11 En août, je vais passer mes vacances … Espagne. (2)
13 C'est une saison de l'année quand beaucoup de personnes prennent des vacances. (3)
15 Beaucoup de personnes sont en vacances et les banques et beaucoup de magasins sont fermés. C'est un jour … (5)
16 Le premier …, c'est la fête du travail, mais on ne travaille pas ce jour-là. (3)
17 Le 13 juillet, la veille de la fête nationale, il y a un … populaire dans beaucoup de villes en France. (3)
18 C'est une fête chrétienne très importante qui a lieu le 25 décembre. (4)
19 Pendant les vacances, j'adore visiter les … étrangers. (4)
20 – Je pars dans trois jours!
– Dans trois jours! Alors je te souhaite une bonne fin de … (6)

Verticalement

1 Le … janvier, c'est le jour de l'an. (7)
2 Le 31 décembre, c'est la …-Sylvestre. (5)
3 Si on veut visiter plusieurs villes, c'est une bonne idée de faire un … en car. (7)
5 Le quatorze juillet, il y a un grand … militaire aux Champs Elysées à Paris. (6)
8 … hiver, je vais partir en vacances de neige. (2)
12 … j'avais beaucoup d'argent, je ferais un voyage en Australie. (2)
14 Beaucoup de Français vont à l' … le 24 décembre pour la messe de minuit. (6)
15 Au mois de septembre, c'est la rentrée scolaire et la … des grandes vacances. (3)
16 C'est le mois entre février et avril. (4)
17 Tout le monde espère avoir du … temps pendant les vacances. (4)

7/2 Unité 7
À l'hôtel

1 On téléphone à l'hôtel

Écoutez les messages et complétez la grille.

		1	2	3	4
a	Nombre de chambres				
b	Nombre de nuits				
c	Nombre de personnes				
d	Date d'arrivée				
e	Autres renseignements				
f	Nom				
g	Numéro de téléphone/fax				

2 Inventez des conversations

1 **A** – Allô. Hôtel de France, je peux vous aider?
  B – Bonjour, je voudrais réserver …
  A – Oui, c'est pour quand?
  B – 04/07
  A – C'est pour combien de nuits?
  B – ☽ ☽ ☽
  A – Oui, vous arriverez vers quelle heure?
  B – 18:30
       Est-ce qu'il y a … ?
  A – Oui.

2 **A** – Allô, Hôtel du Lac.
  B – Bonjour, je voudrais réserver …
  A – Oui, c'est pour quelle date?
  B – 15/06
  A – Vous voulez rester combien de nuits?
  B – ☽
  A – Oui, vous arriverez vers quelle heure?
  B – 19:00
       Est-ce qu'il y a … ?
  A – Ah non, je regrette, il n'y en a pas.

3 Un acrostiche

1 Ça vous permet de monter ou de descendre d'un étage à l'autre sans prendre l'ascenseur. (8)
2 C'est pour pendre les vêtements. (6)
3 Ça sert à se laver. (5)
4 C'est pour s'essuyer après un bain ou une douche. (9)
5 C'est un coussin rectangulaire qui soutient la tête quand on dort. (8)
6 C'est un appareil qui vous permet de monter ou de descendre d'un étage à l'autre. (9)

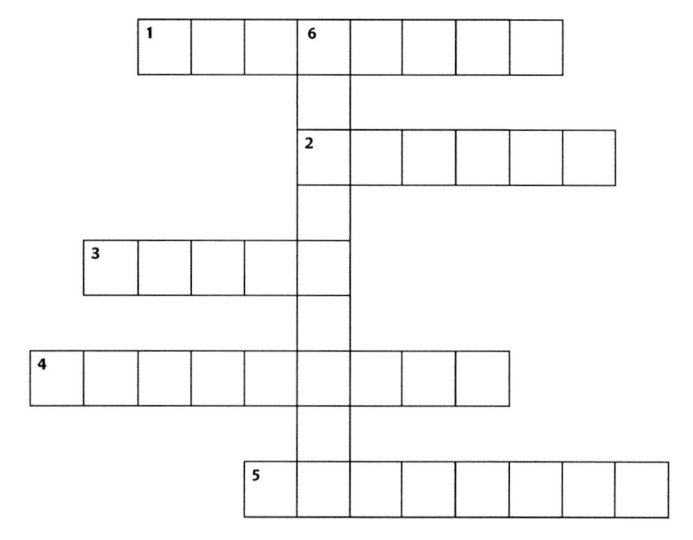

7/3 Unité 7
À Amboise

Amboise
Val de Loire
Jardin de la France

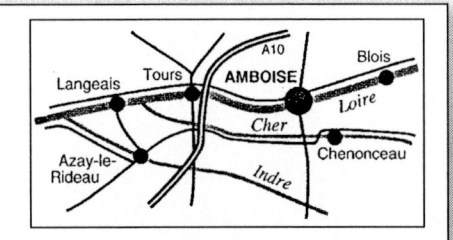

Distractions
Équitation – Tennis – Boules – Golf miniature – Piscine – Pêche en rivière, en étang et en Loire – Promenades en forêt, en campagne (fléchées) – Visites: monuments, musées, curiosités (Amboise et alentours) – Spectacles – Concerts – Promenades aériennes

Excursions – promenades
La ville est située au centre de la région des châteaux. Des excursions sont organisées en car vers Chambord, Cheverny, Blois, Chenonceaux, Villandry, Loches, Azay-le-Rideau, Langeais, Chinon, etc.
D'autres circuits en car permettent, par ailleurs, d'assister aux spectacles son et lumière.
Des services réguliers de bus relient Amboise à Tours, ainsi qu'à Montrichard, Blois et Chaumont.
Tous les renseignements touristiques peuvent être demandés à l'office de tourisme concernant l'accueil et l'animation, etc.
Différents circuits de promenade ont été établis dans les environs, promenades pédestres fléchées, randonnées cyclistes et équestres: les itinéraires sont à votre disposition.

À voir à Amboise
Le château d'Amboise
Le Clos Lucé – célèbre demeure du XVe siècle où Léonard de Vinci a vécu les dernières années de sa vie.
Le beffroi – édifice construit sur les anciens remparts.
Le musée de la poste – l'histoire de la poste à travers les âges.
L'église Saint-Denis – édifice remarquable de l'époque romaine, construit au XIIe siècle.

❶ Des activités
On peut faire beaucoup de choses à Amboise, mais pas toutes ces activités. Lesquelles peut-on faire?

Exemple: ...a...

a nager
b faire du cheval
c faire de la voile
d faire des randonnées
e visiter un parc d'attractions
f aller à la pêche
g voir la maison où habitait Léonard de Vinci
h se baigner dans la mer
i faire un tour en avion
j prendre le métro

❷ Vrai ou faux?
Lisez les phrases et écrivez V (vrai), F (faux) ou PM (pas mentionné).

Exemple: 1 PM

1 Il y a des vélos municipaux qu'on peut louer. ....
2 Il y a des bus qui vont aux principales villes. ....
3 On peut demander des itinéraires à l'office de tourisme. ....
4 Il faut avoir une voiture pour aller aux spectacles son et lumière. ....
5 On peut faire des excursions en car. ....
6 On peut visiter beaucoup de châteaux dans la région. ....
7 Il n'y a pas de transports en commun. ....
8 Il y a une auberge de jeunesse à Amboise. ....

❸ Un acrostiche

Toutes les réponses se trouvent dans le dépliant.

1 On peut demander des ... touristiques à l'office de tourisme. (14)
2 Il est possible d'assister aux spectacles son et ... (7)
3 Pour nager, on peut aller à la ... à Amboise. (7)
4 Il y en a un à Amboise et beaucoup dans le Val de Loire. (7)
5 Amboise se trouve au centre de la ... des châteaux. (6)
6 Le soir, on peut assister à un concert ou à un ... (9)
7 Dans ce ..., il y a une exposition sur l'histoire de la poste. (5)
8 Il y a beaucoup de ... à Amboise et aux alentours. (11)

Unité 7
Des vacances jeunes

❶ Un acrostiche

1 C'est là qu'on met les ordures. (8)
2 Ça se dit quand il n'y a plus de place. (7)
3 Ça se dit si le camping est ouvert toute l'année sans interruption. (9)
4 On le tourne pour avoir de l'eau. On peut obtenir de l'eau chaude ou de l'eau froide. (7)
5 Si on ne veut pas être au soleil, on peut demander un emplacement à l'… (5)
6 Si on peut la boire sans danger, on dit que l'eau est … (7)
7 C'est un lieu pour une tente ou une caravane. (11)

❷ Trouvez les contraires

Exemple: 1*h*

1 à l'ombre ....
2 fermé ....
3 saisonnier ....
4 réserver ....
5 chambres disponibles ....
6 en retard ....
7 l'arrivée ....
8 jour férié ....

a annuler
b le départ
c ouvert
d en avance
e jour ouvrable
f permanent
g complet
h au soleil

❸ Complétez les groupes

Trouvez un mot pour compléter chaque groupe.

1 le tennis, le golf, la pêche, …..
2 un café, un restaurant, un fast-food, …..
3 ensoleillé, nuageux, orageux, …..
4 à la campagne, à la montagne, en ville, …..
5 le bloc sanitaire, le bureau d'accueil, les emplacements, …..
6 Noël, le jour de l'an, la fête nationale, …..

> a les jeux d'enfants b l'équitation
> c Pâques   d pluvieux
> e une pizzeria   f au bord de la mer

❹ Si on faisait un chantier?

*Read the details (below) about the work camp and answer the questions **in English**.*

1 Give one advantage of taking part in a work camp.
   ....
   ....

2 What proportion of your time is devoted to work?
   ....

3 What sort of work is required?
   ....
   ....

4 What sort of accommodation is offered?
   ....
   ....

5 Give three facilities available in the resort.
   ....
   ....
   ....

6 When does the work camp start?
   ....
   ....

Un chantier, c'est …

- un moyen sympa et pas cher de passer des vacances actives et de rencontrer des gens
- un travail collectif utile et une expérience enrichissante
- une occasion de découvrir une région ou de pratiquer des activités sportives

Les programmes sont conçus sur un double mi-temps travail/loisirs.

Logement:	auberge de jeunesse
Age:	18–25 ans; 10 participants
Dates:	28 août–3 sept.

Aménagement auberge de jeunesse

L'auberge de jeunesse des Deux Alpes vous propose de venir participer à ses travaux de rénovation.

Les Deux Alpes est une station de ski qui ne manque pas d'intérêt l'été. Elle offre au randonneur de magnifiques promenades à pied ou en VTT sur les sentiers balisés, mais aussi toute l'infrastructure d'une station animée: ski d'été, piscine, patinoire, tennis. Côté travail, il s'agit de la rénovation intérieure de l'auberge.

Unité 7
Vive les vacances!

1 Vacances à venir ou vacances passées?

Lisez ces phrases et décidez si on parle des vacances à venir ou des vacances passées.

Vacances à venir: Ex. ...1............   **Vacances passées:** ....

1. On va prendre le Shuttle. Ce sera plus rapide.
2. On a pris le ferry à Saint-Malo. Ça allait bien.
3. Nous sommes allés en Dordogne.
4. On ira dans les Alpes.
5. On louera un appartement.
6. On a loué un gîte.
7. On a eu du beau temps.
8. On dit qu'il y aura de la neige.
9. Nous ferons des randonnées en montagne.
10. Nous avons trouvé la région très jolie.
11. Nous sommes allés à la pêche. C'était amusant.
12. On fera du ski d'été. Je n'en ai jamais fait.

2 Vacances à Saint-Malo

a Que fera-t-on?

Vous travaillez comme accompagnateur d'un groupe de touristes. Répondez à leurs questions en consultant le programme.

1. Que fera-t-on lundi?
2. Quand ira-t-on au Mont Saint-Michel?
3. Est-ce que nous ferons une excursion en bateau?
4. Que ferons-nous mardi, s'il pleut?
5. Et quand pourrons-nous faire du shopping?
6. Ira-t-on à la plage un jour?

PROGRAMME POUR LA SEMAINE

jour	s'il fait beau	s'il fait mauvais
lundi	tour des remparts	aquarium
mardi	excursion en bateau	musée de cire et le château
mercredi	plage	piscine
jeudi	excursion en car au Mont Saint-Michel	cinéma
vendredi	visite de la vieille ville et shopping	Centre commercial

la météo de la semaine

lu.	⛅
ma.	🌧
mer.	☀
je.	⛅
ven.	☀

b Quel temps a-t-il fait?

Décrivez le temps pour chaque jour.

c Qu'a-t-on fait?

Décrivez ce que vous avez fait pendant la semaine.

Unité 7
Les Alpes

Située entre la France, la Suisse et l'Italie, la région des Alpes est une des régions les plus spectaculaires de l'Europe.

1 Six questions sur les Alpes

Choisissez la bonne réponse.

1 Les Alpes françaises s'étendent de la mer Méditerranée au lac Leman (*Lake Geneva*). Le lac Leman forme une frontière naturelle entre la France et quel autre pays?
   A ☐ l'Italie **B** ☐ l'Autriche **C** ☐ la Suisse

2 Quel est le plus haut sommet des Alpes?
   A ☐ Le mont Blanc **B** ☐ Le mont Rose **C** ☐ Le mont Everest

3 Les Alpes se divisent en deux grandes parties: les Alpes du sud et les Alpes du nord. Dans les Alpes du sud, le climat est plus sec et le paysage est plus sauvage. On élève quels animaux ici?
   A ☐ des chevaux **B** ☐ des moutons **C** ☐ des vaches

4 Quelle est la principale activité économique de la région?
   A ☐ l'agriculture
   B ☐ le tourisme
   C ☐ la production d'électricité

5 Le tunnel du mont Blanc est un des plus longs tunnels routiers du monde. Il relie la France à quel autre pays?
   A ☐ l'Allemagne **B** ☐ l'Espagne **C** ☐ l'Italie

6 Les premiers jeux Olympiques d'hiver, en 1924, ont eu lieu dans quelle ville?
   A ☐ Chamonix **B** ☐ Grenoble **C** ☐ Annecy

2 Je travaille dans la région

Voici trois personnes qui travaillent dans cette région.

Bonjour! Je m'appelle Elisabeth Guenard. Je suis monitrice de ski à Val d'Isère. Je ne suis pas de la région, je suis parisienne, mais je suis venue travailler ici à l'école de ski. J'ai commencé à faire du ski assez tard, à l'âge de dix-neuf ans. J'ai beaucoup aimé ça et j'ai décidé de devenir monitrice de ski. Je suis allée à l'École Nationale de Ski à Chamonix pour préparer mon diplôme. J'ai dû faire sept ans de préparation. Mais maintenant, ça y est et je travaille comme monitrice de ski de décembre à avril. En été, je travaille à Annecy, où je suis maître-nageuse.

Bonjour! Je m'appelle Pierre Mercier. Je suis guide à Chamonix. Moi, je suis né ici. J'ai commencé à faire du ski à l'âge de sept ans. J'aime bien faire du ski, mais je préfère faire de l'alpinisme. Moi aussi, je suis allé à l'École Nationale de Ski et d'Alpinisme à Chamonix pour préparer mon diplôme.
Le travail de guide me plaît beaucoup. On accompagne souvent des groupes d'alpinistes. La semaine dernière, par exemple, je suis allé dans les Dolomites en Italie. La semaine prochaine, j'accompagnerai des skieurs qui veulent descendre le mont Blanc. Je prends mes vacances en été. D'habitude, je ne pars pas loin, mais cet été, j'irai au Canada.

Bonjour! Je m'appelle Anne Laroche. Je suis née à Grenoble. Je suis hôtesse d'accueil dans un grand hôtel à Flaine. Il y a beaucoup d'étrangers qui logent à l'hôtel, surtout des Anglais. Je dois donc bien parler anglais.
Flaine est une station de ski assez moderne. On a dû tout construire ici, les magasins, les appartements, les hôtels, même la route. Maintenant, c'est un véritable centre de vacances avec une piscine, une patinoire, une bibliothèque, des restaurants, des cafés et même un 'pub' à l'anglaise. Quand je ne travaille pas, j'aime profiter de la montagne pour faire du ski. J'ai commencé à faire du ski à l'âge de dix ans et ça me plaît énormément.

Qui est-ce?

1 Qui est monitrice de ski? ....
2 Qui doit bien parler anglais? ....
3 Qui est né à Grenoble? ....
4 Qui a appris à faire du ski à l'âge de 19 ans? ....
5 Qui aime bien le ski mais préfère l'alpinisme? ....
6 Qui travaillera comme maître-nageuse cet été? ....
7 Qui ira en Amérique du nord cet été? ....
8 Qui est allé en Italie la semaine dernière? ....

7/7 Unité 7

Avez-vous passé de bonnes vacances?

1 Avez-vous passé de bonnes vacances?

Écoutez Louise et Simon et répondez aux questions en anglais.

a Louise
1. Where did Louise go on holiday?
   ....
2. What does she say about it?
   ....
3. In which month did she go there?
   ....
4. What was the weather like?
   ....
5. How did she travel?
   ....
6. Where did she stay?
   ....
7. How long did she spend there?
   ....
8. How did she spend her time?
   ....

b Simon
1. Which season did Simon travel in?
   ....
2. Where did he go? (town and region)
   ....
3. What does he say about the weather?
   ....
4. Where was the hotel situated?
   ....
5. How long was the holiday?
   ....
6. Mention some of the things he did.
   ....
7. What did he think of the trip?
   ....

2 Faites des conversations

Travaillez à deux. Jetez un dé ou choisissez des nombres entre 1 et 6 pour faire des conversations.

- Où es-tu allé(e) en vacances? (Dans quel endroit exactement?) (A)
- Tu es parti(e) quand? (B)
- Comment as-tu voyagé? (C)
- Il a fait quel temps? (D)
- Tu as logé où? (E)
- Tu es parti(e) combien de temps? (F)
- Et qu'est-ce que tu as fait? (G)

(A) Où?
1. en Espagne (à Barcelone)
2. en France (en Dordogne)
3. en Grèce (à Rhodes)
4. au Portugal (dans l'Algarve)
5. au Québec (à Montréal)
6. au Sénégal (à Dakar)

(B) Quand?
1. au printemps
2. en juin
3. en juillet
4. en août
5. en septembre
6. en automne

(C) Comment?
1. en avion
2. en voiture
3. en train
4. en ferry
5. en car
6. à vélo

(D) Météo
1. beau, soleil
2. chaud
3. couvert, nuageux
4. pluie
5. froid
6. neige

(E) Logement
1. à l'hôtel
2. à l'auberge de jeunesse
3. dans un camping
4. dans un gîte
5. chez des amis
6. chez ma famille/la famille de ...

(F) Combien de temps?
1. un week-end
2. quelques jours
3. une semaine
4. dix jours
5. quinze jours
6. un mois

(G) Activités
1. aller à la plage
2. se baigner dans la mer
3. faire des sports nautiques
4. visiter la ville/la région
5. jouer au tennis/au volley
6. aller dans des boîtes

7/8 Unité 7

Mots croisés – les vacances

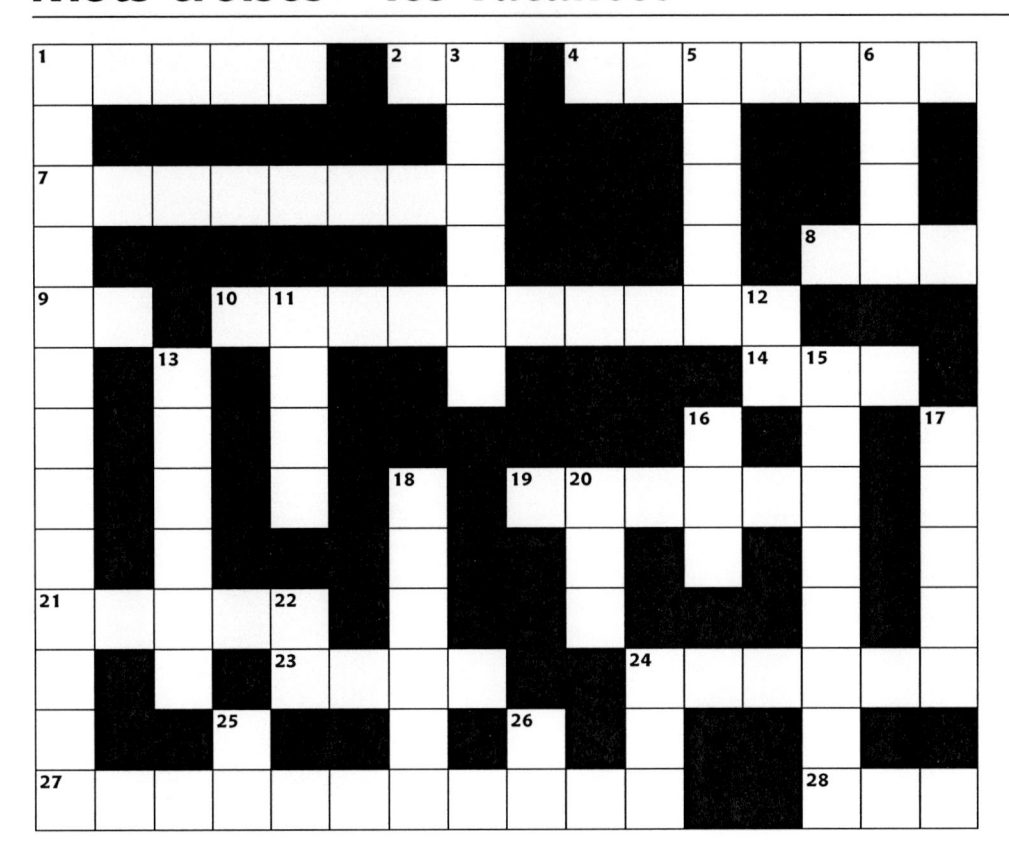

Horizontalement
1. Il fait beau. Allons à la .... (5)
2. Tu ... arrivé à l'hôtel hier soir, n'est-ce pas? (2)
4. Nous passons nos vacances dans un petit ... en Normandie. (7)
7. Voilà mes photos de vacances prises avec mon nouvel ... (8)
8. Où as-tu passé ... vacances? (3)
9. ... qui est bien au camping, c'est qu'il y a une belle piscine. (2)
10. Le temps s'améliorera cet après-midi. On a dit qu'il y aurait de belles .... (10)
14. ..., il y a de l'ombre, et là-bas il y a du soleil. (3)
19. Bonne fin de ...! (6)
21. Il fait trop chaud. Allons nous mettre à l'... (5)
23. Nous restons seulement une ... dans ce camping. (4)
24. À la frontière de certains pays, il faut passer par la ... et déclarer certaines marchandises. (6)
27. Nous sommes bien contents du terrain de camping. Notre ... se trouve dans une prairie, près de la piscine. (11)
28. Voilà le robinet pour l' ... potable. (3)

Verticalement
1. La ... ... est un sport assez récent qu'on pratique beaucoup en mer et sur les lacs. (7,1,5)
3. Un parasol vous protège du .... (6)
5. J'ai regardé le site web de l'hôtel et je vais réserver une chambre en ... (5)
6. Pour faire des économies, de plus en plus de familles passent leurs vacances dans un ..., plutôt que d'aller dans un hôtel. (4)
11. Nous allons en vacances en septembre, c'est moins ... (4)
12. Oui, mais en septembre, il ne fait pas ... beau. (2)
13. Pour se laver, il y a une douche et un ... dans chaque chambre. (6)
15. Nous passons nos vacances sur un grand terrain de camping. Nous ne dormons pas sous la tente, nous avons loué une ... . (8)
16. Vous avez réservé? C'est à quel ..., s'il vous plaît? (3)
17. Pour loger à l'auberge de jeunesse, il faut une ... d'adhérant. (5)
18. Oh là là, j'ai acheté trop de choses! Je n'arrive pas à tout mettre dans ma ... . (6)
20. Est-ce que vous préférez prendre vos vacances en ... ou en hiver? (3)
22. On va passer un mois ... Italie, cet été. (2)
24. On ... que la Corse est très belle. C'est vrai? (3)
25. Et ton frère? Que fait- ... pendant les vacances? (2)
26. Il faut mettre une crème solaire pour vous protéger contre ... soleil, qui est très fort. (2)

7/9 Unité 7

Tu comprends?

❶ La météo

Écoutez la météo et écrivez la bonne lettre.

lundi	matin	A
	après-midi	
mardi	matin	
	après-midi	
mercredi	matin	
	après-midi	
jeudi	matin	
	après-midi	

❷ On téléphone à l'hôtel

Écoutez la conversation. Complétez le formulaire de réservation.

Nom:	
Date d'arrivée:	
Heure approximative d'arrivée:	
Nuits:	
Chambre	
personnes:	**Ex. 2**
Tarif:	
chambre avec balcon:	
chambre sans balcon:	
Hôtel: parking (✔/✘)	
restaurant (✔/✘)	

❸ Des vacances récentes

Un jeune Belge raconte ses vacances. Écoutez la conversation et cochez (✔) les bonnes cases.

Ex. L'année dernière, je suis allé **A** ☐ en Italie
   B ✔ en France **C** ☐ en Suisse avec ma famille.

1. Nous avons passé une semaine à Nice, où nous avons loué **A** ☐ un appartement
   B ☐ un gîte **C** ☐ une caravane.

2. Il a fait un temps splendide mais l'après-midi, il faisait trop chaud pour **A** ☐ sortir en ville
   B ☐ se baigner dans la piscine
   C ☐ jouer sur la plage.

3. Nice est une belle ville avec
   A ☐ de belles maisons **B** ☐ un joli marché
   C ☐ des musées intéressants.

4. – Est-ce que vous avez fait des excursions?
   – Oui, un jour, nous avons fait une excursion à Monte-Carlo et nous avons visité
   A ☐ l'aquarium **B** ☐ le casino
   C ☐ le château.

5. – Qu'est-ce que tu as acheté comme souvenirs?
   – J'ai acheté **A** ☐ de petits gâteaux
   B ☐ un T-shirt **C** ☐ un porte-clés.

6. – Vous êtes rentrés directement à Bruxelles?
   – Non, avant de rentrer, nous avons passé deux nuits dans **A** ☐ un hôtel
   B ☐ un camping **C** ☐ une auberge de jeunesse à Annecy.

7. – Vous voudriez retourner à Nice?
   – Oui, nous avons tous bien aimé Nice et la région et nous allons y retourner
   A ☐ en juillet **B** ☐ en août
   C ☐ l'année prochaine.

❹ Les vacances en questions

Écoutez la discussion et complétez le texte.

> **A** Alpes **B** amie **C** ~~camping~~ **D** États-Unis
> **E** examens **F** excellent **G** famille
> **H** montagne **I** nager **J** paysage **K** tennis

– Qu'est-ce que tu fais pendant les vacances, d'habitude?
– Ça dépend – pendant les grandes vacances, je pars en vacances avec ma famille. D'habitude, nous faisons du **Ex.** ..C... en France, pendant deux semaines. Autrement, je sors avec mes amis, je vais au cinéma, je joue au **1** ...... ou je joue sur l'ordinateur.

– **Où préfères-tu passer des vacances?**
– Je préfère aller au bord de la mer, parce que j'adore **2** ...... et les sports nautiques.

– **Quel genre de vacances préfères-tu?**
– Moi, je préfère des vacances actives et sportives; par exemple, l'année dernière, je suis partie en voyage scolaire aux **3** .... Nous avons fait beaucoup d'activités sportives – c'était vraiment **4** ....

– **Tu préfères passer les vacances en famille ou avec des amis?**
– Je m'entends bien avec ma **5** ...... , mais j'aime avoir un peu d'indépendance aussi. C'est bien si je peux emmener une **6** ...... avec nous.

– **Qu'est-ce que tu vas faire pendant les prochaines vacances?**
– Pendant les vacances de Pâques, je dois réviser, parce que, en juin, je dois passer des **7** ...... importants.

– **Est-ce que tu as des projets de vacances cet été?**
– Non, pas encore, mais je voudrais partir avec mes amis. Nous pensons aller à la **8** ...... pour quelques jours.

– **Est-ce qu'il y a un pays que tu voudrais visiter un jour?**
– Oui, j'aimerais beaucoup aller aux **9** .... Je voudrais visiter New York et aussi la Californie. J'ai vu beaucoup de photos de la Californie et le **10** ...... est très impressionnant.

124

Tricolore Total 4 © Mascie-Taylor, Honnor, Spencer, Nelson Thornes 2010

7/10 Unité 7

Épreuve 7: Écouter — Partie A

1 À l'office de tourisme

Listen to conversations at the tourist office in Nice and write the correct letter for each person.

Ex. [A] 1 ☐ 2 ☐ 3 ☐ 4 ☐ 5 ☐ 6 ☐

A PLAN DE NICE
B Le parking à la carte au cœur de Nice
C Le Musée des trains miniatures
D horaire SNCF Nice - Paris
E CAMPINGS
F Guide des Restaurants de Nice
G Le mois à Nice — Films Concerts Spectacles
H Hôtels, Chambres d'hôte, Gîtes
I Visites de la région

/6

2 La météo

Listen to the weather forecast and write the correct letter for each announcement.

Ex. [C] 1 ☐ 2 ☐ 3 ☐ 4 ☐ 5 ☐ 6 ☐

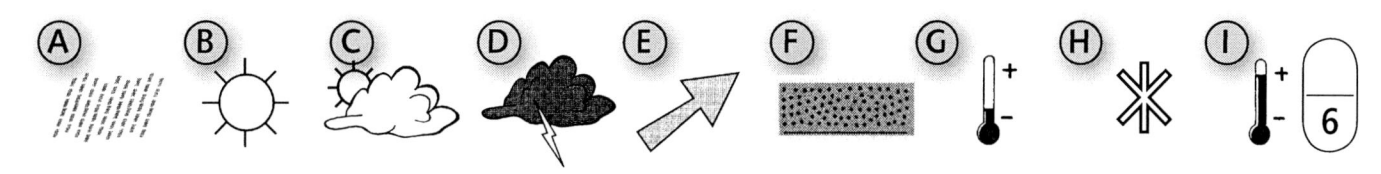

A (rain) B (sun) C (cloud) D (storm) E (arrow) F (fog) G (thermometer +/−) H (snow) I (thermometer +/−)

/6

3 Projets de vacances

Listen to Alex talking about his holiday plans and answer the questions **in English**.

Example: Who will he go on holiday with? *two friends*

1 How will he travel? ....

2 Which two countries does he mention? (½ mark each) ....

3 Where will he stay? ....

4 Give one advantage he mentions of this type of accommodation. ....

/4

4 Souvenirs de vacances

Listen to people describing a past holiday and decide which statement from the list below best reflects what they say.

Example: Magali: [g]

1 Stéphane ☐
2 Nicolas ☐
3 Daniel ☐
4 Laurent ☐

a The weather was really awful.
b There was nothing to do in the evening.
c My sister learnt how to kayak.
d The beach was really crowded.
e There was a lot of night life.
f I went on a boating holiday and learnt a new watersport.
g I had a good holiday.
h I went camping and had a bike accident.
i The hotel was really crowded.

/4

PARTIE A TOTAL

/20

Tricolore Total 4 © Mascie-Taylor, Honnor, Spencer, Nelson Thornes 2010

125

Unité 7

Épreuve 7: Écouter Partie B

1 À l'hôtel

*You're doing work experience at a hotel in France. Listen to the recorded message. Complete the details, **in French** or using **figures**.*

Hôtel du Château
Réservation

Ex. Nombre de chambres ......1......

1 Date d'arrivée ....
2 Pour combien de nuits? ....
3 Nombre de personnes ....
4 Chambre a avec douche ☐
          b avec salle de bains ☐
          c avec balcon ☐

Réservation pour un repas

5 heure ....
6 nombre de personnes ....
7 nom du/de la client(e) ....

2 Vélos à louer

*Listen to the conversations about hiring bikes and complete the sentences, **in English** or using **figures**.*

Example: You can hire bikes at the cycle shop which is ......in town, near the park......

1 The Michel family want to hire bikes in order to ....
2 They need .... bikes in total.
3 In addition to the hire charge, they need to pay .... euros for a ....
4 .... is included.
5 The shop will be open from .... tomorrow.
6 Payment can be made ....

3 Luc parle de ses vacances

*Listen to Luc talking about his holiday and answer the questions **in English**.*

Example: In which month did Luc go to La Rochelle? ......May......

1 Who went with him? ....
2 Why did he find the trip boring? ....
3 What would he rather have done for his holiday? ....
4 What is the weather usually like in La Rochelle at this time of year? ....
5 What was the weather like this year? ....
6 What was one result of this change in the weather? ....
7 What was Luc's overall reaction to this holiday? ....

Unité 7

Épreuve 7: Lire – Partie A (1)

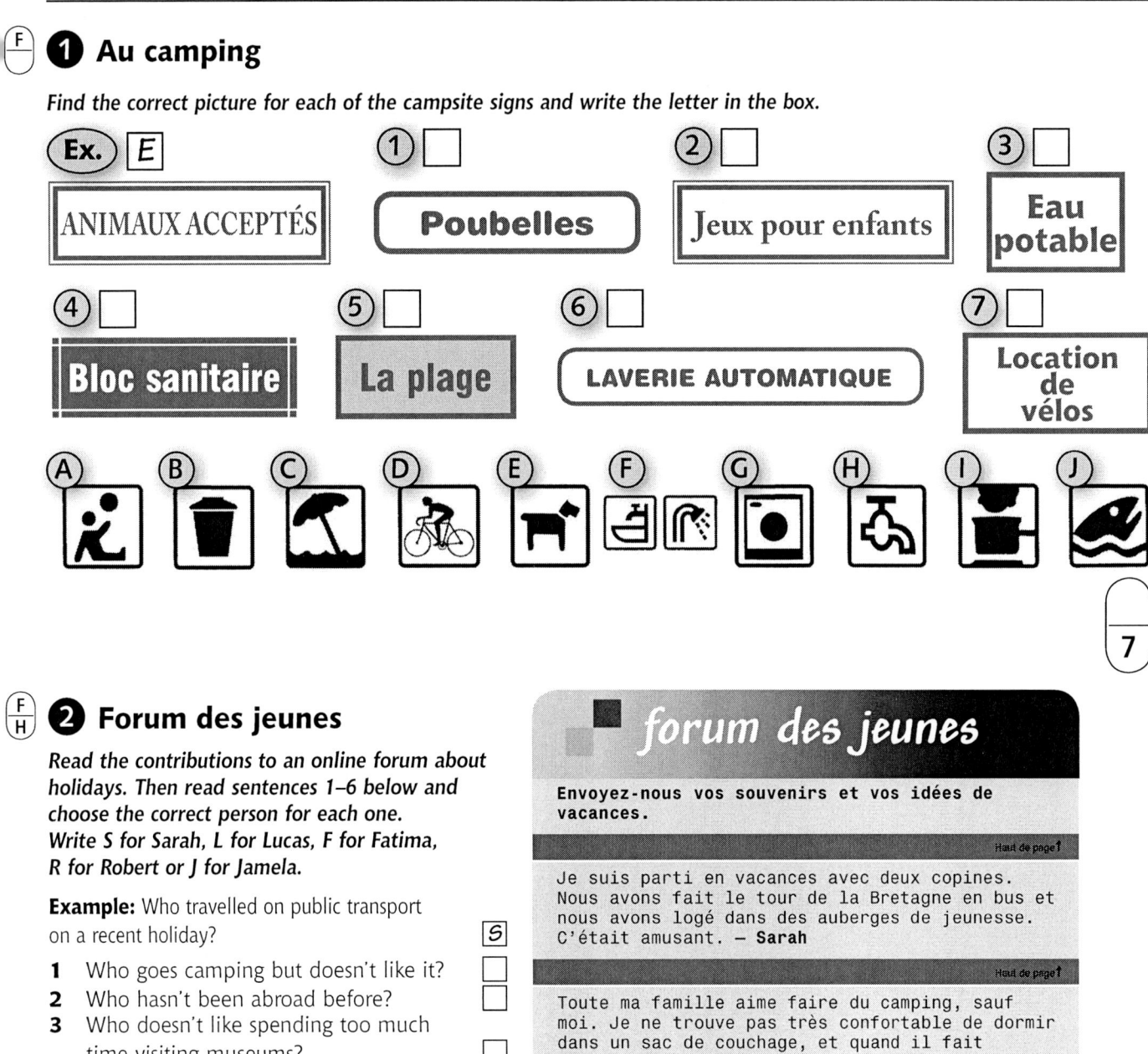

1 Au camping

Find the correct picture for each of the campsite signs and write the letter in the box.

Ex. [E] ANIMAUX ACCEPTÉS
1. [ ] Poubelles
2. [ ] Jeux pour enfants
3. [ ] Eau potable
4. [ ] Bloc sanitaire
5. [ ] La plage
6. [ ] LAVERIE AUTOMATIQUE
7. [ ] Location de vélos

A, B, C, D, E, F, G, H, I, J

/7

2 Forum des jeunes

Read the contributions to an online forum about holidays. Then read sentences 1–6 below and choose the correct person for each one.
Write S for Sarah, L for Lucas, F for Fatima, R for Robert or J for Jamela.

Example: Who travelled on public transport on a recent holiday? [S]

1. Who goes camping but doesn't like it?
2. Who hasn't been abroad before?
3. Who doesn't like spending too much time visiting museums?
4. Who worked on an environmental project?
5. Who has stayed in youth hostels?
6. Who is going on a watersports holiday this summer?

forum des jeunes

Envoyez-nous vos souvenirs et vos idées de vacances.

Je suis parti en vacances avec deux copines. Nous avons fait le tour de la Bretagne en bus et nous avons logé dans des auberges de jeunesse. C'était amusant. – **Sarah**

Toute ma famille aime faire du camping, sauf moi. Je ne trouve pas très confortable de dormir dans un sac de couchage, et quand il fait mauvais, c'est vraiment triste. Mon choix de vacances serait un hôtel cinq étoiles! – **Lucas**

Normalement nous restons en France mais cet été je vais partir en Espagne en voyage scolaire. Ce sera mon premier voyage à l'étranger. – **Fatima**

L'année dernière, je suis allé en Italie avec mes parents. Mon père est prof d'histoire et nous avons passé trop de temps à visiter les musées et les monuments. Alors cet été je vais partir faire un stage de sports nautiques avec un copain. – **Robert**

J'ai passé une semaine à la montagne avec un groupe international de jeunes. Nous avons planté des plantes locales pour créer un jardin de montagne. – **Jamela**

/6

7/13 Unité 7

Épreuve 7: Lire – Partie A (2)

❸ Quel hôtel?

Read the hotel information. Find the best hotel for each group of people in the table below (1–7).

a	**Hôtel du Futura ***
	À proximité immédiate du Parc du FUTUROSCOPE (accès à 10 minutes à pied), 290 chambres de catégorie 'une étoile', dont 13 spécialement conçues pour l'accueil des personnes handicapées. Toutes chambres équipées pour accueillir jusqu'à 4 personnes, avec douche, toilettes individuelles et télévision. Prix de la chambre: *Haute saison 69€ Baisse saison 47€*
b	**Hôtel Papillons ** **
	(5 mn. de la gare, proche tous bus, proche du marché et des grands magasins) Chambre avec douche ou salle de bains, téléphone direct et télévision: 50€ Spécial étape (une nuit et un repas), une personne: 58€
c	**Hôtel de l'Oie Blanche *** ***
	Hôtel grand confort, tout proche de la cité médiévale et dans une belle maison de caractère. 40 chambres, piscine, bar, restaurant gastronomique, parking privé. Prix des chambres: 200€
d	**Hôtel Belle Vue *** ***
	42 chambres 60€ à 74€ avec climatisation, téléphone et télévision. Repas 20€ à 30€. Près du château, parc, piscine, tennis, terrain de jeux pour enfants, salle de billard, terrain jeu de boules, volleyball, location de vélos (VTT). Anglais parlé.

Example: M. et Mme V. They are quite wealthy and are very interested in history.	c
1 Four students They don't have much money and like visiting theme parks.	
2 M. et Mme B. They don't like economising when on holiday. They like to eat well and try local specialities.	
3 La famille D. With two teenager sons and two small daughters, they need a hotel with entertainment provided.	
4 La famille T. They don't have a car and need access to public transport. They also need a hotel which is not expensive.	
5 La famille J. This family need interesting things to do near the hotel. Their son uses a wheelchair and is interested in everything especially the cinema.	
6 Dr and Mrs L. For a successful holiday they need a luxury hotel, luxury food and a swimming pool.	
7 La famille S. This sporty family don't want just to relax on holiday. They want to be active and have fun.	

7

PARTIE A TOTAL

20

Unité 7

Épreuve 7: Lire – Partie B (1)

1 Un message de confirmation

Read the e-mail giving details of a hotel booking. Then in the table below, read the sentences and tick **true**, **false**, or **?** (if the information is not given in the e-mail).

---

le 08 juin
Madame,
Suite à votre message du six juin, nous avons le plaisir de vous proposer la réservation suivante: du 07 au 11 juillet (4 nuits), une chambre double avec salle de bains, TV, mini bar, téléphone, au tarif de 80 euros la nuit, taxe et service inclus. Le petit déjeuner buffet est inclus.
Je regrette, il n'est pas possible de garer votre voiture à l'hôtel, mais il est assez facile de trouver une place dans les petites rues derrière l'hôtel.
Afin de garantir votre réservation, nous vous prions de bien vouloir nous téléphoner et de nous indiquer le numéro de votre carte de crédit.
Avec nos sincères salutations,
La réception

---

		true	false	?
Ex.	Two twin rooms have been reserved.		✓	
1	The room has a bathroom.			
2	There's a hairdryer in the room.			
3	Breakfast is not included.			
4	The hotel doesn't have a car park.			
5	To confirm the booking, the person should phone with a credit card number.			

2 La météo

Read the weather forecast and choose the correct weather symbol for each city in the grid below. Write one letter only for each city.

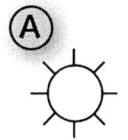

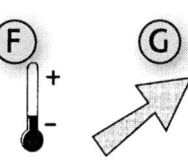

A B C D E F G H

Ex.	Ajaccio	E
1	Berlin	
2	Édimbourg	
3	Madrid	
4	Rome	
5	Newcastle	

Prévisions pour la journée du 10 juin

En général, une journée assez belle en Europe, et très chaud dans le sud – 30 degrés à Ajaccio. Un temps très ensoleillé cet après-midi à Rome. Risque d'orages ce matin à Madrid, en Écosse, à Édimbourg, il y aura un vent très fort, et dans le nord de l'Angleterre, à Newcastle, par exemple, du temps froid ce matin. En Allemagne, il fera moins beau avec risque de pluie sur Berlin.

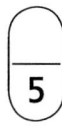

Unité 7

Épreuve 7: Lire – Partie B (2)

❸ Des vacances pour tous les goûts

Read the descriptions of six different activity holidays.

Des vacances pour tous les goûts

Cet été, on vous propose un grand choix de stages de vacances pour tous les goûts.

A Dans une région très photogénique, apprenez les techniques de base de la photo ou perfectionnez vos talents. Découvrez les possibilités insoupçonnées de votre appareil photo.

B Circuit à vélo dans le Val de Loire. En groupes de sept ou huit personnes, vous découvrirez les beaux châteaux de la région. Le soir vous serez logé dans une auberge de jeunesse ou vous ferez du camping (selon la saison).

C Trois jours d'initiation à la navigation, suivis de trois jours de randonnée nautique en kayak de mer avec, chaque soir, du camping sauvage sur une petite île.

D Vous n'êtes pas sportif, vous n'avez pas envie de vous instruire? On vous propose un séjour détente qui vous offrira des possibilités d'activités, mais qui vous permettra aussi de vous reposer sur la plage en toute tranquillité, si c'est ce qui vous plaît!

E Pourquoi pas un stage multi-activités en Bretagne comme celui-ci, qui comprend un grand choix d'activités, de la planche à voile aux randonnées en VTT ainsi que des cours de cuisine?

F Dans une forêt immense, le plaisir de faire des promenades à cheval pendant deux à trois heures par jour. Le reste du temps, faites une sieste, essayez d'autres activités ou, pour les vrais 'fanas', apprenez à panser votre cheval et à nettoyer son écurie.

A Reply to the questions **in English**.

Example: Who is the photography course suitable for?
 a all abilities ✓
 b beginners ☐
 c those with some experience ☐

1 What type of accommodation is offered on the kayaking course?
 a hotel ☐
 b youth hostel ☐
 c camping ☐

2 What is suggested for a restful, relaxing holiday?
 a relaxing by the pool in a hotel ☐
 b enjoying gourmet meals ☐
 c relaxing on the beach ☐

3 Which three activities are suggested in the details about the multi-activity holiday? (3)

....
....
....

/5

B Which title is most suitable for each holiday proposed in the brochure (A–F)?

Ex.	Les vacances – c'est pour se reposer	D
1	Du cyclotourisme au pays des châteaux	
2	Pour ceux qui adorent l'équitation	
3	Pour ceux qui aiment la mer	
4	Un safari-photo	
5	Goûtez à tout!	

/5

PARTIE B TOTAL

/20

8/1 Unité 8

Jeux de vocabulaire

❶ Mots croisés

Horizontalement

1 On peut acheter des médicaments dans ce magasin. (9)
6 Une piqûre, ça fait mal, mais on peut appliquer un glaçon pour calmer la d… (7)
9 Le climat est très … dans cette région. Il ne pleut presque jamais. (3)
10 Qu'est-ce que vous avez mangé et qu'est-ce que vous avez … hier? (2)
11 Est-ce que tu … mal à la gorge? (2)
13 Si le soleil est fort, n'oubliez pas de mettre une … solaire. (5)
14 Mon ami ne va pas bien. Il a mal à la … et il a envie de vomir. (4)
16 C'est un papier sur lequel le médecin écrit le traitement médical et qu'on donne ensuite au pharmacien. (10)
19 Nous n'avons pas mangé à midi et maintenant nous avons … (4)
21 – Vous toussez beaucoup?
    – Oui, pouvez-vous me conseiller un sirop pour la …? (4)
22 Si on est vraiment …, il faut appeler le médecin. (6)

Verticalement

1 Ça vient d'un insecte et ça fait mal. (6)
2 Si on fait du sport, il faut boire avant, pendant et … l'effort. (5)
3 Avant de prendre un …, il faut lire la posologie (*dosage*). (10)
4 Si on reste longtemps au soleil, on risque de souffrir d'un … de chaleur. (4)
5 Je voudrais … sirop s'il vous plaît, une grosse bouteille. (2)
7 Ça va? Tu … enrhumé? (2)
8 Oui, malheureusement, j'ai un … depuis quelques jours. (5)
12 Ce garçon ne … sent pas bien et il a de la fièvre. (2)
14 Comme tu es un peu asthmatique, n'oublie pas … inhalateur. (3)
15 Il fait chaud, je n'ai plus d'eau et j'ai … (4)
17 Brr. J'… froid. (2)
18 Tu as …? Tu as le visage rouge. (5)
20 Ma mère est tombée et elle a … au bras. (3)
21 Moi, j'ai sommeil. Et toi, tu … sens fatigué? (2)

❷ Trouvez les synonymes

Exemple: 1*e*

1 un hôpital ....   **a** un médecin
2 un mal de tête ....   **b** grave
3 un docteur ....   **c** un malade
4 se baigner ....   **d** une migraine
5 sérieux ....   **e** une clinique
6 un blessé ....   **f** nager

❸ Chasse à l'intrus

Soulignez le mot qui ne va pas avec les autres, puis expliquez pourquoi.

Exemple: <u>remboursable</u>, solaire, antiseptique, anti-moustique
Ce n'est pas une crème.

1 des pastilles, du sirop, du déodorant, de l'aspirine
....
2 du shampooing, du savon, du dentifrice, de la chaleur
....
3 une piqûre, une guêpe, une abeille, un moustique
....
4 la grippe, la pilule, le rhume, la toux
....
5 un pharmacien, un médecin, un infirmier, un ingénieur
....

Pour vous aider

Ce n'est pas …
   un métier médical ou paramédical
   un problème de santé
   un produit de toilette
   un médicament
   un insecte

8/2 Unité 8

Le corps humain

❶ Le corps humain

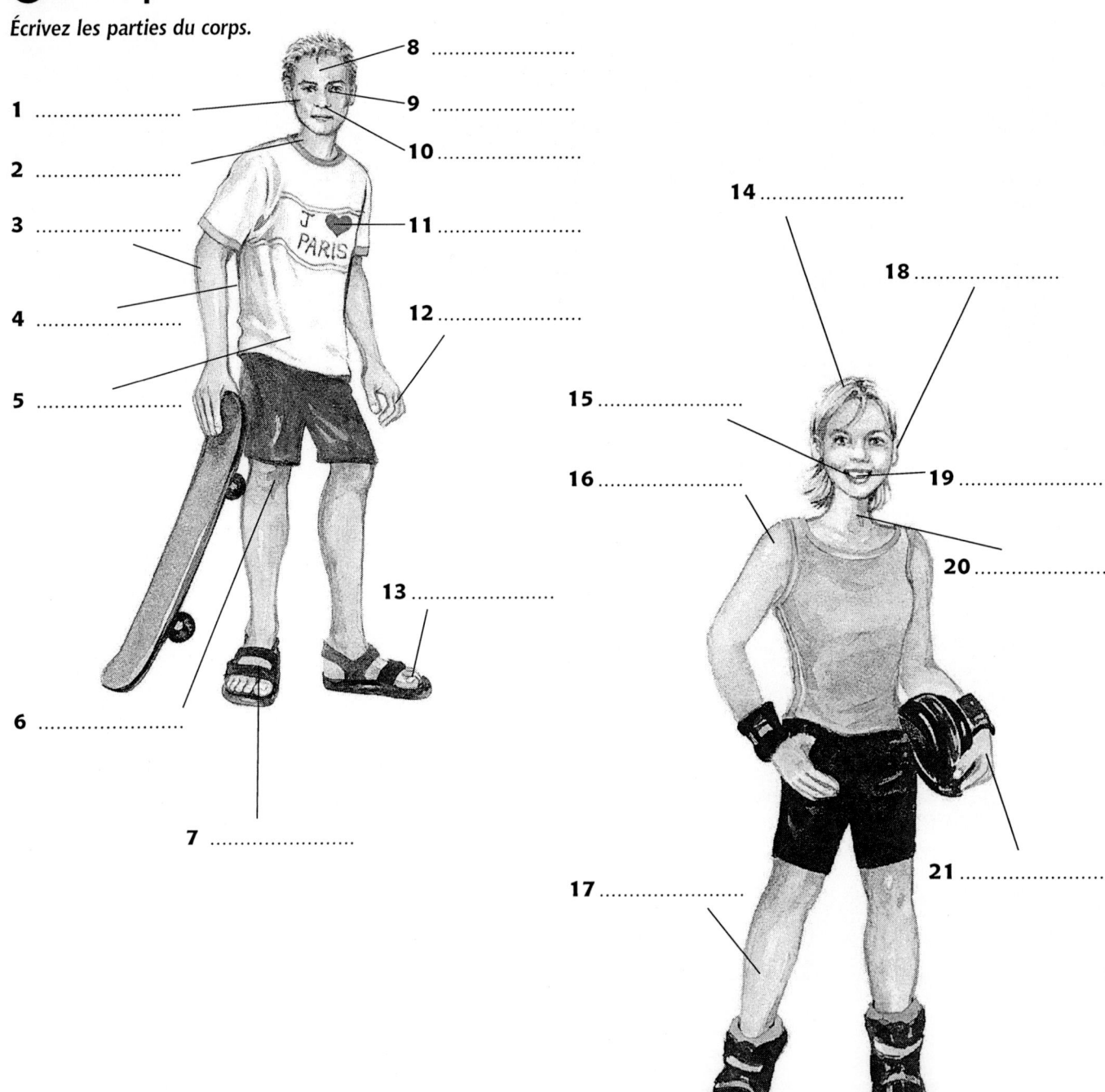

Écrivez les parties du corps.

1 ....
2 ....
3 ....
4 ....
5 ....
6 ....
7 ....
8 ....
9 ....
10 ....
11 ....
12 ....
13 ....
14 ....
15 ....
16 ....
17 ....
18 ....
19 ....
20 ....
21 ....

❷ L'abc du corps

Trouvez une partie du corps pour compléter la liste.

A – l'abdomen
B – ....
C – ....
D – ....
E – ....
F – le front
G – ....
H – la hanche
L – la lèvre
M – le menton
N – ....
O – ....
P – ....
S – les sourcils
T – ....
V – ....
Y – ....

132   Tricolore Total 4 © Mascie-Taylor, Honnor, Spencer, Nelson Thornes 2010

8/3 Unité 8

Sur l'ordinateur

Sur l'ordinateur

Vous vous servez d'un ordinateur? Voici quelques conseils pour protéger votre santé.

Si vous vous asseyez devant un ordinateur pendant de longues périodes, ça peut vous donner mal aux épaules et mal au dos. Et le travail sur clavier peut contribuer à certains problèmes de poignets, de doigts et de bras. Il est important aussi de reposer les yeux de temps en temps.

Les yeux
- Toutes les dix minutes, détournez les yeux de l'écran et regardez quelque chose d'autre.
- Toutes les heures, faites une pause de dix minutes pour vous reposer les yeux.

Le corps
- Si possible, asseyez-vous sur une chaise réglable, qui soutient le dos.
- Mettez les deux pieds sur le plancher. Les genoux et les coudes doivent faire un angle de 90 degrés.
- Le clavier doit être au même niveau que les bras.
- Quand vous tapez, gardez les poignets plats et détendus.
- De temps en temps, haussez les épaules et secouez les mains.

détendu *relaxed*   détourner les yeux *to glance away*   réglable *adjustable*   soutenir *to support*

1 Vous avez bien compris?

a *According to the article, which parts of the body may suffer if you spend too long in front of a computer? Tick the appropriate boxes.*

- **A** ☐ shoulders
- **B** ☐ ears
- **C** ☐ eyes
- **D** ☐ legs
- **E** ☐ feet
- **F** ☐ back
- **G** ☐ arms
- **H** ☐ hands
- **I** ☐ wrists

b *In what order are you given this advice?*

Example: 1 d

- **a** Sit on an adjustable chair, if possible.
- **b** Shrug your shoulders and shake your hands from time to time.
- **c** Take a ten-minute break every hour.
- **d** Glance away from the screen every ten minutes and look at something different.
- **e** Keep your wrists flat and relaxed when typing.

2 Devant l'ordinateur

Complétez le texte avec un de ces mots:

A dos   **B** bras   **C** tête   **D** pieds   **E** poignets   **F** épaules

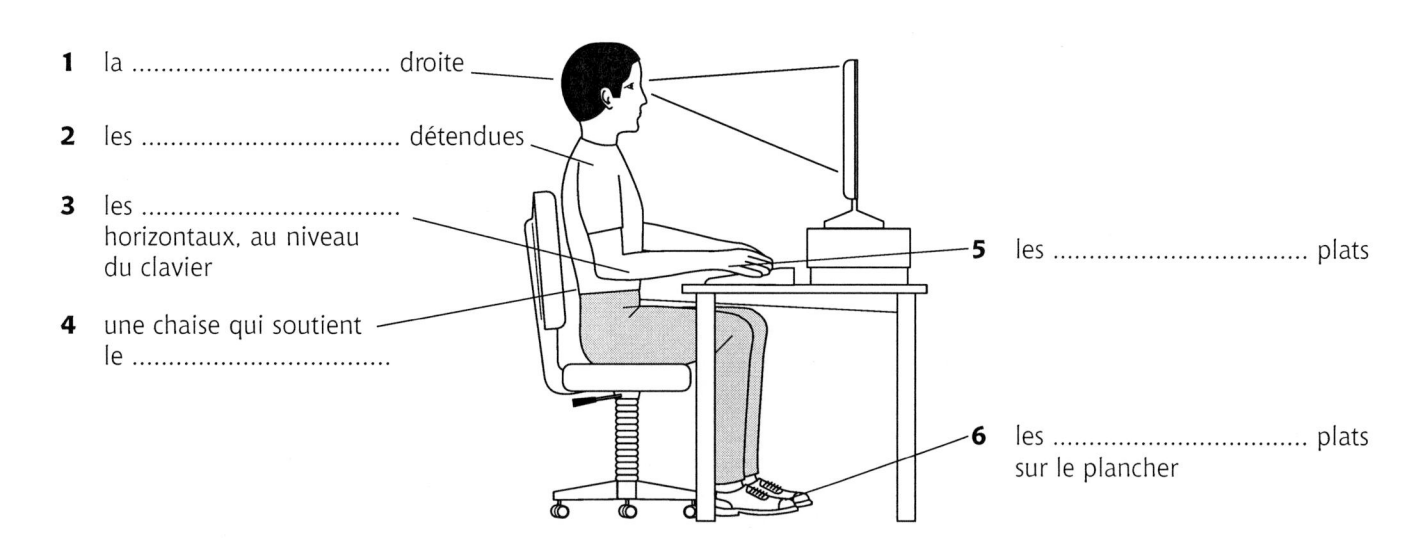

1 la .... droite
2 les .... détendues
3 les .... horizontaux, au niveau du clavier
4 une chaise qui soutient le ....
5 les .... plats
6 les .... plats sur le plancher

Tricolore Total 4 © Mascie-Taylor, Honnor, Spencer, Nelson Thornes 2010

Unité 8

Un accident

❶ Un extrait du journal

Read the extract and reply in English.

Ex. When did the accident happen?
Wednesday at 5.30pm.
1. Where did the accident take place?
   A at a roundabout **B** at a T junction
   C at a crossroads
2. What sort of vehicles were involved?
3. Was anyone injured?
4. Why are there no details about the car driver?
5. Who is being asked to come forward?

Auto contre vélomoteur

Il était 17h30, mercredi, quand un accident s'est produit au carrefour de la rue Bonaparte et de la rue du château.
Une voiture sortant de la rue du château est entrée en collision avec un vélomoteur, conduit par M. Dominique Gaignoux, 20 ans, demeurant place Mirabeau à Tours. M. Gaignoux a été blessé et transporté à la clinique Saint-Cœur. L'automobiliste ne s'est pas arrêté. On recherche des témoins.

❷ Un témoin

Vous avez été témoin de cet accident de la route et un agent de police est venu vous interroger. Répondez à ses questions.

Ex. Où étiez-vous quand l'accident s'est produit?
J'étais au café.
1. Quelle heure était-il quand l'accident s'est produit?
2. Et quel temps faisait-il?
3. Est-ce qu'il y avait beaucoup de circulation?
4. Qu'est-ce qui s'est passé?
5. Avez-vous pris le numéro d'immatriculation de la voiture?
6. Pouvez-vous décrire la voiture?
7. Et l'automobiliste?

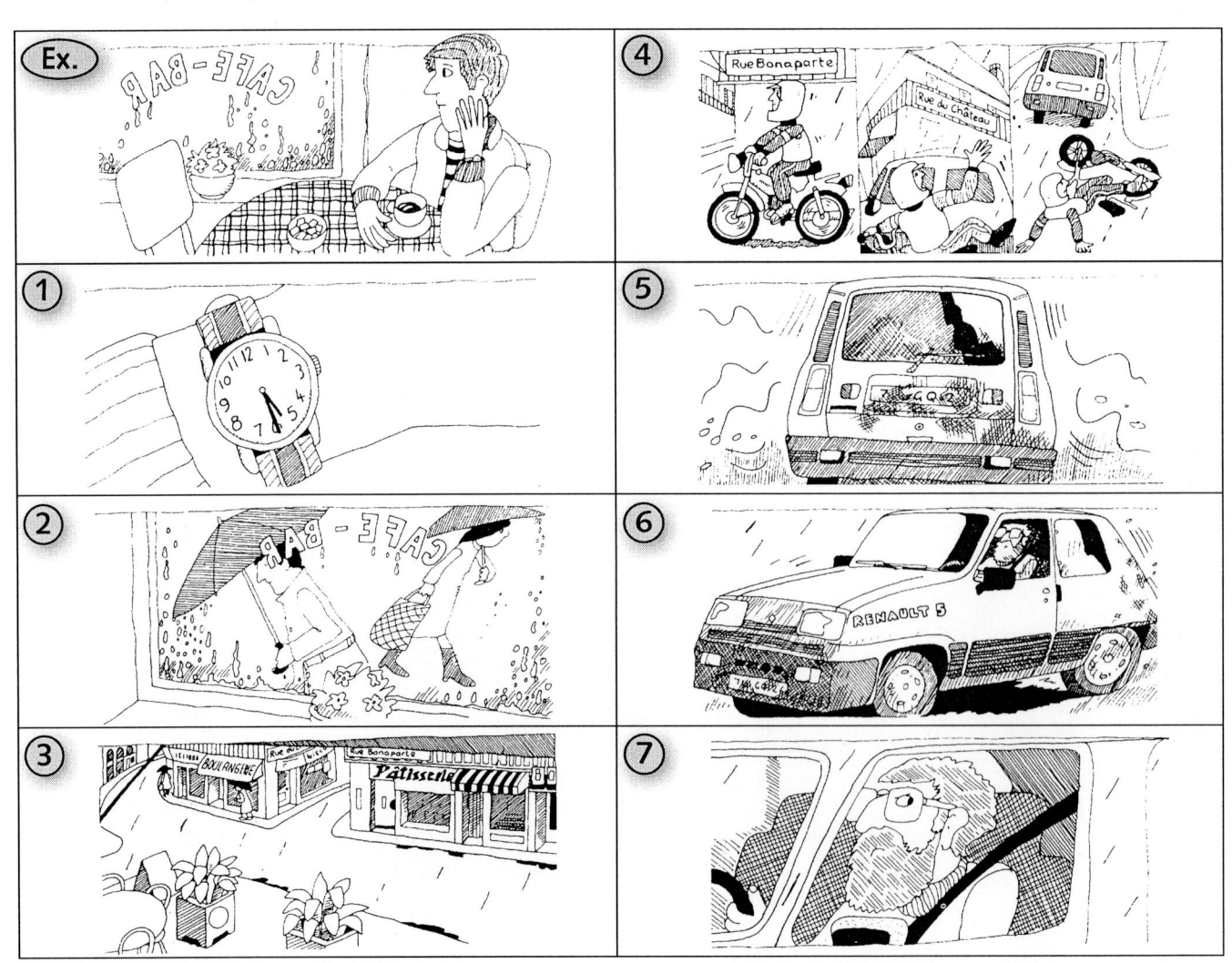

8/5 Unité 8
Comment cesser de fumer?

Monsieur François Clia a arrêté de fumer, il y a trois ans. Il fumait depuis l'adolescence et aujourd'hui il a quarante ans. Ça n'a pas été facile: il avait déjà essayé d'arrêter de fumer trois fois avant de s'arrêter pour de bon.

— **Monsieur Clia, racontez-nous votre premier arrêt.**
— C'était il y a une dizaine d'années, quand j'avais trente ans. Je travaillais avec deux copains dans le même bureau. Nous fumions chacun deux paquets par jour. Un matin, l'un d'entre nous, Henri, a lancé un pari: qui tiendrait le plus longtemps sans cigarette? C'était en milieu de semaine. On s'est arrêtés pendant deux, trois jours, puis après le week-end, tout le monde refumait.

— **Alors, vous vous êtes arrêté pendant quelques jours seulement. Et la deuxième fois?**
— C'était à la suite d'une bronchite. Mon médecin m'a conseillé d'arrêter. J'ai diminué 'ma dose' de dix cigarettes par jour à cinq, mais ensuite, c'est devenu plus difficile. Et après, j'ai repris comme avant.

— **Puis la troisième fois?**
— C'était quand ma femme attendait son second enfant. Elle a arrêté de fumer et je me suis senti un peu obligé de faire comme elle. C'était dur, mais j'ai tenu pendant deux ans.

— **Enfin, vous vous êtes arrêté pour de bon. Pouvez-vous nous raconter ça?**
— Cette fois-là, je voulais vraiment en finir avec le tabac. Tous les dimanches matin, avec mon fils de douze ans, nous avions pris l'habitude de courir pendant trois quarts d'heure. Et régulièrement, il me distançait: j'arrivais après lui complètement essoufflé. Je me suis décidé d'arrêter. J'ai prévenu mes collègues de bureau, la famille. Tous m'ont donné un coup de main.

— **Et comment avez-vous donc réussi, cette fois?**
— Il n'existe pas de remède miracle. Cependant, il y a certains petits trucs qui m'ont aidé. Je me suis mis au chewing-gum. J'ai bu un verre d'eau ou j'ai croqué une pomme quand j'avais envie de fumer. J'ai aussi fait des exercices de respiration. Au début, j'étais plus irritable, et à d'autres moments, fatigué et apathique. Puis, j'ai réorganisé un peu ma vie. Je me suis mis au sport: le jogging, le dimanche matin avec mon fils, et la natation une fois par semaine. Au bout d'un an sans tabac, je me sentais beaucoup mieux et j'avais économisé assez d'argent pour un beau petit voyage!

© Comité Français d'Education pour la Santé

1 Un résumé

Complétez le résumé avec les mots de la case.

> A ans   B depuis   C deux   D eau   E jour
> F médecin   G pomme   H quelques
> I réduit   J sans   K trente   L trois

François Clia fumait **1** *Ex. B* son adolescence. Il avait essayé d'arrêter de fumer **2** .... fois avant de s'arrêter pour de bon. La première fois, il avait **3** .... ans et il fumait **4** .... paquets par **5** .... à ce moment-là. Mais au bout de **6** .... jours, il refumait. La deuxième fois, son **7** .... lui a conseillé d'arrêter. Il a **8** .... le nombre de cigarettes qu'il fumait, mais finalement, il a recommencé à fumer.

La troisième fois, il s'est arrêté parce que sa femme attendait un enfant, mais après deux **9** ...., il a recommencé à fumer.

Mais, finalement, il s'est arrêté pour de bon. Quand il avait envie de fumer une cigarette, il buvait un verre d'**10** .... ou il mangeait une **11** .... Au bout d'un an **12** .... tabac il se sentait beaucoup mieux et il avait économisé beaucoup.

2 Un acrostiche

Toutes les réponses se trouvent dans l'article.

1 regularly
2 almost
3 for a long time
4 middle
5 completely
6 during
7 same
8 before

8/6 Unité 8
Tu comprends?

1 Il y a un problème
Écoutez les conversations et écrivez la bonne lettre.

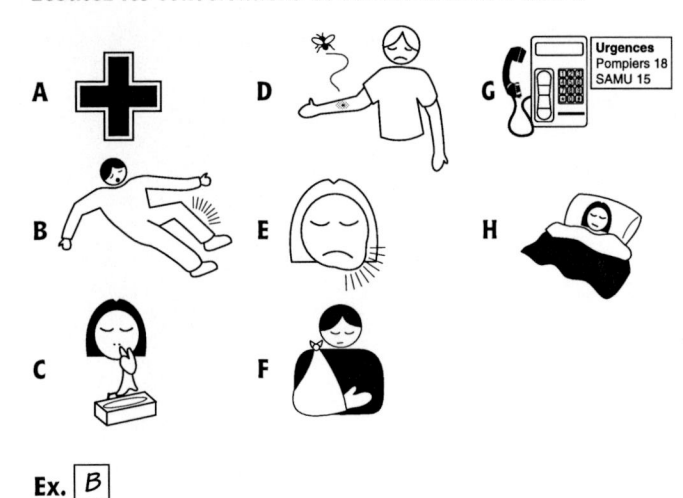

A   D   G

B   E   H

C   F

Ex. `B`
1 ☐ 2 ☐ 3 ☐ 4 ☐ 5 ☐ 6 ☐ 7 ☐

2 Chez le médecin
Un jeune Suisse est en vacances en France. Il va chez le médecin. Écoutez la conversation et cochez (✔) les bonnes cases.

Ex. – Bonjour, qu'est-ce qui ne va pas?
 – J'ai mal **A** ☐ à la tête **B** ✔ à la gorge
 C ☐ à l'estomac.

1 J'ai la diarrhée et j'ai vomi **A** ☐ pendant la nuit
 B ☐ ce matin **C** ☐ hier après-midi.

2 – Quand est-ce que ça a commencé?
 – Ça a commencé **A** ☐ hier matin
 B ☐ hier après-midi **C** ☐ hier soir. À midi, j'ai mangé au restaurant avec des amis.

3 – Qu'est-ce que vous avez mangé au restaurant?
 – J'ai mangé **A** ☐ des œufs **B** ☐ des crevettes
 C ☐ du poisson. C'est peut-être ça.

4 – Oui, c'est possible. Bon, avez-vous pris quelque chose?
 – **A** ☐ Oui, j'ai pris des comprimés à la diarrhée.
 B ☐ Non, je n'ai rien pris.

5 – Avez-vous des allergies?
 – **A** ☐ Oui, j'ai une allergie contre la pénicilline
 B ☐ Non, je n'ai pas d'allergies.

6 – Bon, aujourd'hui ne mangez rien, mais buvez beaucoup d'eau. Je vais vous donner une ordonnance aussi. Quand est-ce que vous allez rentrer chez vous?
 – Je vais rentrer **A** ☐ demain **B** ☐ dans deux jours
 C ☐ samedi prochain.
 – Si ça ne va pas mieux dans trois jours, allez voir votre médecin, chez vous.

3 On parle de la santé

a L'exercice et la nourriture
Écoutez la discussion et complétez le texte.

> **A** bonbons **B** cyclisme **C** danse
> **D** exercice ~~E forme~~ **F** natation
> **G** ordinateur **H** repas

I: Marc, qu'est-ce que tu fais pour être en forme?
M: Moi, pour garder la **Ex.** ..*E*..., je fais du sport … deux, trois fois par semaine, en général.
I: Quel genre de sport?
M: Alors, du tennis, du badminton, de la **1** .... Mais le plus souvent, du badminton. Normalement, je joue avec mes amis, le samedi après-midi.
I: Et toi, Stéphanie, tu fais du sport, aussi?
S: Moi, non, je ne suis pas très sportive. Mais je fais attention à ce que je mange. J'essaie de ne pas manger trop de **2** ...... ni de chocolat. Je mange beaucoup de fruits et de légumes et j'essaie de manger des **3** ...... réguliers.
I: Et toi, Laurent?
L: Moi aussi, je mange comme il faut et je fais un peu de sport – du **4** ...... et du jogging surtout – alors, plutôt des sports individuels.
I: Julie, est-ce que tu fais de l'**5** ...... régulièrement?
J: Oui, je fais de la **6** ...... et je marche beaucoup. Je trouve que l'exercice est très important. Aujourd'hui, on a tendance à passer trop de temps assis devant son **7** ....

b Le tabac et l'alcool
Écoutez la discussion et répondez aux questions en anglais.

1 Why did Marc decide to stop smoking?
....
....

2 What two reasons does Julie give for not smoking?
....
....

3 Give two reasons she mentions for some of her friends smoking.
....
....

4 What is her attitude to alcohol?
....

5 What type of behaviour does she dislike when someone has drunk too much?
....

8/7 Unité 8

Épreuve 8: Écouter — Partie A

1 À la pharmacie

Listen to the conversations at the chemist's and write the correct letter for each customer.

Example: [B] 1 ☐ 2 ☐ 3 ☐ 4 ☐ 5 ☐

A B C D E F G H

/5

2 Ça fait mal?

Listen to six people saying what's wrong. Look at the pictures and note the correct letter for each one.

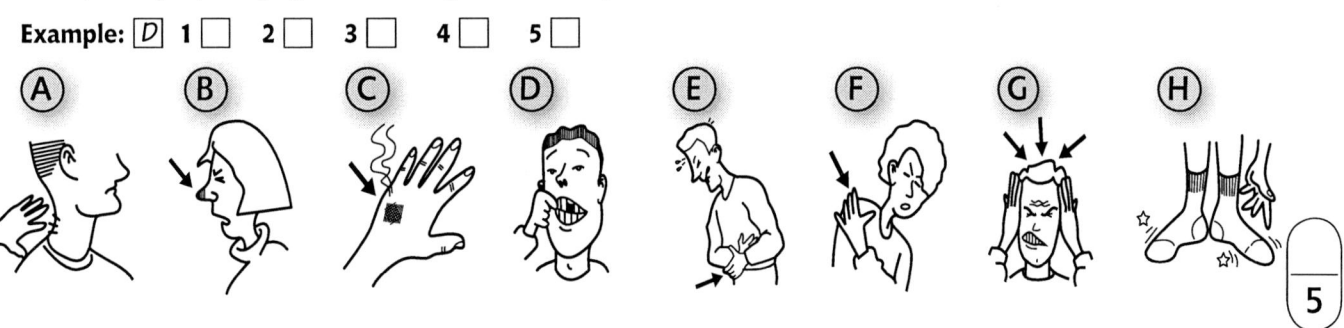

Example: [D] 1 ☐ 2 ☐ 3 ☐ 4 ☐ 5 ☐

A B C D E F G H

/5

3 Qu'est-ce qui ne va pas?

*Listen to Sarah's conversation at the doctor's and answer the questions **in English**.*

Example: What is wrong with Sarah? *She has a headache and a temperature.*

1 What did she do yesterday? ....
2 What does the doctor advise? (*2 things*) ....
3 What does she ask about? ....
4 What further advice does the doctor give? ....

/5

4 Pour avoir la forme

Some people are discussing health and fitness. Listen to each speaker and choose the statement which best reflects their opinion about how to keep well.

Example: [b] 1 ☐ 2 ☐ 3 ☐ 4 ☐ 5 ☐

a Don't drink too much alcohol.
b Try to avoid stress.
c Eat a balanced diet with plenty of fruit and vegetables.
d Have fun, relax with friends and laugh a lot.
e Laugh at least five times a day.
f Exercise is important.
g Don't smoke.
h It's important to sleep well.
i Don't overwork.
j Go for a walk outdoors every day.

/5

PARTIE A TOTAL

/20

8/8 Unité 8

Épreuve 8: Écouter — Partie B

❶ Ça s'est passé comment?

Listen to people explaining how something happened and tick the correct option each time.

Example: Marie broke her leg, after falling off ...
- a a wall ☐
- b a motorbike ☐
- c a horse ✓

1 Charles hurt his hand, by slipping ...
- a on some rocks ☐
- b on the grass ☐
- c on the pavement ☐

2 Christophe cut his finger, while cutting ...
- a wood ☐
- b fish ☐
- c vegetables ☐

3 Sandrine was stung by an insect, while ...
- a walking in the country ☐
- b gardening ☐
- c having a picnic ☐

4 José had heatstroke, after ...
- a falling asleep in the sun ☐
- b sunbathing in the park ☐
- c playing tennis all day ☐

5 Lucie burnt her arm, when ...
- a she put a chicken in the oven ☐
- b she took a cake out of the oven ☐
- c she was barbecuing sausages ☐

[5]

❷ Attention sur les routes!

Listen to this report about road conditions and answer the questions in English or with figures.

Example: What has caused the difficult driving conditions? ...the bad weather...

1 What other hazard apart from wet roads is mentioned? ....
2 How many people were in the car involved in the first accident? ....
3 Who alerted the emergency services? ....
4 How many people were seriously injured? ....
5 How many vehicles were involved in the second accident? ....
6 Were the drivers seriously injured? ....
7 What factor contributed to this outcome? ....

[7]

❸ La vie des jeunes

Listen to the three conversations and choose the correct answer to complete each sentence below.

Example: Today, Daphne is feeling ...
- a on good form ✓
- b stressed ☐
- c rather sad ☐

1 Last week, she was ...
- a very hopeful ☐
- b fed up ☐
- c unwell ☐

2 Last Sunday, she ...
- a phoned a friend ☐
- b e-mailed a friend ☐
- c went out with a friend ☐

3 Mathieu is ...
- a on good form ☐
- b very tired ☐
- c has a cold ☐

4 He sleeps ...
- a normally ☐
- b during the day ☐
- c badly ☐

5 He is worried about ...
- a exams and results ☐
- b his health ☐
- c family problems ☐

6 Marie-Claire is anxious about ...
- a her sister ☐
- b her friend ☐
- c her father ☐

7 She gets on with ...
- a her sister but not her parents ☐
- b her sister but not her sister's boyfriend ☐
- c her sister and her parents ☐

8 She feels that her sister's boyfriend is ...
- a boring ☐
- b a bad influence ☐
- c suffering from depression ☐

PARTIE B TOTAL [8] [20]

138 Tricolore Total 4 © Mascie-Taylor, Honnor, Spencer, Nelson Thornes 2010

Unité 8

Épreuve 8: Lire – Partie A

1 Le corps humain

Read the French words for parts of the body. For each one, find the matching part of the picture and write the letter in the box.

Example: le cou [B]

1. le bras
2. le dos
3. la tête
4. la jambe
5. le pied

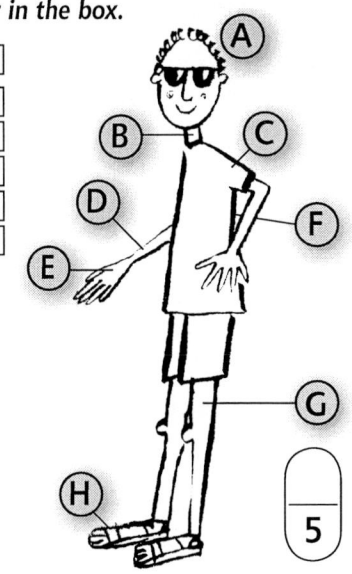

2 Attention!

Read the sentences and find the most appropriate picture. Write the correct letter in the box.

Example: J'ai besoin de médicaments. [A]

1. J'ai mal aux dents.
2. Je suis enrhumé, j'ai besoin de mouchoirs en papier.
3. Où est la pharmacie?
4. Il y a un incendie et il faut téléphoner aux services de secours.
5. Il est interdit de fumer ici.

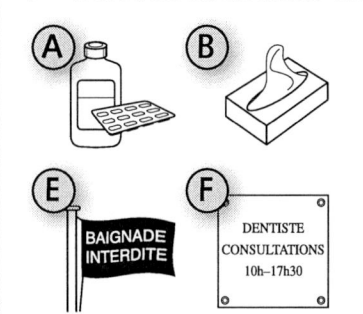

3 Un coup de soleil

Read the text about sunstroke. Find the missing words in the list below and write the appropriate letter in each gap.

a aspirine **b** eau **c** envie
d fatigué **e** fièvre **f** mal
g médecin **h** sentez **i** tête

Attention au soleil!

Vous ne vous **Ex.** _h_ pas bien? Vous avez mal à la tête, vous souffrez de vertiges? Vous avez de la **1** .... ?

Vous avez **2** .... de vomir? Vous êtes **3** ....?

C'est sans doute un coup de chaleur. Mettez-vous à l'ombre, dans un endroit frais. Buvez de l' **4** .... Prenez une aspirine.

Si ça ne va pas mieux dans deux jours, appelez le **5** ....

4 Allô parents, ici ados

Read the article about an event for parents and teenagers and answer the questions **in English**.

Et si le 23 septembre parents et ados se donnaient la main? C'est dans ce but que le CFA (Comité Français pour l'Adolescence) instaure une journée nationale rien que pour vous, destinée à évoquer les problèmes qui touchent particulièrement les 13–20 ans (suicide, drogue, maladies…).

Des rencontres sportives réuniront les jeunes et leurs aînés, tandis que des groupes amateurs de rock donneront le ton. Au Stade Wimille (Porte-Dauphine) entre 12h et 20h, de nombreux stands, jeux-concours vous accueilleront et des médecins répondront à vos questions sur la santé.

Example: What is the main purpose of the event on 23rd September?
- **a** to improve relationships between parents and teenagers ✓
- **b** to listen to rock music
- **c** to learn first aid

1. Tick the two topics in the list mentioned in the article as problems for young people. (2)
   - **a** diet
   - **b** depression
   - **c** diseases
   - **d** drugs
   - **e** homework
   - **f** money

2. What will there be at the Wimille stadium?
   - **a** a funfair
   - **b** an open-air cinema
   - **c** stands and competitions

3. What entertainment is mentioned?
   - **a** music and sports events
   - **b** films
   - **c** open air theatre

4. Who will be available to answer questions?
   - **a** nurses and paramedics
   - **b** doctors
   - **c** teachers

PARTIE A TOTAL /20

Unité 8

Épreuve 8: Lire – Partie B (1)

1 Êtes-vous bien dans votre assiette?

Read the article about healthy eating. Find the missing words in the list below and write the appropriate letter in each gap.

Êtes-vous bien dans votre assiette?

Manger régulier
Essayez de manger des **Ex**..*k*.... réguliers au lieu de grignoter au cours de la journée. Surtout ne manquez pas le petit déjeuner. C'est un repas essentiel, parce que le corps a **1** .... de recharger ses batteries après la nuit.

Manger équilibré
Saucissons, pâtes, saucissons, pâté – c'est vrai que c'est drôlement bon, mais pas très **2** .... Pour grandir, notre corps a besoin de manger de tous les aliments. N'oubliez pas de **3** .... chaque jour des fruits et des légumes.

Éviter de grignoter
On sait qu'il ne faut pas grignoter entre les repas, mais si vous avez **4** .... de manger un casse-croûte, choisissez plutôt un fruit, un yaourt ou un sandwich. Essayez d' **5** .... des sucreries comme les biscuits, le chocolat et les gâteaux.

N'oubliez pas de boire
Buvez de l' **6** .... – c'est la seule boisson indispensable à la vie. Consommez en modération les **7** .... à base de caféine, comme le café, le thé et le coca.

Manger plaisir
Manger, c'est aussi bon pour le moral! C'est une occasion de se mettre à table, de parler de sa journée, de **8** .... les autres et de partager un moment agréable.

a besoin
b boissons
c eau
d envie
e équilibré
f éviter
g fatigué
h mal
i manger
j rencontrer
k repas
l soif

2 Le portable fait un tabac*!

Read the article about mobile phones and answer the questions **in English**.

* faire un tabac – *to be a great success*

Le portable fait un tabac!

Selon une hypothèse de deux Anglais, le téléphone portable contribue à la désaffection des jeunes pour le tabac. On considère que le portable a les mêmes attraits auprès des jeunes que les cigarettes, par exemple: ça fait adulte, ça montre de l'individualité, ça fait rébellion et ça renforce le sentiment de faire partie d'un groupe.

On a constaté aussi qu'au Royaume-Uni, le nombre d'adolescents qui fument a baissé pendant les dernières années, tandis que le nombre de jeunes qui possèdent un portable a augmenté.

Le budget des adolescents est limité, alors il faut souvent faire le choix entre l'achat des cigarettes et l'usage du portable.

Pour beaucoup de jeunes, c'est le portable qui gagne.

Est-ce que cette hypothèse est aussi valable en France? Nous avons posé cette question à deux jeunes: un fumeur et un non-fumeur.

Aurélie: Moi, je fume et j'ai un portable. Si je devais faire un choix, j'arrêterais la cigarette, mais je ne vois pas vraiment de rapport.

Thomas: Le portable, c'est une part importante du budget pour les jeunes. Certains parents paient le portable pour leurs enfants, mais pas les cigarettes. Pour ma part, je préfère dépenser mon argent de poche pour téléphoner. En tout cas, je n'ai pas l'intention de fumer.

Example: What is the theory that is being considered in this article?
That using a mobile phone helps to discourage young people from smoking.

1 Give **two** ways, mentioned in the article, in which using a mobile phone and smoking have a similar appeal to teenagers? (2)

....
....

2 According to the article, has smoking amongst teenagers in the UK increased or decreased in recent years?

....

3 According to the article, what do a lot of young people prefer to spend their pocket money on?

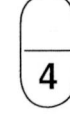

....

Unité 8

Épreuve 8: Lire – Partie B (2)

❸ Forum des jeunes: le tabagisme

Read the contributions to a discussion forum about smoking. Then read statements 1–8 and decide who they apply to. Write the person's name each time.

forum des jeunes – le tabagisme

J'ai allumé ma première cigarette au réveillon du Nouvel An. Je voulais faire comme les autres. Je le faisais juste pour essayer, pour voir comment c'était. — **Paul**

Chez moi, mon père et ma sœur aînée fument. J'aimerais qu'ils cessent de fumer parce que ça me donne mal à la gorge. Mon père a essayé d'arrêter mais ce n'est pas facile. — **Cécile**

Je sais que fumer, c'est mauvais pour la santé, mais je fume quelquefois, en soirée, quand je suis avec des copains qui fument. C'est calmant. Ça m'aide à me détendre. — **Marc**

Fumer, c'est une mauvaise habitude. Quand on commence à fumer, il est malheureusement difficile d'arrêter. Voilà quelques astuces qui peuvent aider: manger du chewing-gum, faire un nouveau sport, chercher des amis qui ne fument pas. — **Roland**

J'ai essayé une cigarette une fois, mais ça ne me plaisait pas – j'avais un mauvais goût dans la bouche. — **Nita**

L'été dernier, j'ai commencé à fumer par curiosité. J'ai continué à fumer, peut-être pour faire comme les autres. Maintenant, je voudrais arrêter. J'ai déjà essayé d'arrêter, mais je n'ai pas réussi. — **Karim**

Je fumais, mais il y a deux ans, j'ai décidé d'arrêter. J'aime faire du sport, et peu à peu, j'ai remarqué que j'avais du mal à courir. J'étais très vite essoufflée. Donc je me suis dit: il faut arrêter. Ça a été dur, mais quand j'ai réussi, je me sentais tellement mieux. — **Sophie**

Il n'y a personne dans ma famille qui fume, donc ça m'a aidé à ne pas commencer à fumer. — **Fatima**

Example: ....*Sophie*.................... has tried cigarettes but no longer smokes.

1 .... has smoked one cigarette but didn't like the taste.

2 .... is a passive smoker.

3 .... has found that smoking impairs sporting performance.

4 .... has never smoked because his/her parents don't smoke.

5 .... has a problem with stopping smoking.

6 .... started smoking at a party.

7 .... smokes sometimes when with others who smoke.

8 .... gives some tips for stopping smoking.

9/1 Unité 9

Deux verbes dans une phrase (1)

> **Verbs followed by an infinitive**
> In French, there are often two verbs together in a sentence: a **main verb** + an **infinitive**, e.g.
> Qu'est-ce qu'on **peut faire**? What can we do?   **Va chercher** une chaise. Go and fetch a chair.

❶ Complétez le lexique

All these verbs can be followed directly by an infinitive. Check that you know them all.

français	anglais
adorer	**Ex.** to love/to adore
(**1**)	to like
aller	(**2**) ....
compter	to count on (doing something)
désirer	(**3**) ....
devoir	to have to, (I must, etc.)
espérer	(**4**) ....
faillir	to nearly/almost do something
oser	to dare
(**5**)	to think
pouvoir	(**6**) ....
(**7**)	to prefer
savoir	to know (how to do something)
venir	(**8**) ....
vouloir	(**9**) ....

❷ Complétez les bulles

1. Je voudrais **Ex.** ...*envoyer*... cette lettre le plus vite possible.
2. Où pensez-vous .... vos vacances?
3. Il est monté .... ses devoirs.
4. Ouf! J'ai failli .... le train!
5. Savez-vous ....?

> faire   manquer   ~~envoyer~~   nager   passer

❸ Trouvez les paires

1..*j*.. 2...... 3...... 4...... 5...... 6...... 7...... 8...... 9...... 10......

1 Nous espérons visiter
2 Nous préférons passer nos
3 Ma sœur et son mari viendront
4 Ils adorent faire du
5 Leurs enfants aiment être au bord
6 Mais la petite fille n'ose
7 Pendant la première semaine, on
8 Plus tard, on compte faire de
9 Mon neveu, Nicolas sait
10 S'il fait mauvais temps, nous

a devrons trouver d'autres activités.
b vacances à la campagne.
c camping.
d monter à cheval.
e pas se baigner dans la mer.
f de la mer.
g va se promener à vélo.
h l'équitation.
i nous rejoindre pour la deuxième semaine.
j la Provence.

❹ À vous!

a *Répondez!*

1 Savez-vous jouer aux échecs?
2 Voulez-vous faire des études supérieures?
3 Qu'est-ce que vous allez choisir comme matières l'année prochaine?
4 Préférez-vous surfer sur le net ou chercher des infos dans une encyclopédie?
5 Espérez-vous apprendre à conduire?

b *Complétez ces phrases. N'oubliez pas d'utiliser des infinitifs.*

1 Je sais ...., mais je ne sais pas ....
2 J'adore ...., mais je déteste ....
3 Je n'aime pas ...., je préfère ....
4 Comme métier, je voudrais ....
5 Pendant les vacances, j'aimerais ....

Unité 9

Deux verbes dans une phrase (2)

Verbs followed by à + infinitive

❶ Complétez le lexique

aider qqn* à	**Ex.** *to help someone to*
s'amuser à	*to enjoy (doing something)*
apprendre à	(**1**) ....
(**2**)	*to begin to*
consentir à	*to agree to*
(**3**)	*to continue to*
encourager qqn à	(**4**) ....
hésiter à	(**5**) ....
(**6**) .... qqn à	*to invite someone to*
se mettre à	(**7**) ....
(**8**) .... du temps à	*to spend time in (doing something)*
réussir à	(**9**) .... *(doing something)*

qqn = quelqu'un

❷ Complétez les phrases

Complétez les phrases avec les expressions dans la case. Ensuite, écrivez l'anglais.

Exemple: 1 C – *I helped him (to) change the tyre.*

> A conduire   B faire mes devoirs   C changer
> D venir au café après les cours   E finir
> F pleuvoir   G essayer de nouvelles recettes

1 Je l'ai aidé à .... le pneu.
   ....

2 Apprenez-vous à ....?
   ....

3 Quel désastre! J'ai passé tout le week-end à ....
   ....

4 J'aime faire la cuisine et je m'amuse à ....
   ....

5 C'est mon anniversaire. Je vous invite à ....
   ....

6 Tu as réussi à .... les mots croisés?
   ....

7 J'ai mis mon imper parce qu'il a commencé à ....
   ....

❸ Un message

Écrivez une réponse à ce message de votre correspondant(e). N'oubliez pas de répondre aux questions (marquées 1, 2, 3, etc.).

> Salut!
> La semaine prochaine, ce sont les examens au lycée! J'ai passé tout le week-end à réviser et j'en ai marre! Et toi, tu passes ton temps à réviser aussi? (**1**)
> C'est bientôt les vacances. Ma mère m'a dit que je pourrai inviter un ami à passer une semaine chez nous au mois d'août. Est-ce que tu pourras venir? (**2**) Ce serait génial!
> Je ne sais pas si tu t'intéresses au cyclisme, (**3**) mais si c'est le cas, on pourra louer un vélo pour toi et aller à l'île de Ré. Il y aura un festival de musique ici cet été. Est-ce que tu t'intéresses à la musique? (**4**)
> Est-ce que tu passes beaucoup de temps à écouter la radio? (**5**)
> Pour gagner de l'argent pour les vacances, je vais aider mon oncle à construire son nouveau garage. Veux-tu nous aider à faire ça aussi? (**6**)
> Maintenant, je dois continuer à faire mes révisions.
> Réponds-moi vite!
> Alex

> Cher/Chère Alex,
> J'ai bien reçu ton e-mail et moi aussi, je passe beaucoup de temps à réviser (**1**). Merci bien pour ton invitation. Je (**2**)…

9/3 Unité 9

Deux verbes dans une phrase (3)

Verbs followed by *de* + infinitive

❶ Complétez le lexique

s'arrêter de	**Ex.** *to stop (doing something)*
(1)	*to cease, stop (doing something)*
conseiller (à qqn) de	*to advise (someone) to*
(2)	*to decide to*
se dépêcher de	*to hurry (to do something)*
empêcher de	*to prevent (s.o. from doing s.th.)*
essayer de	(3) ....
menacer de	*to threaten to*
être obligé de	*to be obliged, have to*
(4)	*to forget to*
(5)	*to refuse to*
risquer de	(6) .... *(doing something)*

Expressions with *avoir* (followed by *de* + infinitive):

avoir besoin de	*to need to*
avoir l'intention de	*to intend to*
avoir peur de	*to be afraid to*
avoir le droit de	*to have the right, be allowed to*
avoir le temps de	*to have the time to*
avoir envie de	*to wish to*

❷ Complétez les phrases

Complétez les phrases avec les expressions dans la case. Écrivez l'anglais. **Ex. 1** *H – It's stopped snowing.*

> **A** a décidé **B** ai besoin **C** oubliez
> **D** refuse **E** n'ai pas eu le temps
> **F** a peur **G** étions obligés **H** ~~a cessé~~

1 Il .... de neiger. ....
2 Ce matin, mon frère .... de partir plus tôt.
 ....
3 À cause du mauvais temps, nous .... de rester ici jusqu'au matin.
 ....
4 Mon ami a téléphoné ce matin, mais je .... de lui parler.
 ....
5 Je dois trouver un petit job, j' .... de gagner de l'argent. ....
6 Mon amie prend le bateau. Elle .... de voyager en avion.
 ....
7 Je .... de faire tous ces devoirs – j'en ai marre!
 ....
8 N' .... pas de m'envoyer un message.
 ....

❸ Des résolutions

Il n'est pas nécessaire d'attendre le Nouvel An pour prendre de nouvelles résolutions! Pourquoi ne pas prendre des résolutions pour la rentrée? Lisez les résolutions de ces lycéens et faites les activités en bas.

Patrick: L'année prochaine, j'essaierai de faire au moins une heure de devoirs le samedi avant de sortir. Comme ça, je ne serai pas obligé de passer tout le dimanche à travailler.

Laura: L'année prochaine, je ne vais pas refuser de sortir le week-end, si on m'invite. Cette année j'ai vraiment trop travaillé et je n'ai pas eu le temps de voir mes amis. Si je continue comme ça, je risque de les perdre!

Alice: L'année prochaine, j'ai l'intention de me coucher avant 10h30, pendant la semaine, et avant 10h, le dimanche. Naturellement, je refuserai de me coucher avant minuit le samedi! Il faut quand même vivre un peu!

Christophe: L'année prochaine, je cesserai de déjeuner à la cantine. Au lieu de faire ça, je prendrai le temps de me préparer un sandwich ou une petite salade avant de partir le matin. Comme ça, j'espère manger moins et plus sainement.

Karima: J'ai décidé d'arriver au lycée au moins cinq minutes avant mes cours. Quelques profs ont déjà menacé de ne pas me laisser entrer en classe si j'ai plus de cinq minutes de retard. L'année prochaine, je me lèverai à 7h30 et je me dépêcherai de m'habiller. Si je suis en retard, je ne me maquillerai pas et je n'écouterai pas la radio. Bonne résolution, non? Mais on ne sait jamais!

a Vrai ou faux?

1	Laura va essayer de garder ses amis.	**Ex.** *V*
2	Le samedi, Patrick a décidé de finir tous ses devoirs avant de sortir.	
3	Christophe n'aura pas besoin de préparer des sandwichs, car il déjeunera à la cantine.	
4	Karima ne risque pas d'être en retard parce qu'elle se lève toujours à sept heures.	
5	Alice a l'intention de se coucher avant dix heures et demie tous les jours.	
6	Patrick n'a pas envie de passer tout le dimanche à travailler.	
7	Si Karima est très en retard pour ses cours, elle risque de ne pas avoir le droit d'entrer dans la classe.	
8	Alice va continuer de se coucher assez tard le samedi.	

b À vous!
Prenez au moins deux nouvelles résolutions pour l'année prochaine!

9/4 Unité 9
Des métiers

❶ Complétez le lexique

un(e) acteur/actrice	................, ...
un agent de police	police officer
un(e) agriculteur/-trice	farmer
un(e) arbitre	....
un(e) architecte	architect
un(e) artiste	artist
un(e) avocat(e)	lawyer
un(e) boucher/-ère	butcher
un(e) ..../-........	baker
un(e) caissier/-ière	cashier
un(e) chanteur/-euse	singer
un(e) chauffeur/-euse	driver
un(e) chômeur/-euse	unemployed person
un(e) coiffeur/-euse	....
un(e) comptable	accountant
un(e) conducteur/-trice (de bus/de camion)	(bus/lorry) driver
un(e) cuisinier/-ière	cook
un(e) ..../-........	dancer
un(e) dessinateur/-trice	....
un(e) directeur/-trice	director, headteacher
un(e) électricien(ne)	electrician
un(e) ....(e) (de banque/de bureau)	(bank/office) employee
un employeur	employer
un(e) diététicien(ne)	dietician
un(e) esthéticien(ne)	beautician
un(e) étudiant(e)	student
un(e) facteur/-trice	................/................
un(e) fermier/-ière	farmer
un(e) fonctionnaire	civil servant
un(e) garagiste	garage owner/mechanic
une gardienne d'enfants	childminder
un gendarme	policeman (a branch of the army)
un gérant	manager
un(e) homme/femme d'affaires	................/................
une hôtesse de l'air/ un steward	air hostess/steward
un(e) infirmier/-ière	nurse
un(e) informaticien(ne)	computer scientist
un ingénieur	....
un inspecteur	inspector
un(e) instituteur/-trice	teacher (primary school)
un(e) joueur/joueuse (de football)	(football) player
un(e)	journalist
un maçon	builder
un mannequin	model
un(e) maquilleur/-euse	make-up artist
un(e) mécanicien(ne)	mechanic
un	doctor
un(e) moniteur/-trice	instructor
un(e) musicien(ne)	....
un(e) ouvrier/-ière	manual worker
un(e)	chemist
un(e) photographe	photographer
un(e) pilote	pilot
un(e) plombier/-ière	....
un(e) policier/-ière	policeman(/-woman)
un (sapeur-)pompier	firefighter
un prêtre	priest
un	teacher
un(e) programmeur/-euse	....
un(e) réceptionniste	receptionist
un(e) représentant(e)	(sales) representative
un routier	lorry driver
un(e)	secretary
un(e) serveur/-euse	waiter/waitress
un soldat/une femme soldat	....
un militaire	....
un(e) technicien(ne)	technician
un(e) ..../-........	salesperson
un(e) vétérinaire	vet

❷ Un jeu de définitions

Trouvez le bon métier.

1 Il travaille pour le gouvernement, mais ce n'est pas un politicien.

   (Ex.) *Il est fonctionnaire.*

2 Il vend des conserves, du sucre, des œufs, un peu de tout, quoi.

   ....

3 Cette personne porte des vêtements à la mode. Les maisons de couture en emploient beaucoup.

   ....

4 Elle travaille à l'hôpital et s'occupe des malades.

   ....

5 Elle fait du travail manuel, par exemple dans une usine.

   ....

6 Elle fait un métier juridique, où l'on s'occupe des contrats, des testaments etc.

   ....

7 Il est aux commandes d'un avion.

   ....

8 Il fait des études à l'université ou dans une école spécialisée.

   ....

9/5 Unité 9

Jeux de mots – les métiers

❶ Toutes sortes de métiers

Regardez la case et trouvez deux métiers …

a paramédicaux ....
b dans l'éducation ....
c qui vous permettront de voyager ....
....
d qu'on peut exercer en plein air ....
....
e dans l'alimentation ....
f de bureau ....
g dans les finances ....

> jardinier   chauffeur/-euse de taxi
> médecin   boulanger   instituteur
> secrétaire   maçon   professeur
> restaurateur   hôtesse de l'air
> informaticien   banquier
> pharmacien(ne)   comptable

❷ Quel métier?

Ces personnes essaient de choisir un métier. Quel(s) métier(s) proposeriez-vous à chaque personne? (Pour vous aider, regardez les images.)

1 Marc voudrait faire un métier où il travaille avec le public. Il s'intéresse au commerce.
   Ex. *représentant*

2 Hélène voudrait aller à l'université et, plus tard, travailler avec les enfants.
....

3 Jean-Pierre s'intéresse à la mécanique. Il passe beaucoup de son temps libre à réparer sa voiture.
....

4 Noémie aime beaucoup la chimie et elle cherche une carrière paramédicale. Elle ne veut être ni médecin ni infirmière.
....

5 Alice veut faire une carrière qui lui permettra d'aider les gens. Dans son temps libre, elle travaille dans un centre pour les personnes du troisième âge.
....

6 Sophie s'intéresse à la beauté et à la mode. Elle aussi, elle cherche un métier qui demandera du contact avec le public.
....

7 Luc aime réparer les télévisions et les lecteurs CD de ses amis. Plus tard, il voudrait créer sa propre entreprise.
....

8 Anne veut travailler dans l'alimentation, mais pas dans un restaurant ou dans un magasin. Elle est prête à faire des études supérieures.
....

9 Pierre, qui aime beaucoup les maths, s'intéresse aussi au budget familial. Il veut faire quelque chose dans les finances et, lui aussi, est prêt à continuer ses études.
....

10 Christine préfère une vie mouvementée avec, si possible, des aventures. Elle aime écrire des articles pour le journal scolaire.
....

assistant(e) social(e)	avocat
comptable	diététicien (diététicienne)
électricien (électricienne)	esthéticienne
pompier	instituteur (institutrice)
journaliste	mécanicien (mécanicienne)
phamacien (pharmacienne)	représentant

9/6 Unité 9

On cherche des renseignements

❶ Un lexique à faire

Lisez la lettre et complétez le lexique.

> 3, rue du Château
> Versailles
> Camping 'Belle-France'
> le 18 juin
>
> Monsieur/Madame,
>
> Suite à votre annonce parue le lundi 17 juin, dans le journal 'Ouest-France', je vous écris pour vous demander des renseignements supplémentaires sur le poste d'animateur/animatrice.
>
> Pourriez-vous m'indiquer les conditions exactes de ce poste (horaires, salaire, etc.) et en quoi consiste le travail?
>
> Auriez-vous l'amabilité de m'envoyer aussi les documents nécessaires pour poser ma candidature?
>
> Veuillez agréer, Monsieur/Madame, l'expression de mes sentiments distingués.
>
> *Julien Legrand*
>
> Julien Legrand

- In a formal letter omit *Cher/Chère*:
- State clearly what you want to know.
- This rather long formula really is the correct way to end a formal letter in French. You will need to copy it out in full when writing your own letter.
- Make sure you state clearly which job you are applying for and, if possible, where you saw the advert.
- State clearly what you want them to send you.

Lexique

Trouvez dans la lettre les mots et phrases pour compléter le lexique.

Une lettre	A letter
....	in response to …/with reference to …
....	I am writing to ask you for …
....	could you …?
....	would you be kind enough to send me …?
....	some information about …
....	What does the work involve?
....	to apply (for a job)

❷ Une lettre

Choisissez une de ces annonces et écrivez une lettre pour demander des renseignements.

Kiosque-Photo
Vendeurs/vendeuses

Cette entreprise commerciale, avec plus de 50 kiosques-photo en France, demande des vendeurs/vendeuses jeunes et enthousiastes pour travailler pendant l'été. On vous offre une formation gratuite et du travail agréable.

Écrivez à Kiosques-Photo
4 av. de la Cathédrale, Albi

Restos-France

Vous voulez travailler dans la restauration? Vous voulez apprendre, en travaillant en même temps dans un restaurant populaire dans une grande ville ou dans un centre touristique?

Si vous avez entre 18 et 35 ans, demandez des renseignements et des dossiers d'inscription pour nos stages en restaurant.

Restos-France, Saint-Denis, Paris

9/7 Unité 9

Les 7 piliers du CV

Lisez les conseils et faites les activités.

Les 7 piliers du CV

La rédaction du CV est toujours un exercice délicat. Il s'agit de montrer ce qu'on peut faire, de façon suffisamment claire et captivante pour «accrocher» le lecteur.

Il est impossible de dire qu'il existe une méthode d'écrire un «CV parfait». Le même CV peut retenir l'attention d'un employeur et finir dans la poubelle d'un autre …

Il existe cependant des règles importantes qui, si elles sont respectées, augmenteront vos chances de «plaire» et d'intéresser:

1. Le CV doit toujours être dactylographié.
2. Le CV doit être clair et concis. Un employeur passe rarement plus de deux minutes à lire un CV.
3. Le CV doit être propre. La moindre rature ou petite tâche peut vous discréditer aux yeux de l'employeur.
4. La photo n'est pas toujours nécessaire. Inutile d'en ajouter une si l'annonce de l'employeur ne le stipule pas.
5. On doit toujours mettre en avant ses qualités, ne jamais dévoiler ses points faibles.
   Attention! Cette règle n'est valable que si vous savez faire preuve d'humilité. On peut être audacieux sans être prétentieux.
6. Omettre un renseignement n'est pas un mensonge. Par exemple, il est inutile de préciser: Anglais parlé – non écrit! La première indication suffit.
7. Soyez précis dans vos déclarations. La description de vos compétences doit être accompagnée d'informations exactes: Noms de vos anciens employeurs, intitulés de vos diplômes etc.

© CIDJ

❷ Mon CV

Écrivez votre CV. Suivez les conseils donnés dans l'article.

Curriculum vitae
Nom: .... Prénom: ....
Nationalité: .... Date de naissance: ....
Adresse: ....
....
....
Enseignement secondaire:...
....
....
Diplômes: ....
....
....
Connaissances des langues:..
....
....
Visites à l'étranger: ....
....
....
Sports pratiqués: ....
....
....
Loisirs: ....
....
....
Emploi: ....
....
....

❶ Trouvez les paires

1	editing	a	des règles importantes
2	to hook	b	faire preuve d'humilité
3	hold the attention	c	vos compétences
4	in the waste paper basket	d	la rédaction
5	important rules	e	dévoiler ses points faibles
6	(which) will increase your chances	f	vos anciens employeurs
7	typed	g	dans la poubelle
8	the least crossing out	h	la moindre rature
9	to add/include	i	retenir l'attention
10	reveal one's weaknesses	j	un mensonge
11	to show humility	k	ajouter
12	bold	l	(qui) augmenteront vos chances
13	a lie	m	audacieux
14	your skills	n	dactylographié
15	your former employers	o	(pour) accrocher

9/8 Unité 9
Tu comprends?

❶ C'est quel métier?
Écoutez et écrivez les bonnes lettres.

Exemple: ..D.. 1 ..... 2 ..... 3 ..... 4 ..... 5 ..... 6 ..... 7 .....

❷ Mon emploi pour les vacances
Écoutez. Écrivez V (vrai), F (faux) ou PM (pas mentionné).

1 Anaïs …
   A ☑ a travaillé comme vendeuse.
   B ☐ a trouvé son travail fatigant.
   C ☐ a trouvé son emploi par un parent.
   D ☐ a écouté de la musique au travail.
2 Marc …
   A ☐ a travaillé en plein air.
   B ☐ a cueilli des raisins.
   C ☐ a trouvé le travail très facile.
   D ☐ a gagné plus de 10 euros par jour.
3 Francine …
   A ☐ a travaillé dans un supermarché.
   B ☐ a travaillé un peu comme caissière.
   C ☐ n'a pas aimé son emploi.
   D ☐ a trouvé son emploi par un membre de la famille.
4 Nicolas …
   A ☐ a travaillé à la gare.
   B ☐ voulait travailler dans un restaurant.
   C ☐ n'a pas aimé son emploi.
   D ☐ s'est fait des copains sur son lieu de travail.
   E ☐ a l'intention de partir en vacances.

❸ Sondage: L'argent de poche
Écoutez et cochez les bonnes cases.

nom	1 Laure	2 Alex	3 Jessica	4 Nassim	5 Stéphanie
vêtements	✓				
CD					
jeux vidéo					
bonbons/snacks					
sorties					
magazines					
tél. portable					

❹ Projets d'avenir
Écoutez les trois conversations. Cochez (✓) les bonnes cases.

1: Après les examens
1 – Lucie, qu'est-ce que tu vas faire après les examens?
   – Je vais A ☐ partir en vacances.
     B ☐ dormir pendant deux ou trois jours.
     C ☑ essayer de trouver un job.
2 – Qu'est-ce que tu as l'intention de faire après l'école?
   – Je voudrais A ☐ aller directement à l'université.
     B ☐ voyager un peu d'abord. C ☐ gagner de l'argent avant d'aller à l'université.
3 – Qu'est-ce que tu voudrais faire comme métier?
   – Franchement, A ☐ je ne sais pas encore.
     B ☐ je voudrais travailler dans l'informatique.
     C ☐ j'aimerais travailler avec les enfants.

2: Les petits emplois
1 – Daniel, est-ce que tu as un petit job?
   – Oui, je travaille A ☐ le samedi.
     B ☐ pendant les vacances. C ☐ quelquefois.
2 – Qu'est-ce que tu fais avec ton argent de poche ou avec l'argent que tu gagnes?
   – Normalement, A ☐ je fais des économies.
     B ☐ j'achète des vêtements. C ☐ je me paie des sorties. J'aime sortir avec mes copains le week-end.
3 – Est-ce que tes amis travaillent?
   – Mon meilleur ami A ☐ travaille au supermarché.
     B ☐ travaille à la ferme. C ☐ n'a pas réussi à trouver du travail.

3: Un stage en entreprise
1 – Dis-moi, Rebecca, où as-tu fait ton stage en entreprise?
   – Je l'ai fait A ☐ dans la ville où j'habite.
     B ☐ en France. C ☐ dans une autre ville.
2 – Qu'est-ce que tu as fait?
   – J'ai travaillé A ☐ dans une école.
     B ☐ dans un bureau. C ☐ en plein air.
3 – Comment as-tu trouvé le stage?
   – Je l'ai trouvé A ☐ intéressant et utile pour mon français. B ☐ utile mais fatigant.
     C ☐ excellent et très utile pour mon français.

Tricolore Total 4 © Mascie-Taylor, Honnor, Spencer, Nelson Thornes 2010

Unité 9

Épreuve 9: Écouter — Partie A

1 Quel métier?

Listen to the jobs these people do. Look at the pictures and write the correct letter.

Example: [E] 1 ☐ 2 ☐ 3 ☐ 4 ☐ 5 ☐

A B C D E

F G H I J

2 Sondage: votre argent de poche

Listen to a survey about pocket money. Tick the grid to show what the speakers spend their money on.

	going out	snacks	clothes	music
Ex: Éric	✓			✓
1 Raphaël				
2 Caroline				

3 Je fais mon stage en entreprise

Listen to some young people discussing their work experience. For each one, note down **in English** a positive opinion and a less favourable one.

	name	placement	positive	negative
1	Karima	école maternelle (nursery)	**Ex.** loves children	
2	Fabien	bureau (office)		
3	Ahmed	boulangerie (baker's)		

4 Mon métier

Listen to Claire Dunoir talking about her job. Complete the sentences **in English**.

Example: Claire Dunoir works as a ...sales assistant in a book shop....

1 Her hours of work are from .... until .... (1 mark)

2 Two advantages of her work are: ....
....

3 Two disadvantages of her work are: ....
....

PARTIE A TOTAL /20

Unité 9

Épreuve 9: Écouter — Partie B

1 On parle de l'avenir

*Listen to some young people talking about their future plans. Write down **in English** what they would like to do and why.*

		would like to …	reason
1	Céline	**Ex.** *be an actress*	
2	Marc		
3	Alice		
4	Guillaume		

(7)

2 Des problèmes

Listen to a young man talking about his problems. Answer each question below by ticking the correct box.

Example: What is his life like at the moment?
  a easy ☐   b difficult ✓   c interesting ☐

1 Where did he work before?
  a travel agent's ☐
  b the police ☐
  c bus company ☐

2 Why did he lose his job?
  a he didn't do any work ☐
  b nobody liked him ☐
  c the place closed ☐

3 What has he done since losing his job?
  a gone travelling ☐
  b been unemployed ☐
  c found other work ☐

4 What is his wife's attitude to his situation?
  a she has helped him find work ☐
  b she has blamed him for losing his job ☐
  c she has not understood why he cannot find work ☐

5 What is the result of this?
  a they argue ☐
  b they go out more ☐
  c they are moving house ☐

(5)

3 Que feriez-vous si …?

*Listen to teenagers talking about imaginary situations and answer the questions **in English**.*

Alex

Example: What would Alex like to be? *a pop singer*

1 Besides liking singing, what is another reason he gives for this choice of career?
   ....

Khéna

2 What would Khéna buy if she won the lottery?
   ....

3 What would she use it for?
   ....

Laurent

4 If Laurent were president of France, what would he change?
   ....

5 What would he get rid of?
   ....

6 What would he make more important?
   ....

Mélanie

7 Why would Mélanie like to live in Guadeloupe?
   ....

8 What sporting activity does she especially want to do there?
   ....

(8)

PARTIE B TOTAL (20)

9/11 Unité 9

Épreuve 9: Lire – Partie A (1)

1 Le bon métier

Choose the correct image for each job title. Write the letter in the box.

Ex. hôtesse de l'air [J]   **1** coiffeur [ ]   **2** boulanger [ ]   **3** chauffeur [ ]   **4** vendeuse [ ]   **5** employée de bureau [ ]

2 Projets d'avenir

Read this e-mail from Sabine. In the list below, find six things that she mentions. One is covered in the example; tick the other five points.

Ex. her own plans for the future ✓
a modern languages
b sports activities
c the type of school she attends
d going to university
e the health of her pets
f visiting a penfriend
g Julien's plans for the future

Salut Julien!

Merci de ton e-mail. Tu m'as demandé de te parler de mes examens et de mes projets pour l'avenir – eh bien, voilà.

Comme langues vivantes, j'étudie l'anglais et l'espagnol et comme sciences je fais de la chimie, de la biologie et de la physique. Ici, l'examen scolaire le plus important s'appelle le bac. Après le lycée, j'espère aller à l'université et, comme j'aime beaucoup les animaux, je voudrais devenir vétérinaire. Cependant, avant de commencer à travailler régulièrement, j'ai l'intention de voyager un peu et mon rêve est d'aller voir mon correspondant qui habite en Martinique.

Réponds-moi vite et raconte-moi un peu tes projets d'avenir.

@+

Sabine

Unité 9

Épreuve 9: Lire – Partie A (2)

❸ On cherche des employés

Read this job advert and complete the details in English and in figures.

Ex. place in France where the work is offered: ..La Rochelle..

1. type of work: ....
2. dates: from .... to ....
3. hours (per week): ....
4. languages required: .... or ....
5. preference given to those who: ....

On recherche des employés

Nous recherchons des jeunes de dix-huit à vingt-cinq ans, parlant anglais ou français, pour travailler dans notre centre de vacances à La Rochelle.

Vous allez travailler trente-six heures par semaine pendant la période du deux juillet au premier septembre.

Vous serez nourri et logé et on vous payera cent soixante euros par semaine.

Si ça vous intéresse, écrivez-nous au centre de vacances ou envoyez-nous un e-mail. Nous donnerons priorité aux personnes qui pourront rester deux mois.

---

❹ Le succès à vingt ans

Read the article and then complete the summary by writing the letter of the correct word from the box.

Le succès à vingt ans

À dix-huit ans, les jumeaux Jean-Pierre et Luc Trémier, nés à Bordeaux, sont sortis du lycée tous les deux munis du bac mais sans emploi. Ils ont cherché du travail, mais en vain. 'Le chômage, nous n'en voulions pas … mais que faire?' a dit Jean-Pierre.

Quelques mois plus tard, ils ont décidé de voler de leurs propres ailes. Au lycée, au collège même, ils s'amusaient à fabriquer des gadgets, des nouveautés, qu'ils vendaient à leurs copains. Pourquoi ne pas en vendre dans les magasins de souvenirs?

Au début, c'était très dur. Ils ont fait des économies, ils ont vendu leur chaîne hi-fi et leur moto, et avec l'argent, ils ont acheté du cuir et du bois. À partir de ces matériaux, ils ont fabriqué des porte-clés amusants et des badges, tous personnalisés, de bonne qualité et de couleurs brillantes.

Aujourd'hui, à vingt ans, ils sont déjà hommes d'affaires. Ils ont leur propre entreprise dans le quartier Saint-Michel et leurs produits sont très à la mode. Ils ont même reçu des propositions pour exporter aux États-Unis!

Jean-Pierre et Luc sont (**Ex.**) .f.. .

Après avoir quitté le lycée, ils n'ont pas pu trouver (**1**) ....

Pour éviter (**2**) .... , ils ont décidé de fabriquer et de vendre des nouveautés.

Pour commencer, ils ont trouvé la vie très (**3**) ....

Ils ont dû vendre beaucoup de leurs possessions pour avoir l'argent pour (**4**) .... les matériaux pour fabriquer les badges et les gadgets.

Maintenant, à l'âge de vingt ans, ils ont leur propre (**5**) ....

---

a vendre **b** facile
c acheter **d** d'emploi
e difficile **f** frères
g le chômage
h moto **i** entreprise
j leurs parents

Unité 9

Épreuve 9: Lire – Partie B (1)

1 Un e-mail à Nathalie

Read the e-mail and choose the correct option to complete sentences 1–6.

Exemple: Géraldine n'a pas beaucoup de temps, parce qu'elle …
- a a beaucoup d'e-mails à écrire. ☐
- b travaille pour ses examens. ✓
- c doit aller en ville. ☐

1 Son premier examen sera …
- a une langue vivante. ☐
- b des travaux pratiques. ☐
- c une matière scientifique. ☐

2 Elle trouve les examens …
- a faciles. ☐
- b embêtants. ☐
- c intéressants. ☐

3 Sa mère lui a donné …
- a un nouveau pull. ☐
- b des magazines. ☐
- c de l'argent. ☐

4 Géraldine reçoit de l'argent de poche …
- a tous les mois. ☐
- b toutes les deux semaines. ☐
- c tous les samedis matin. ☐

5 Pour son stage en entreprise, Géraldine va …
- a vendre du maquillage. ☐
- b travailler au théâtre. ☐
- c travailler dans un magasin de mode. ☐

6 Elle a trouvé cet emploi …
- a toute seule. ☐
- b avec l'aide de son lycée. ☐
- c avec l'aide de sa tante. ☐

Salut, Nathalie!
Merci beaucoup de ton e-mail. Je t'écris un petit mot seulement, parce que je suis en train de réviser pour mes examens. Ils vont commencer lundi prochain, hélas! Je déteste les examens – toi aussi?
Pour m'encourager, ma mère m'a donné de l'argent et, samedi, je suis allée en ville avec mes copines. Je me suis payé un nouveau jean et un collant et j'ai acheté quelques magazines en plus. J'adore les magazines, mais d'habitude je n'en achète pas. Avec mon argent de poche je dois financer mes sorties du week-end, les cadeaux d'anniversaire pour mes amis et des snacks – s'il en reste à la fin du mois, ce qui est vraiment assez rare! Donc, pas assez d'argent pour les magazines.
Après les examens, je vais faire mon stage en entreprise – j'ai eu de la chance, car je vais faire du maquillage au théâtre. Je suis très reconnaissante à ma tante Hélène, qui travaille comme esthéticienne, car c'est elle qui m'a trouvé ce boulot.
Enfin, pour l'instant c'est tout – je dois retourner à la chimie, mon premier examen!
Bien à toi!
Géraldine

2 Sept conseils

Read the article and find the statements (a–k) that best reflect the advice given. Write the correct letter next to each piece of advice.

- a Your CV is very important, so take care over writing it.
- b Advertising for jobs in newspapers has little chance of success.
- c Use the expertise of careers organisations and other agencies.
- d If you are too enthusiastic you will not find work.
- e Keep your options open by maintaining a wide range of interests.
- f Use your clothing and your manner to create a good impression at interviews.
- g Don't spend too long doing your CV.
- h Try to remain positive even if the job search takes a long time.
- i Choose your course of study carefully to get the qualifications you need.
- j At interview, never smile and be sure not to say anything until asked.
- k Keep yourself well informed about the job scene.

Sept conseils pour trouver un emploi
1 Pour vous aider, il faut consulter les associations comme le CIDJ et contacter d'autres groupes de chercheurs d'emploi. [c]
2 Trouvez des renseignements sur les entreprises où il y a du travail en lisant les journaux et en regardant toutes les petites annonces. ☐
3 Choisissez soigneusement votre formation suivie et essayez d'avoir des diplômes. ☐
4 Essayez de ne pas perdre votre intérêt et enthousiasme – même si vous ne trouvez pas de travail rapidement. ☐
5 Passez du temps à préparer votre CV – c'est un document essentiel pour trouver un emploi. ☐
6 Il faut savoir s'adapter au monde d'aujourd'hui. Essayez donc de ne pas trop vous spécialiser et ne laissez pas tomber vos loisirs comme la musique ou le sport. ☐
7 Et, finalement, si vous avez un entretien, habillez-vous avec soin, souriez et parlez distinctement (et poliment, bien sûr!). ☐

Unité 9

Épreuve 9: Lire – Partie B (2)

③ Un job pour les vacances

Read the article and answer the questions in English.

Trouver un job pour les vacances

Avec deux mois de vacances ou plus à occuper, la concurrence pour les petits boulots est de plus en plus rude.

Plusieurs raisons à cela. Pour commencer, le nombre d'étudiants qui font de longues études, bien plus loin que le bac, a considérablement augmenté ces dernières années. Maintenant, deux tiers des jeunes de vingt ans ou plus sont scolarisés et, bien sûr, cherchent des emplois saisonniers.

De plus, la concurrence s'accélère. Autrefois, les emplois saisonniers d'animation, vente de glace sur les plages, cueillette de pommes ou de raisin, etc., étaient essentiellement occupés par des étudiants. Maintenant, ils se retrouvent en compétition avec les chômeurs. En fait, les entreprises préfèrent employer des chômeurs, car de cette façon elles reçoivent des aides financières de la part de l'État.

Pour compliquer la situation, les étudiants sont aussi en compétition avec les jeunes qui cherchent à faire des stages – en général non payés ou très peu payés – dans le cadre de leurs études ou pour améliorer leur curriculum vitæ.

Finalement, les grandes sociétés, devant l'avalanche de candidatures qu'elles reçoivent, emploient de préférence les enfants de leurs employés plutôt que des jeunes dont ils ne savent rien.

Une seule solution: utiliser les relations de papa ou de maman pour trouver un petit boulot miracle.

Example: How long do the summer holidays last in France?

about two months

1. What change has taken place in the numbers of students going on to further education?

2. What proportion of 20-year-olds are currently looking for holiday jobs?

3. Mention two holiday jobs that students often do. (*2*)

4. Why is there now greater competition for jobs like this?

5. Why do businesses sometimes prefer to employ unemployed people in preference to students?

6. For what reason might students undertake unpaid or low-paid employment?

7. Who can often help students to find work?

[8]

PARTIE B TOTAL

[20]

10/1 Unité 10
Le monde

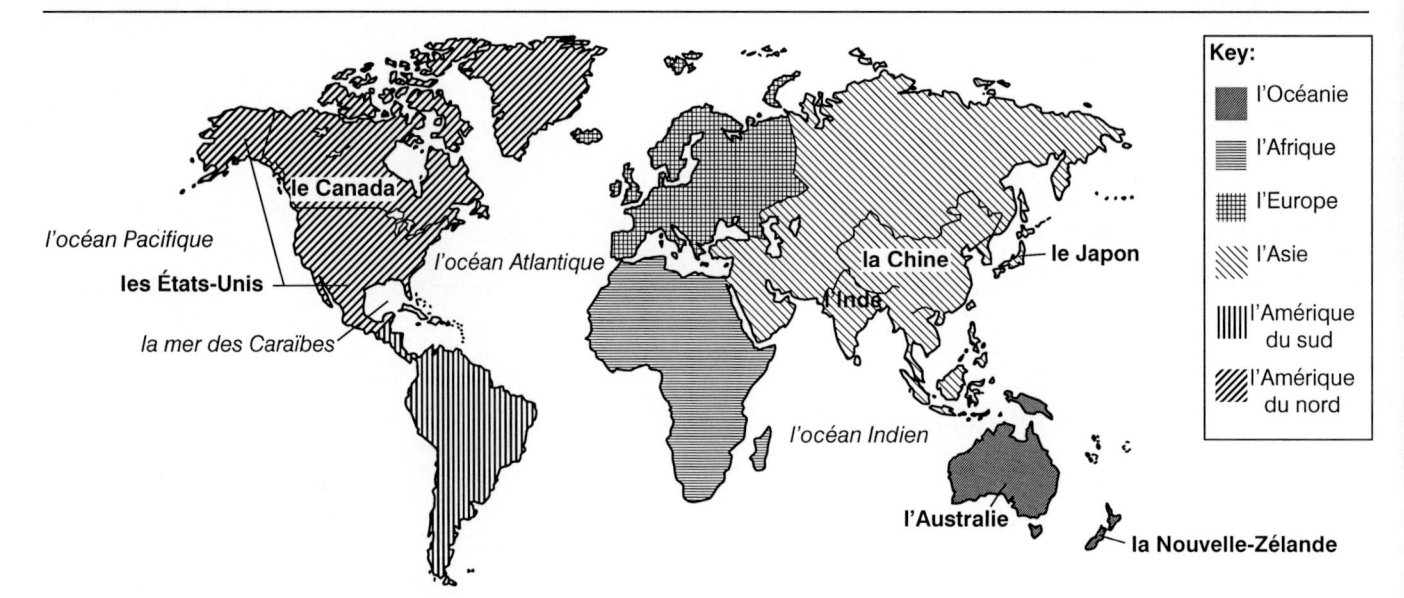

Key:
- l'Océanie
- l'Afrique
- l'Europe
- l'Asie
- l'Amérique du sud
- l'Amérique du nord

Map labels: l'océan Pacifique, le Canada, les États-Unis, la mer des Caraïbes, l'océan Atlantique, la Chine, l'Inde, le Japon, l'océan Indien, l'Australie, la Nouvelle-Zélande

❶ Les habitants du monde

Lisez les indices et complétez la liste.
Pour vous aider, écoutez 'Les habitants du monde' encore une fois.

1. 61% des habitants du monde habitent en ....
2. 14% habitent en ....
3. 11% habitent en ....
4. 8% habitent en ....
5. 5% habitent en ....
6. Moins de 1% habitent en ....

Des indices
- La Chine et L'Inde sont deux pays d'Asie avec des populations énormes. Ce continent est le plus peuplé.
- Le continent qui est le moins peuplé se trouve dans l'hémisphère sud.
- L'Amérique du nord, avec huit pour cent des habitants, est plus peuplée que l'Amérique du sud et les Caraïbes.
- Il y a plus d'habitants en Afrique qu'en Europe.

❷ Les langues principales

Lisez les indices et complétez la liste avec les langues suivantes:
l'anglais, l'allemand, l'espagnol, le japonais, le russe

1. le mandarin
2. ....
3. ....
4. l'arabe
5. le hindi
6. le portugais
7. le bengali
8. ....
9. ....
10. ....

Des indices
- Le russe est parlé par cent-quarante-six millions de personnes environ.
- Environ trois-cent-vingt-cinq millions de personnes parlent espagnol.
- L'anglais est la troisième langue la plus parlée au monde.
- On estime que quatre-vingt-seize millions de personnes environ parlent allemand.
- Le japonais est la neuvième langue la plus parlée dans le monde.

❸ Les pays du monde

Pour chaque définition, écrivez le nom d'un pays.

1. Un pays d'Europe ....
2. Un pays d'Afrique ....
3. Un pays d'Asie ....
4. Un pays d'Amérique ....
5. Un pays francophone ....
6. Un pays anglophone ....
7. Un pays avec un billiard d'habitants ....
8. Un pays en développement ....

Unité 10

Trois acrostiches

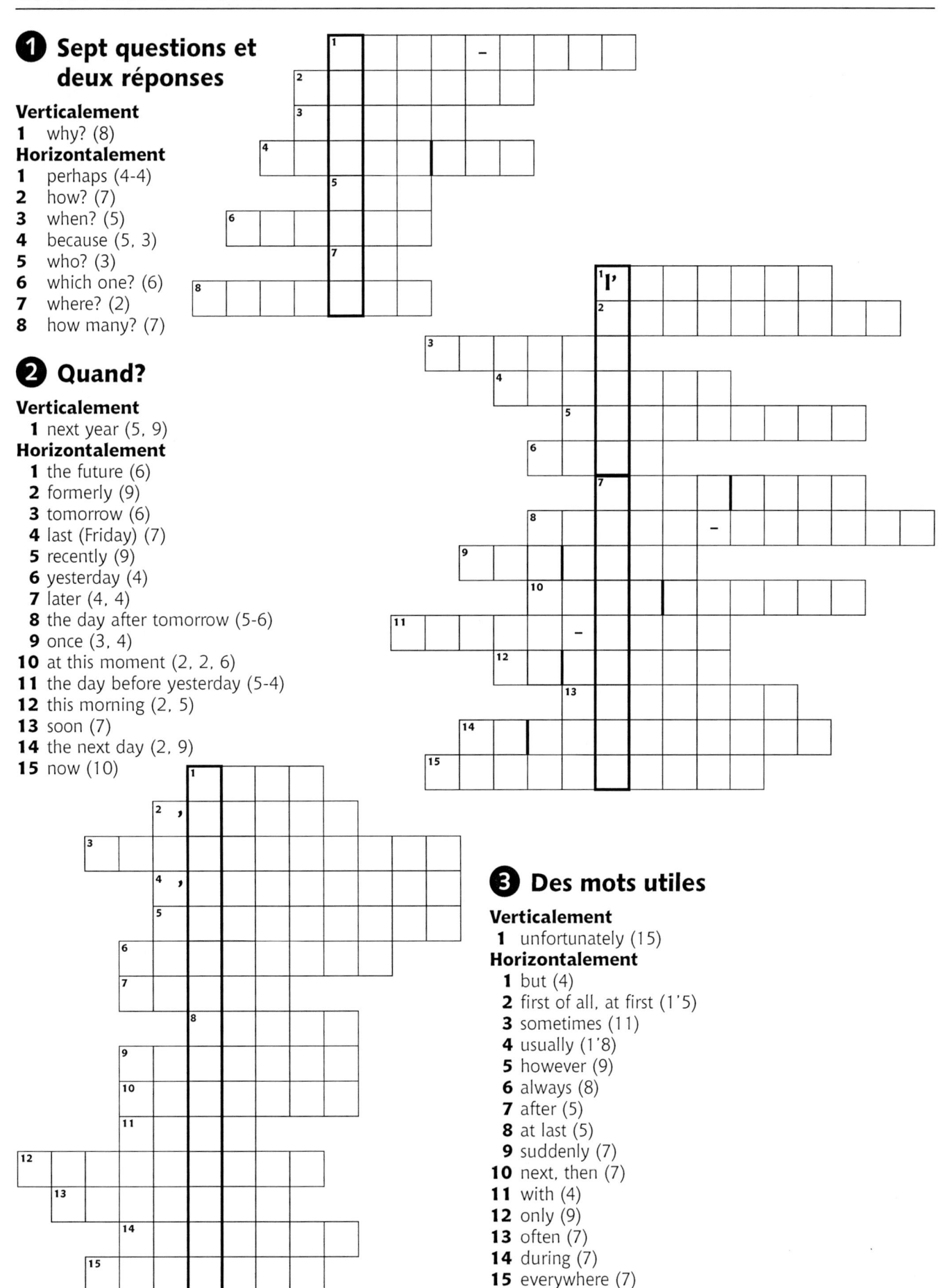

❶ Sept questions et deux réponses

Verticalement
1 why? (8)

Horizontalement
1 perhaps (4-4)
2 how? (7)
3 when? (5)
4 because (5, 3)
5 who? (3)
6 which one? (6)
7 where? (2)
8 how many? (7)

❷ Quand?

Verticalement
1 next year (5, 9)

Horizontalement
1 the future (6)
2 formerly (9)
3 tomorrow (6)
4 last (Friday) (7)
5 recently (9)
6 yesterday (4)
7 later (4, 4)
8 the day after tomorrow (5-6)
9 once (3, 4)
10 at this moment (2, 2, 6)
11 the day before yesterday (5-4)
12 this morning (2, 5)
13 soon (7)
14 the next day (2, 9)
15 now (10)

❸ Des mots utiles

Verticalement
1 unfortunately (15)

Horizontalement
1 but (4)
2 first of all, at first (1'5)
3 sometimes (11)
4 usually (1'8)
5 however (9)
6 always (8)
7 after (5)
8 at last (5)
9 suddenly (7)
10 next, then (7)
11 with (4)
12 only (9)
13 often (7)
14 during (7)
15 everywhere (7)

Tricolore Total 4 © Mascie-Taylor, Honnor, Spencer, Nelson Thornes 2010

10/3 Unité 10

Le journal: Faits divers

Lisez les extraits et faites les activités.

1 On signale des embouteillages sur toutes les routes principales vendredi, samedi et dimanche.

2 En raison du mauvais temps, les vols au départ de Roissy-Charles de Gaulle seront perturbés ce matin. On envisage des retards de trois heures minimum.

3 Les employés de la SNCF sont en grève pendant 24 heures, donc les trains ne circuleront pas aujourd'hui.

4 Accident de la route hier près de Saint-Paul. Un automobiliste a heurté un arbre. L'automobiliste et deux passagers ont été transportés à l'hôpital.

5 Ouverture ce matin d'une nouvelle ligne de tramway au centre-ville. On espère encourager les gens à laisser leur voiture au garage et à utiliser les transports en commun.

6 Aujourd'hui, à midi, un vol a eu lieu dans le bureau de poste principal à Nice. Les voleurs, habillés en vêtements de vacances, se sont échappés avec des sacs de timbres-poste d'une valeur inconnue.

7 Un homme de 40 ans a sauvé la vie d'une petite fille de trois ans qui est tombée dans la rivière près du pont. Jean Lemont se promenait avec son chien mercredi à quinze heures lorsque l'accident a eu lieu.

8 Une grande partie du château de Saint-Paul a été détruite à la suite d'un incendie dans la nuit du 19 juillet.

9 Après des pluies violentes, les habitants du village Sainte-Odile doivent affronter un nouveau problème – les inondations. Plusieurs familles ont dû évacuer leur maison.

10 Après le tremblement de terre qui a frappé la région, les autorités ont annoncé dix morts et une trentaine de blessés. La plupart des blessés logeaient à l'hôtel Belle Vue qui s'est effondré au moment du tremblement de terre.

s'effondrer – *to collapse*

a *Pour chaque titre (a–j), trouvez le bon extrait (1–10).*

Exemple: a = 8

- a ☐ Château en feu
- b ☐ Week-end difficile sur les routes
- c ☐ Nouveau moyen de transport
- d ☐ Accident de voiture: trois blessés
- e ☐ Gares fermées
- f ☐ Enfant sauvé
- g ☐ Vol de timbres-poste
- h ☐ Village sous l'eau
- i ☐ Hôtel détruit
- j ☐ Difficultés à l'aéroport

b *Trouvez le français.*
1. traffic jams ....
2. will be disrupted ....
3. on strike ....
4. were transported ....
5. a burglary took place ....
6. was destroyed ....
7. a fire ....
8. flooding ....
9. had to evacuate ....
10. earthquake ....
11. wounded ....
12. collapsed ....

c *Répondez en anglais.*
1. Why are the flights being disrupted?
2. How long will the rail strike last?
3. What was hit in the car accident?
4. What was stolen in the burglary?
5. What caused the flooding?
6. How many people were killed and how many injured in the earthquake?

Unité 10

En route en France

- En France, il faut avoir 18 ans pour conduire.
- Les automobilistes doivent avoir leur permis de conduire et leur assurance sur eux ou dans la voiture.
- N'oubliez pas qu'en France, on roule à droite.
- Faites surtout attention aux carrefours et aux ronds-points.
- En ville et dans les villages, la vitesse est limitée à 50 km/h.
- Sur les autoroutes, on peut rouler plus vite, jusqu'à 130 km/h.
- Quand on fait un long voyage en voiture, il est important de faire une pause de temps en temps. On trouve des aires de repos où on peut s'arrêter et se reposer.
- Pendant les week-ends des jours fériés et les départs en vacances (en juillet et en août), la circulation est souvent dense et très difficile. Pour éviter les embouteillages, il faut écouter les conseils de Bison Futé* à la radio ou à la télévision.

*Bison Futé est le représentant du ministère des Transports. Il renseigne les automobilistes sur les jours où la circulation risque d'être plus dense que d'habitude.

❶ Vous avez bien compris?

a *Lisez le texte et répondez en anglais.*

1 How old do you have to be to drive in France? ....
2 What official documents should you carry with you?
   ....
3 What's different about driving in France?
   ....
4 Where should you be particularly careful?
   ....
5 What are you advised to do on a long journey?
   ....
6 How can you find out about advice on road conditions? ....
   ....

b *Complétez le lexique.*

Anglais	Français
1 crossroads	
2 to drive	
3 driver	
4 driving licence	
5 insurance	
6 motorway	
7 to move (of a wheeled vehicle)	
8 on the right	
9 roundabout	
10 service rest area	
11 speed	
12 traffic	

❷ L'examen de conduite

a *Complétez la conversation en mettant les verbes à l'imparfait.*

– Félicitations, Martine. Tu viens d'obtenir ton permis, non?
– Oui. Je suis bien contente.
– C'.................. (**1** être) ta première tentative*?
– Non, la deuxième.
– Et comment ça s'est passé aujourd'hui? Tu .... (**2** être) inquiète?
– Oui, j' .... (**3** avoir) peur, surtout au début. J' .... (**4** essayer) de me dire que ce n' .... (**5** être) pas si important que ça. Mais quand je me suis assise dans la voiture, mon pied .... (**6** trembler) sur la pédale. Il .... (**7** commencer) à pleuvoir et, momentanément, je ne .... (**8** pouvoir) pas trouver la commande des essuie-glaces**. Heureusement, l'inspecteur .... (**9** être) sympathique et j'ai pu me calmer.

*une tentative *attempt*
**les essuie-glaces *windscreen wipers*

b *Corrigez les erreurs dans les phrases 1–7.*

1 Martine a obtenu son passeport aujourd'hui.
2 Au début du test, elle avait faim.
3 Sa main tremblait sur le volant.
4 Il commençait à faire nuit.
5 Elle ne pouvait pas trouver la commande des feux.
6 L'inspecteur était fâché.
7 Finalement, elle a pu se lever.

10/5 Unité 10
Des jeux de vocabulaire

1 Mots croisés

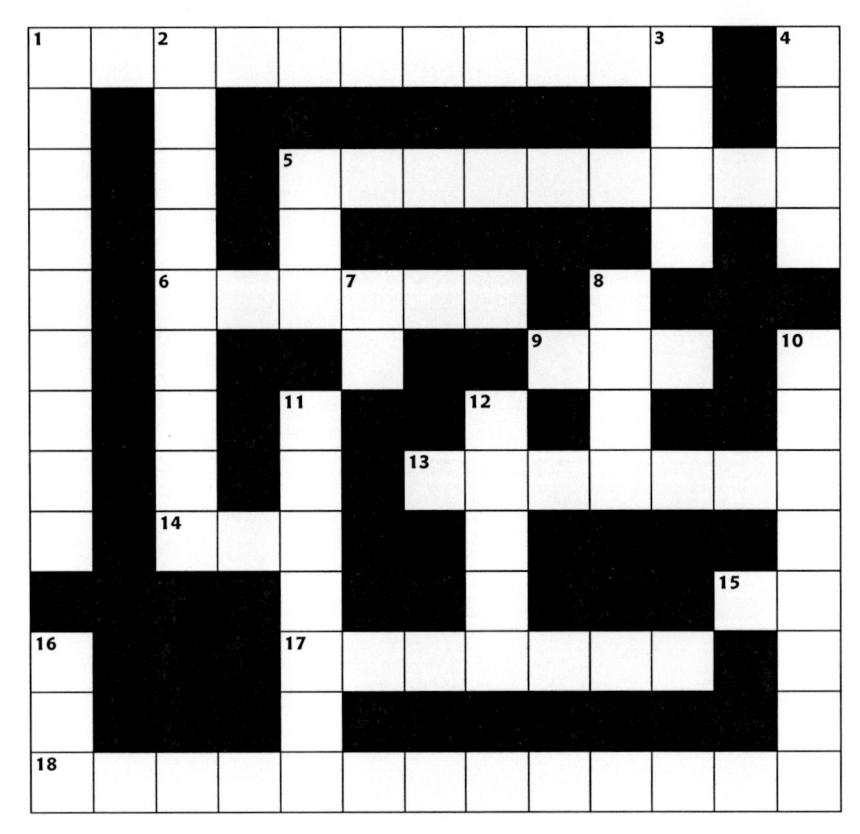

Horizontalement

1 Il y a beaucoup de c... au centre-ville entre huit heures et neuf heures du matin. (11)
5 Sur l'..., on peut rouler plus vite, mais quelquefois, on doit payer pour prendre ce genre de route. (9)
6 C'est un document important qui indique qu'on a l'autorisation de conduire. (6)
9 C'est un liquide qu'on met quelquefois dans la batterie d'une voiture. (3)
13 C'est un autre mot pour embouteillage. (7)
14 Est-ce que t... frère travaille à la station-service le samedi? (3)
15 Est-ce que ... prends ton vélo pour aller à la plage? (2)
17 Beaucoup de voitures ont besoin de cela pour marcher. (7)
18 Les jours fériés, quand tout le monde part en voiture en même temps, il y a souvent un e... sur le boulevard périphérique. (13)

Verticalement

1 Au c..., on peut aller à gauche, à droite ou tout droit. Ça existe quand deux routes se croisent. (9)
2 On voit cela souvent aux carrefours. En français, ça s'écrit avec un trait d'union (-). (4-5)
3 Quand nous partons en vacances, ... prenons souvent la voiture. (4)
4 On trouve ça autour d'une roue et on met de l'air dedans. (4)
5 Si la pression des pneus est trop basse, il faut mettre de l'... dans les pneus. (3)
7 ... sœur a son permis de conduire, alors elle peut aller me chercher samedi soir. (2)
8 Quelquefois, il y a un b... où on peut s'asseoir si on doit attendre, par exemple à la gare ou à l'arrêt d'autobus. (4)
10 Pour c... en France, il faut avoir 18 ans. (8)
11 En ville et sur les routes, on voit souvent cela pour indiquer ce qu'il faut faire et ne pas faire ou donner des renseignements. (7)
12 On voit des véhicules de toutes sortes sur la r... (5)
16 Ici, c'est une r... piétonne, alors il n'y a pas de voitures. (3)

2 Trouvez les mots

1 Un _ _ _ _ unique – ça veut dire qu'on peut rouler dans une direction seulement.
2 C'est un endroit sur l'autoroute où on peut garer la voiture et se reposer un peu. C'est une _ _ _ _ de _ _ _ _ _.
3 En France, on roule à _ _ _ _ _ _ mais au Royaume Uni, on roule à _ _ _ _ _ _.
4 C'est quelqu'un qui conduit un véhicule. C'est un _ _ _ _ _ _ _ _ _ _ _.
5 Cela veut dire rapidement. _ _ _ _.
6 En ville, la _ _ _ _ _ _ des véhicules est limitée à 30km/h.
7 Cela indique qu'on peut quitter un endroit. C'est la _ _ _ _ _ _.
8 Il y a souvent des _ _ _ _ aux carrefours pour contrôler la circulation. Quand c'est au vert, on peut avancer, mais quand c'est au rouge on doit attendre.

Unité 10

Un plan pour les transports

1 La crise de la circulation

Autrefois, il y avait de graves difficultés de circulation à Strasbourg.

a Écoutez l'interview et suivez le texte. Complétez le texte avec les mots de la case.

> a l'autobus   b circulation   c difficile
> d embouteillages   e voitures   f fréquent
> g lentement   h c'était   i stationner   j trottoir

b *Trouvez le français.*

1 it was awful ....
2 in the rush hour ....
3 pedestrians ....
4 exhaust fumes ....
5 how did they feel? ....
6 they lost time ....
7 all the same/nevertheless ....
8 first of all ....
9 we realised ....
10 something had to be done ....

— On avait de graves difficultés de (1) .... à Strasbourg. C'était affreux.
— Pouvez-vous nous les décrire?
— Bon, alors en centre-ville, il y avait toujours des embouteillages: on roulait très (2) .... et ce n'était pas uniquement aux heures de pointe, c'était pendant toute la journée. Puis on ne trouvait pas de place pour (3) .... Donc, on était obligé de stationner sur le (4) .... ou sur les voies piétonnes, n'importe où, quoi.
— Et pour les piétons, (5) .... dangereux?
— Bien sûr, traverser la rue avec toutes ces (6) ...., eh bien, c'était dangereux. Puis l'air était pollué par le gaz d'échappement des voitures. Même respirer était (7) ....
— Et les automobilistes, comment se sentaient-ils?
— Eh bien, ils étaient énervés, ils étaient stressés. Ils voyaient qu'ils perdaient leur temps dans des (8) .... incessants.
— Il y avait quand même des transports en commun. Est-ce qu'on les prenait?
— Non. On a constaté, en effet, que très peu de gens prenaient (9) .... D'abord, parce que le service n'était pas très (10) .... et en plus parce que les autobus aussi étaient souvent bloqués dans des embouteillages. Donc, on s'est rendu compte qu'il fallait faire quelque chose.

2 On change de sens à Strasbourg

Pour faire face à cette situation, on a élaboré le Plan Strass. Écoutez l'interview.

a *Voici les mesures qu'on a prises. Dans quel ordre sont-elles mentionnées dans l'interview?*

....

a On a créé une ligne de tramway.
b On a créé de nouvelles pistes cyclables.
c On a interdit aux automobilistes de traverser la ville.
d On a amélioré le réseau d'autobus.
e On a élargi la zone piétonne.
f On a créé des boulevards périphériques.
g On a construit de nouveaux parkings.

b *Write a résumé in English of the transport plan, mentioning the measures taken for drivers, cyclists, pedestrians and the benefits for all.*

....
....
....
....

10/7 Unité 10

Mots croisés – l'environnement

Horizontalement

1. Une conséquence du ... de la planète est que l'eau des glaciers fond. (13)
6. Réduire, réutiliser, ... sont trois actions importantes. (8)
8. Évitez de ... de l'électricité en éteignant la lumière quand vous quittez une pièce. (8)
12. Il ne faut ni gaspiller l'eau ... la polluer. (2)
13. Selon les experts, les îles, comme Tuvalu, dans l'océan Pacifique ... en danger. (4)
14. Les scientifiques ... que l'action humaine est une cause importante du changement climatique. (6)
18. S'il ne pleut pas souvent, le climat devient plus ... (3)
19. une ... (8) 
20. Après le tremblement de terre, il y a eu des inondations – c'est une véritable ... (11)
25. ... nous ne faisons rien, les problèmes deviendront plus graves. (2)
26. Chez nous, nous trions ... déchets pour recycler le carton et le verre. (3)

Verticalement

2. Il faut développer d'autres sources d'... qui sont plus écologiques. (7)
3. L'énergie obtenue du charbon ... du pétrole contribue à l'effet de serre. (2)
4. C'est une ressource précieuse, nécessaire à la vie. (3)
5. La ... est une des planètes dans notre système solaire. (5)
7. C'est le contraire du mot 'il'. (4)
9. Tuvalu est un des plus petits ... du monde. (4)
10. Je pense qu'il est nécessaire de limiter les voyages en avion. Et toi, tu ... d'accord? (2)
11. un ... (7) 
14. Il y a trop d'emballage sur les produits. Cela contribue au problème des ... (7)
15. ... le monde doit aider à économiser de l'énergie.
16. La baleine est une ... menacée. (6)
17. C'est un autre mot pour 'incendie'. (3)
19. Que ...-on faire pour résoudre ces problèmes? (4)
21. Moi, j'... écrit un article pour le journal. (2)
22. Une conséquence du changement climatique, c'est qu' ... voit des pluies plus abondantes. (2)
23. Par contre, ... Afrique il y a souvent de longues périodes de sécheresse. (2)
24. Toi, tu ... des idées pour protéger l'environnement? (2)

10/8 Unité 10
Tu comprends?

❶ À quelle heure?

Écoutez les conversations et notez l'heure.

Exemple: Le prochain train pour Bordeaux part à *14h30*.

1. Le prochain train pour Strasbourg part à ....
2. Sébastien compte arriver à ....
3. Jean et Émilie sont rentrés à ....
4. Lucie va prendre le car de ....
5. Le prochain bateau part à ....
6. Daniel et Luc vont prendre le train de ....
7. Le vol de Cardiff est arrivé à ....

❷ Ma vie au Sénégal

Écoutez Karima qui parle de sa vie au Sénégal et complétez les phrases.

Exemple: Elle a déménagé à Dakar à cause du *travail* de son père.

1. Le Sénégal se trouve en Afrique de l'................
2. La saison des pluies est de juin à ....
3. La capitale est ....
4. La langue officielle est le ....
5. Beaucoup de personnes sont musulmanes et vont à la ....
6. Moins de .... % des filles vont à l'école.
7. Environ .... % des garçons vont à l'école.

❸ Trois questions sur l'environnement

Écoutez la discussion et complétez le texte.

— **Qu'est-ce qu'on peut faire pour protéger l'environnement?**
— On peut faire du recyclage, par exemple, on peut mettre les **Ex.** *bouteilles* en verre dans des containers de recyclage. On peut réduire la pollution en laissant sa **1** .... à la maison et on peut économiser de l'**2** ....
— **Qu'est-ce que tu fais pour protéger l'environnement?**
— Moi, je suis contre la voiture. Ça **3** .... et on peut prendre d'autres moyens de transport.
— Chez moi, on met tout ce qui peut être recyclé, comme les épluchures de légumes, dans le **4** .... On fait du compost.
— Moi, quand je sors d'une **5** ...., j'éteins la lumière, la télévision et la **6** ....
— **Qu'est-ce qu'on fait dans ta ville?**
— Dans notre ville, on organise une collecte sélective. Alors, il faut trier ses déchets. On doit mettre les **7** .... et les magazines dans un bac, les bouteilles en plastique et les **8** .... de conserve dans un bac différent, etc. Comme ça, une partie des déchets est recyclable.
— Oui, et dans notre ville, on a créé des **9** .... cyclables pour encourager les gens à sortir à **10** .... au lieu de prendre la voiture. C'est une bonne idée, à mon avis.

❹ Les transports en commun

A *Écoutez la conversation et choisissez la bonne réponse.*

Exemple: Il y a un nouveau circuit de bus qui est ...
   a plus rapide ✓   **b** plus court ☐   **c** plus cher ☐

1. Pour aller au centre-ville, on met au maximum ...
   a 10 minutes ☐   **b** 20 minutes ☐   **c** 30 minutes ☐
2. On peut acheter une carte valable pour ...
   a 5 trajets ☐   **b** 10 trajets ☐   **c** 12 trajets ☐
3. On peut acheter ces cartes à la gare routière et aussi ...
   a au supermarché ☐   **b** à la poste ☐
   c au bureau de tabac ☐
4. Il y a quand même des inconvénients, par exemple, il n'y a pas de bus ...
   a le dimanche ☐   **b** le soir après 20 heures ☐
   c le soir après 22 heures ☐

B *Répondez en anglais.*

1. Give two advantages mentioned of travelling by bus.

   ....
   ....

2. Give two disadvantages mentioned.

   ....
   ....

Unité 10

Épreuve 10: Écouter Partie A

❶ Les transports

Listen to the speakers and write the correct letter for each one.

Example: [C] 1 ☐ 2 ☐ 3 ☐ 4 ☐

A B C D E F G H

/4

❷ Les pays et les continents

Listen to the speakers talking about the countries or continents they would like to visit. Write the letter of the place they mention.

Example: [j] 1 ☐ 2 ☐ 3 ☐ 4 ☐ 5 ☐

> a Africa b Australia c China d Europe e Germany f Greece g India
> h Italy i North America j Russia k South America l Switzerland

/5

❸ Le journal

Listen to the news bulletin and answer the questions **in English**.

Example: What kind of weather has there been in Algeria? *torrential rain and violent wind*

1 What problem has arisen on the coast of Algeria? ....
2 Mention one consequence of this event. ....
3 What has caused problems in Montreal? ....
4 What has been the main impact? ....
5 What has been closed as a result? (*give one detail*) ....

/5

❹ Pour protéger l'environnement

Listen to a group of people saying what they do to help protect the environment.
Find their actions in the list below and write the correct letter by each name.

Ex: Djamel	c
1 Syra	
2 Thomas	
3 Élodie	
4 Rachid	
5 Hélène	
6 Mathieu	

Actions
a recycles glass
b recycles paper and cardboard
c makes compost
d avoids using a car for short journeys
e avoids travel by plane
f walks where possible
g turns out lights when leaving a room
h avoids leaving machines on stand-by
i uses water economically
j takes own bags when shopping
k avoids buying products with unnecessary packaging

/6

PARTIE A TOTAL /20

164 Tricolore Total 4 © Mascie-Taylor, Honnor, Spencer, Nelson Thornes 2010

Unité 10

Épreuve 10: Écouter — Partie B

1 Tu voyages comment?

Listen to the conversation between Céline and Daniel and answer the questions in English.

Example: What does Céline first ask Daniel? ...*Did he come by bus?*...

1 How did Daniel come into town today? ....
2 Give one reason why he chose this method of transport. ....
3 Why doesn't Céline like cycling? *(give one reason)* ....
4 What method of transport does she prefer? ....
5 Why does Daniel say Céline is lucky? ....
6 Give one problem that he says car drivers have. ....
7 What advantages does Céline give for travelling by car? *(give one advantage)*
....
8 What is Daniel's favourite way of travelling short distances?
....
9 What reason does he give for this? ....

/9

2 Des problèmes et des solutions

Listen to people talking about problems in today's world. Give brief details about the problems mentioned and the solutions suggested. (The first and last speakers suggest only one solution.)

	problem	solution suggested
Ex.	(2) natural disasters occur more often; help gets there late	(1) humanitarian organisations need to work closely together to get help there quickly
1	(1)	(2)
2	(1)	(2)
3	(1)	(2)
4	(1)	(1)

/11

PARTIE B TOTAL /20

Unité 10

Épreuve 10: Lire – Partie A

❶ L'environnement

Find in the box the English meaning for each French word and write the letter by it.

> **a** climate change **b** dustbin **c** exhaust fumes
> **d** global warming **e** greenhouse effect
> **f** noise **g** packaging **h** rubbish **i** to pollute
> **j** to sort **k** to waste

Exemple: le réchauffement de la planète [d]

1 le bruit ☐ 2 les déchets ☐ 3 l'emballage ☐
4 gaspiller ☐ 5 la poubelle ☐ 6 trier ☐

❷ On parle des voyages

Read these extracts from a magazine article about journeys. Then read the sentences that follow and write the correct name into each sentence.

Alice	Luc	Claire	Mathieu
Je n'aime pas partir en vacances en voiture. On passe des heures dans les embouteillages et le voyage est si lent et ennuyeux. J'aimerais mieux voyager en train, comme ça on peut se promener un peu, lire un livre ou acheter un snack au buffet.	Quand j'étais petit je n'aimais pas voyager en avion et on prenait toujours le bateau, mais, depuis l'an dernier, j'aime bien les vols s'ils ne durent pas trop longtemps. Je n'ai plus peur pendant le vol, mais, si possible, j'évite toujours de voyager la nuit.	Moi, j'ai toujours le mal de mer, alors si possible, je ne prends pas le bateau. Heureusement, avec le tunnel, tout va bien et je peux traverser la Manche sans problème.	J'aime bien habiter ici en ville, près de mon lycée. Quand on habitait dans la banlieue, je devais partir pour l'école en voiture à sept heures et demie. Il y avait tellement de circulation à cette heure-là. Maintenant, j'arrive après dix minutes de marche. C'est mieux pour moi et pour l'environnement!

Exemple: ....Mathieu........ habite assez près de son école.

1 .... n'aime pas les longs voyages en avion.
2 .... n'aime pas voyager en mer.
3 .... va à son école à pied.
4 .... a voyagé sous la mer.
5 .... et .... trouvent les voyages en voiture pénibles. *(2)*

❸ Des problèmes dans le monde

Choose the correct word from the box to complete each sentence and write in the letter.

Exemple: Après un ..l.. de terre il y a souvent des dégâts très graves.

1 Pendant la .... on a mis des mines antipersonnel près de la frontière.
2 Après des pluies très intenses, il y a parfois des ....
3 Un .... est une personne qui doit quitter son pays d'origine à cause d'une situation dangereuse.
4 Dans les pays .... beaucoup d'habitants doivent vivre avec une somme équivalente à moins de 1 dollar US par jour.
5 Après une catastrophe naturelle, on a besoin de beaucoup de choses, mais surtout d'....... potable.
6 La .... c'est quand il ne pleut pas pendant une très longue période.
7 Il y a une situation de .... quand les habitants n'ont pas de quoi manger.
8 Le sida est une .... présente dans beaucoup de pays, mais surtout en Afrique.

> **a** eau
> **b** famine
> **c** guerre
> **d** inondations
> **e** maladie
> **f** nature
> **g** nourriture
> **h** orphelin
> **i** pauvres
> **j** réfugié
> **k** sécheresse
> **l** tremblement

PARTIE A TOTAL / 20

Unité 10

Épreuve 10: Lire – Partie B (1)

1 Les jeunes du monde

Read the facts about young people in the world and complete statements 1–4 in English.

- Les jeunes représentent plus d'un quart de la population mondiale.
- Presque 90 % des jeunes vivent dans des pays pauvres.
- Il y a des inégalités entre les filles et les garçons. Dans certains pays, on n'accorde pas la même importance à l'éducation des filles qu'à celle des garçons. Résultat: 96 millions de jeunes femmes sont illettrées contre 57 millions de jeunes hommes. Dans certains pays, la situation des femmes est très défavorisée par rapport à celle des hommes.
- Dans le sud de l'Afrique, en Amérique centrale et en Asie du Sud-Est, environ un garçon (entre 13 et 15 ans) sur cinq fume déjà.
- Depuis 2000, les jeunes sont en meilleure santé et vivent plus longtemps; le nombre de mariages précoces (avant l'âge de 18 ans) a diminué, ainsi que la proportion de jeunes, âgés de 15 à 19 ans, dans la population active.

© Population Reference Bureau

Example: Young people represent more than 25% of the population *in the world*.

1 Almost 90% live in .... countries.

2 In some countries, girls do not have the same access to education as boys, so more young women are

....

3 In southern Africa, central America and .... , about one in five boys aged 13–15 already smoke.

4 Since 2000, young people are in better ....

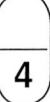

2 Médecins Sans Frontières

Read about the organisation Médecins Sans Frontières. Find the missing words in the box below and write the corresponding letters.

L'organisation **Ex.** ..*f*.., Médecins Sans Frontières, a été fondée en 1971 pour apporter de l'**1** ...... médicale à des victimes de catastrophes partout dans le **2** ...... Quelquefois, pendant une **3** ...... ou après une catastrophe naturelle – une **4** ...... par exemple, on entend parler de cette organisation à la télé et à la radio.

Qui sont les Médecins Sans Frontières?

Ce sont surtout des **5** ...... qui s'engagent pour une période minimum de six mois. La plupart sont des médecins ou des **6** ...... En plus de leur qualifications professionnelles, les gens doivent parler une langue **7** ...... comme l'anglais, l'espagnol ou le portugais.

Et le travail, en quoi consiste-t-il?

Le travail est très varié selon les missions. Par exemple, il y a des programmes de vaccination et de nutrition. Puis il y a le travail dans les camps des **8** ...... où ils ont besoin de grandes quantités d'eau.

- **a** aide
- **b** ancienne
- **c** eau
- **d** étrangère
- **e** guerre
- **f** humanitaire
- **g** infirmiers
- **h** inondation
- **i** monde
- **j** potable
- **k** réfugiés
- **l** volontaires

Unité 10

Épreuve 10: Lire – Partie B (2)

3 Le tremblement de terre en Haïti

*Read the article about the earthquake in Haïti. Reply **in English** to the questions that follow.*

Tremblement de terre en Haïti

Le 12 janvier 2010, à 16h 53, un très fort tremblement de terre (de magnitude 7 sur l'échelle de Richter) a frappé Haïti, un des pays les plus pauvres du monde.

Résultat: des dégâts épouvantables. Le séisme a détruit une grande partie de la capitale, Port-au-Prince. Beaucoup de bâtiments officiels se sont effondrés, dont une partie du Palais national, le Parlement, la mission des Nations-Unies en Haïti, la cathédrale, des églises, des hôpitaux, des hôtels, des écoles. La prison principale de Port-au-Prince s'est effondrée* également, permettant aux prisonniers de fuir.

L'électricité et les télécommunications ont été coupées dans la ville et le seul moyen de communication avec le monde extérieur était l'internet.

Le bilan humain a été terrible. On estime que plus de 200 000 personnes ont été tuées et des milliers ont été blessées. Des habitants qui avaient tout perdu, leur maison, leur vie d'avant, se sont rassemblés dans le centre-ville, transformé en immense camp de réfugiés. Ils réclamaient désespérément de l'eau, de la nourriture et des médicaments.

Haïti n'avait pas connu une secousse d'une telle violence depuis deux siècles.

La solidarité internationale

L'aide internationale s'est aussitôt organisée. Des spécialistes sont arrivés de partout: d'Amérique, d'Europe et même d'Asie. La Chine, durement frappée par des séismes dans le passé, a apporté son expérience. Elle a envoyé des sauveteurs, des médecins, des sismologues (spécialistes des tremblements de terre) et 10 tonnes de nourriture et de médicaments.

De la France, 130 sapeurs-pompiers et sauveteurs et six chiens sont arrivés en Haïti 24 heures après la catastrophe. L'organisation Médecins Sans Frontières a envoyé un hôpital gonflable d'une capacité de cent lits.

D'énormes moyens militaires et de nombreuses équipes de secours sont venus du monde entier, mais le défi demeure* de bien coordonner tous les secours.

---

s'effondrer – *to collapse*   demeurer – *to remain*

Example: What is said about the economy of Haïti? *It is one of the poorest countries in the world*

1 Mention two different types of building which collapsed during the earthquake. (½ mark each)

2 How did local people communicate with the outside world on the day of the earthquake?

3 What was the centre of the capital compared to on that day?

4 International aid came from many countries. Why was China able to offer specialist advice?

5 Mention two types of aid sent by France within 24 hours of the earthquake? (2)

6 Mention two details of the hospital set up by *Médecins Sans Frontières*. (½ mark each)

7 What remains a major challenge following the disaster?